Herbert Freiherr von Klöckler

Kursus der Astrologie III

Herbert Freiherr von Klöckler

Kursus der Astrologie III

Solarhoroskop, Transite und
aktuelle Konstellationen
in ihrer Bedeutung für die
astrologische Prognose

26.12.90

Hermann Bauer Verlag
Freiburg im Breisgau

Mit 37 Beispielen und 39 Abbildungen.

5. Auflage 1981
ISBN 3-7626-0174-0
© by Hermann Bauer Verlag KG, Freiburg im Breisgau.
Alle Rechte vorbehalten.
Druck: Hain-Druck GmbH, Meisenheim/Glan.
Bindung: Großbuchbinderei Spinner, Ottersweier.
Printed in Germany.

Meiner lieben Mutter gewidmet

Inhalt

VORWORT

zur 1. Auflage

Ich habe lange gezögert, diese Schrift der Öffentlichkeit zu übergeben – auch heute kann ich nicht sagen, daß sie meiner Idealvorstellung entspricht. Wenn ich trotzdem jetzt das kleine Werk in Druck gebe, so sind dafür zwei Gründe maßgebend. Einmal zeigt die Literatur auf unserem Gebiet keinen ernsthaften Versuch, sich mit der Erfahrung auseinanderzusetzen und die Prognosesysteme gründlich zu überprüfen, in engen Zusammenhang mit der Geburtshoroskopdeutung zu bringen. Auf der anderen Seite ist das Bedürfnis der Leserschaft nach einer ausführlichen und an der Erfahrung orientierten Darstellung des Solarhoroskopes und der laufenden Konstellationen, wie viele Zuschriften an den Verlag beweisen, in den letzten Jahren sehr groß geworden. Es zeigt sich deutlich das Streben nach geordneter Bearbeitung der Vergleiche zwischen Geburtshoroskop und aktuellen Konstellationen, man ist es müde, zusammenhanglos Einzelheiten herauszulesen, deren Rang und Stelle im System unerkannt geblieben sind. Man sucht nach Richtlinien, die es ermöglichen, den unzähligen Widersprüchen zu entgehen, die sich bei der meist vom Zufall bedingten Auswahl der Prognoseelemente mit Notwendigkeit ergeben müssen. Die Literatur bietet zwar eine unübersehbare Fülle von zusammenhanglosen Einzelmethoden, aber sie zeigt nicht, wie diese Methoden sinnvoll miteinander zu kombinieren sind, wie sie auch gar nichts über Rang, Wert und Reichweite der einzelnen Methoden auszusagen weiß.

Die Ausführungen der vorliegenden Schrift sollen vor allem einem geordneten Vergleichsverfahren bei der Beobachtung des Geburtshoroskopes unter dem Gesichtspunkt der aktuellen Konstellationen dienen und damit die Möglichkeit geben, wirkliche Erfahrungen zu sammeln, die später in geeigneter Form prognostische

Verwendung finden können. Es sind hier die gesammelten Erfahrungen jahrelanger Beobachtungen an ca. 4000 Fällen dargestellt. Man wird vielfach auf langebekannte Einzelheiten stoßen, aber ich halte es für wichtig, zu betonen, daß ich keine traditionelle Auffassung übernommen habe, die nicht auf Grund zahlreicher Erfahrungen Bestätigung fand. In diesen Dingen ist es vielfach nicht möglich (oder wenigstens heute noch nicht möglich), statistisch vorzugehen. Es bleibt dem Beobachter an vielen Stellen nichts anderes übrig, als sich auf sein eigenes abschätzendes Urteil bei der Bewertung seiner Erfahrungen zu verlassen. Eine große Anzahl neuer Einzelheiten ist eingefügt und nach Möglichkeit durch Beispiele belegt worden. Der Nachdruck soll aber durchaus nicht auf den Einzelheiten liegen, die Zusammenhänge, die ich aufzuzeigen suche, sind viel wichtiger für das Verständnis der aktuellen Beziehungen und damit des prognostischen und metagnostischen Verfahrens. Aus diesem Grunde bitte ich den Leser, das eingefügte Regel- und Aphorismenmaterial nur zur ganz allgemeinen Orientierung zu verwenden, nicht aber zur unveränderten schematischen Anwendung im Einzelfall. Das Hauptinteresse steht den grundsätzlichen Betrachtungen zu, deren Kenntnis allein die sinnvolle Verwertung aller möglichen Einzeldaten gestattet. Es wird sich auch empfehlen, die Beispielhoroskope und ihre Begleittexte mit besonderer Sorgfalt zu studieren, weil vieles sonst schwer Verständliche in ihnen zur anschaulichen Verwendung und Darstellung gelangt.

Meine Ausführungen werden bei einem Teil der astrologischen Leserschaft auf Widerstand und Widerspruch stoßen, vor allem durch die ausschließliche Verwendung realer, in den natürlichen Verhältnissen gegebener Daten und durch die Ablehnung aller fiktiven Methoden, insbesondere der Direktionen. Die Lektüre der grundsätzlichen Teile dieser Schrift dürfte aber auch dem Gegner meiner Auffassung zeigen, daß in den natürlichen Verhältnissen Zusammenhänge aufgewiesen sind, die den Direktionssystemen in ihrer heutigen Beschaffenheit fehlen. Man darf sich allerdings nicht der Täuschung hingeben, daß die ausschließliche Verwertung von Solarhoroskop und aktuellen Konstellationen eine Vereinfachung oder Mechanisierung des Prognoseverfahrens darstellt. Ganz im Gegenteil – einer leichten Vereinfachung im rechnerisch-mathematischen Teil steht eine große, aber sinnvoll zusammenhängende Komplizierung im wertenden Teil gegenüber. Dieser Komplizierung entspricht eine beachtliche Erweiterung, Vertiefung und Klärung des Vergleichs- und Prognoseverfahrens. Die hier dargestellten Zusammenhänge sind nicht auf dem Boden einer Theorie entstanden, sondern sie haben sich ausschließlich als Ergebnis ausgedehnter Erfahrungen eingestellt. Es spricht im hohen Maße für den Wahrheitsgehalt und für die wissenschaftliche Entwicklungsfähigkeit der Astrologie, daß sich auf empirischem Wege sinnvolle Zusammenhänge ergeben, die ganz und gar den Eindruck in sich abgeschlossener Gesetzmäßigkeiten machen. Die übersichtliche Darstellung ist übrigens gerade in diesen Stellen durchaus nicht leicht, da es sich um Zusammenhänge von vier Bezugssystemen handelt, und ich muß um Entschuldigung bitten, wenn manche Ausführungen schwerfällig und zunächst unanschaulich bleiben. Die Demonstration des dort Mitgeteilten in den Beispielen wird diesen Mangel ausgleichen. Um den Text nicht unnötig zu komplizieren, habe ich die traditionellen Ausdrücke „gut", „schlecht", „günstig", „ungünstig" beibehalten, auch unbedenklich von „Einfluß" und „Wirkung" gesprochen. Der Kenner meiner Auffassungen wird diese der Kürze halber verwendeten Ausdrücke nicht mißverstehen.

Es mag den Leser interessieren, einiges über die Entstehungsgeschichte zu hören. Als ich vor Jahren E d u a r d K o p p e n s t ä t t e r kennenlernte, war ich von den Prognosemethoden der Astrologie in ihrer chaotischen Vielheit und Zusammenhanglosigkeit nach vielen Versuchen gründlich enttäuscht. Die ersten entscheidenden Anregungen zur systematischen Verarbeitung der in den Transiten liegenden Prognosemöglichkeiten wurden mir von E. Koppenstätter vermittelt. Seitdem haben sich in langem Suchen manche Dinge geklärt die damals nur als Problem, nicht als Lösung konzipiert waren. Auf das Solarhoroskop, mit dem ich von früher her viele, schon damals befriedigende Erfahrungen gemacht hatte, wollte ich im Gegensatz zu Koppenstätter nicht verzichten. Es fehlte aber zunächst der notwendige Zusammenhang zwischen Solar- und Geburtshoroskop und Transiten, und auch der Zusammenhang zwischen Solar- und Geburtshoroskop war damals nicht hinreichend geklärt. Im Jahre 1925 ergab sich dann in den w i e d e r k e h r e nden Konstellationen ein überragend wichtiges Prinzip, das die fehlenden Zusammenhänge brachte und vor allem eine systematisch wie praktisch hochbedeutsame Ergänzung des Transitverfahrens darstellte. Später fand ich in der Literatur hin und wieder Andeutungen, die aber zeigten, daß man die systematisch hervorragende Rolle der wiederkehrenden Verhältnisse nicht erkannt hatte. Auf spekulativer Grundlage scheint die sog. Hamburger Schule, die von Karl Witte begründet worden ist, diesen Verhältnissen eine systematisch wichtige Bedeutung zuerkannt zu haben. Die praktische Verwendung des Prinzipes durch diese Schule scheint mir aber gänzlich indiskutabel, weil die unübersehbare Vielheit der verwandten Faktoren jede Nachprüfungsmöglichkeit unterbindet. Die Hamburger Schule nennt das Prinzip der Wiederkehr auch nur im Zusammenhang mit den laufenden Planetenbildern, nicht im Zusammenhang mit den Transiten und mit dem Solarhoroskop.

Es ist nun damit nicht gesagt, daß das von mir in den Vordergrund gerückte Prinzip das einzige ist, das den Zusammenhang zwischen den verschiedenen Vergleichsgrundlagen bildet, aber bisher ist kein anderer Zusammenhang aufgewiesen worden.

Was die praktischen Konsequenzen meiner Ausführungen anbetrifft, so möchte ich dem Anfänger äußerste Zurückhaltung in der Vornahme von Prognosen raten. Er wird sich und anderen viel Ärger und Enttäuschung ersparen, wenn er sich in den ersten Jahren seines Studiums damit begnügt, Vergleiche anzustellen und metagnostische Untersuchungen vorzunehmen. Nur sehr ausgereifte Erfahrung berechtigt zu vorsichtig detaillierten Schlußfolgerungen, und der Prognostizierende muß sich seiner Verantwortung im Hinblick auf den möglichen seelischen Effekt der Prognose auch dann noch sehr bewußt bleiben. Der wesentliche Ertrag der Vergleichung zwischen Geburtsbild und aktueller Konstellation liegt übrigens nicht ausschließlich oder auch nur vorwiegend auf prognostischem Gebiete, er ergibt sich vielmehr in der Tatsache, daß wir den wahren Charakter der planetaren Beziehungen im vergleichenden Verfahren mit viel größerer Schärfe erfassen lernen, als es aus der bloßen Betrachtung der Geburtsbilder möglich ist. Die aktuelle Konstellation beim wesensbedingten Schicksal zeigt uns mit unbestechlicher Deutlichkeit, ob unsere aus dem Geburtsbild gewonnene Auffassung der jeweiligen Planetenwirkung zutreffend war. Was wir nämlich im Geburtsbild für ausschlaggebend in bezug auf bestimmte körperliche oder seelische Eigenschaften und deren schicksalsmäßige Konsequenzen halten, muß, wenn wir richtig bezogen haben, im Solarhoroskop, in den Transiten und Konstellationen der laufenden Planeten wiederkehrend maßgebend sein. Die Arbeit mit den natürlichen prognostischen Methoden vermittelt uns eine Kontrollhandhabe, ohne die sachliches Vorgehen beim Einzelfalle nicht möglich ist.

Wenn ich im Titel allein für das vorliegende Buch zeichne, so ist dies im Grunde nicht ganz richtig, in erster Linie verdanke ich meiner Frau Gertrud unzählige mühsame Berechnungen und Beobachtungen, die wesentlich zur Fülle des Gebotenen und zur detaillierten Durchführung des Ganzen beigetragen haben, ich bin aber auch der Astrologischen Gesellschaft in Leipzig, vor allem der Arbeitsgemeinschaft innerhalb derselben, zu Dank verpflichtet für die tatkräftige und selbstlose Hilfe bei der Beschaffung und Bearbeitung der Materialien.

Leipzig, den 19. Juni 1929.

H. Frhr. von Klöckler

VORWORT

zur vorliegenden 2. Auflage

Im Vorwort der 1. Auflage dieses III. Bandes zum KURSUS DER
ASTROLOGIE zeigt Dr. med. Frhr. v. Klöckler die Gründe auf, die
ihn zur Veröffentlichung seiner Arbeit bewogen haben, obwohl sie
seiner Idealvorstellung noch nicht entsprach. Denn wohl waren
immer wieder zusammenhanglose, nicht klar erkennbare prognostische Einzelheiten der Öffentlichkeit übermittelt, die aber infolge
fehlender s t r a f f e r Richtlinien zu zahlreichen Widersprüchen
führten, weil ihnen die klare Kombination, das Erkennen der
Schranken fehlte, die der Prognose in ihren verschiedenen Systemen
gesetzt sind.

Aus dieser Erkenntnis entstand damals das vorstehende Buch, das
in ergänzender Überarbeitung und einem Nachtrag nun alles das
aufzuzeigen versucht, was der Schrift noch bisher an kleinen
Mängeln angehaftet haben mag. Wenn aber schon von der vorigen
Auflage gesagt werden durfte, daß sie der Solarprognose weit
genauere prognostische Aussagen ermöglicht als andere Prognosesysteme – mag es sich dabei um Primär- oder Sekundärdirektionen,
um Progressionen, Sonnenbogen oder anderes handeln – dann
dürfte das für die vorliegende 2. Auflage mit ihrem Nachtrag
nun erst recht zutreffen, die den Zusammenhang und das klare
Herausschälen der Beziehungen zwischen Grund- und Solarhoroskop
in Verbindung mit der Wiederkehr alter Grundhoroskopaspekte und
der gerade fälligen Transite sachlich, straff und ohne jede über-
spannende Intuition aufbaut.

Die zur Auslösung drängenden Gebiete werden unbedingt durch den Zusammenhang der genannten Direktionen mit dem Solarhoroskop eindeutiger herausgestellt. Dabei kann sich z. B. der Fall ergeben, daß Primärdirektionen überhaupt erst durch das Solarhoroskop in ihrer ganzen Bedeutsamkeit zu erkennen sind. Dennoch dürfte aber wohl das weit bessere Zeugnis für die Bedeutung und Wichtigkeit der Solarhoroskope in den Erfahrungen begründet sein, die ohne Direktionen durch jahrelanges Arbeiten auf diesem Gebiete gewonnen wurden.

Voraussetzung zum Gelingen praktischer Nutzanwendung ist allerdings ein gründliches Studium der vorliegenden Schrift und eine ebenso gründliche Beachtung der Beziehungen zwischen Grund- und Solarhoroskop u n d zwischen der Wiederkehr von Aspekten aus dem Radixhoroskop in Verbindung mit dem Solarhoroskop; wie überhaupt eine Deutung des Solarhoroskops ohne enge Verbindung mit dem Radixhoroskop u n d den Transiten nicht durchführbar werden kann, wenn die Prognose gelingen soll.

Wird der in vorliegendem Bande aufgezeigte Deutungsweg klar und ohne unnötiges Beiwerk innegehalten, so wird ein so eindeutiger und ausführlicher Ablauf eines Solarjahres entstehen, wie ihn kein anderes Prognosesystem bietet. Auf den aus der Praxis mit diesem Lehrwerk entstandenen Nachtrag sei in diesem Zusammenhange besonders hingewiesen und den Mitarbeitern für ihre wertvolle Hilfe am Zustandekommen dieser neuen Ausgabe auch an dieser Stelle bestens gedankt.

Der diese Kursusreihe abschließende 4. Band konnte infolge Ablebens des Verfassers leider nicht mehr erscheinen. Es war vorgesehen, unter dem Titel „A s t r o l o g i s c h e Ü b u n g e n" eine große Anzahl von ausführlich behandelten Deutungsbeispielen zu veröffentlichen. Der Nachtrag zu diesem Buch versucht daher zugleich mit den darin veröffentlichten mannigfachen Beispielen eine gewisse Lücke zu schließen, die sich für Studierende bisher an der Kursusreihe und in der neueren astrologischen Literatur hier und da gezeigt haben mag.

Juli 1953

Nora Lüdemann, Bremen   Der Verleger, Berlin

Allgemeines

1. Grundsätzliches zur astrologischen Prognose

Zuvor ein Wort zur praktisch möglichen Prognose. Vernünftig formulierte Voraussagen, die stets den Ton der V e r m u t u n g , der W a h r s c h e i n l i c h k e i t , niemals aber wahrsagerischer Gewißheit tragen, dürfen, wenn sie auf nachprüfbarer Grundlage entstanden sind, sehr wohl als berechtigte Versuche angesehen werden. Sie haben Wert insofern, als sie die bewußte Einstellung zum Erleben fördern, und sie mögen auch praktisch manchen Nutzen mit sich bringen. Wer sich auf Prognosen v e r l ä ß t , von Prognosen leiten und treiben läßt, begibt sich in große seelische und vielleicht auch in reale Gefahren. Zur fatalistisch-negativen Einstellung darf die Möglichkeit astrologischer Voraussage nicht führen. Wer durch die Ausdrucksform seiner Prognose eine solche Einstellung begünstigt, hat nicht begriffen, was Astrologie ist. Vernünftig formulierte Prognosen können in die allgemeine Lebensrechnung eingesetzt werden, aber sie dürfen nicht ausschließliche Geltung erlangen. Vernünftige Voraussagen sind begrenzt und ihrer Begrenzung bewußt. Der Nachdruck einer besonnenen Voraussage wird stets auf den innermenschlichen Vorgängen liegen. Die Entwicklungs-, Auftriebs- und Störungsphasen der menschlichen Seele und des menschlichen Körpers müssen unbedingt in den Vordergrund des prognostischen Bemühens gerückt werden). Diese Aussagen müssen dann noch Wahrscheinlichkeits-, nicht Sicherheitscharakter tragen. Äußere Einflüsse auf das Erleben sind erst in letzter Linie anzuführen, und der Vermutungston muß hier noch deutlicher anklingen als bei der Besprechung innermenschlicher Erlebnisse. Wer als Astrolog in der

Voraussage dem eigenen Größenwunsch nachgibt, erteilt gefährliche Suggestionen und schadet dem astrologischen Gedanken selbst beim Eintreffen seiner Voraussagen, weil er ihn zur Wahrsagerei erniedrigt, zweifelhafte Anhängerschaft wirbt und beachtenswerte Gegnerschaft auf den Plan ruft.

Die seelische Entwicklung, Entfaltung und Einstellung, die Hauptgegenstand der astrologischen Prognose ist, greift natürlich sehr stark in das äußere Schicksal ein, und es ist durchaus berechtigt, dieses Eingreifens in der Prognose Erwähnung zu tun. So ist theoretisch und meist auch praktisch die Möglichkeit gegeben, aus einem Solarhoroskop, das eine bedeutsame Aktivierung der geistigen und seelischen Kräfte anzeigt, auf entsprechende Fortschritte im sozialen, beruflichen oder wirtschaftlichen Leben andeutungsweise zu schließen, ebenso wie es berechtigt ist, aus seelisch deprimierenden Einflüssen wahrscheinliche Mißerfolge und Schwierigkeiten in der äußeren Lebensgestaltung zu folgern. In gleicher Weise führen andere psychische Tendenzen zu typischen Erlebnissen in der familiären und persönlichen Sphäre, und diese können von der Prognose gleichfalls mit berücksichtigt werden. Allerdings müssen die generellen Merkmale dieses aus psychischen Gründen wahrscheinlichen Geschehens unbedingt im Vordergrunde stehen. So werden bestimmte erotisierende Konstellationsverhältnisse beim Manne unter normalen Umweltsverhältnissen zu einer Aktivierung der Beziehungen zur Frau führen, und es scheint gerechtfertigt, diese Aktivierung vermutungsweise auszusprechen, es ist aber nicht erlaubt, die sozialen und formalen Konsequenzen, die hier etwa in Verlobung und Hochzeit bestünden, irgendwie in den Vordergrund zu stellen. Gewiß, die anschauliche Kenntnis einer Persönlichkeit läßt uns oft mit einer an Sicherheit grenzenden Wahrscheinlichkeit auf diese sozialen Konsequenzen schließen, aber mit der anschaulichen Kenntnis des Milieus haben wir schon das Gebiet der reinen Astrologie verlassen, und solche Gebietsübertretungen schaden dem astrologischen Gedanken, wenn sie nicht ausdrücklich aufgewiesen und betont werden.

Ähnlich verhält es sich mit der T o d e s p r o g n o s e , die aus prinzipiellen Gründen nicht zu rechtfertigen ist. Die Mutmaßung einer körperlichen Schädigung, aber auch nur die Mutmaßung einer solchen, fällt in das Bereich des Prognostizierbaren. Daraus ergibt sich ganz von selbst die Unmöglichkeit, auf astrologischem Grunde die Todesprognose zu stellen, wenn es auch gewiß ist, daß die Solar- bzw. Transitkonstellationen für den Tod durchschnittlich kräftiger erscheinen als diejenigen bei der Erkrankung des gleichen Individuums in der gleichen Lebensperiode. Es ist zu bedenken, daß gleichschwere Konstellationen in verschiedenen Lebensperioden verschiedene Grade der Gefährdung andeuten und es ist nicht ohne weiteres möglich, zu erkennen, wie weit dieses Zusammentreffen von bestimmter Lebensperiode mit bestimmten Konstellationen die Gefährdung verstärkt oder abschwächt. Dann aber ist der Tod ein einmaliges individuelles Schicksal, während die astrologischen Beziehungen nur wie generelle „Einflüsse" auf das Schicksal aufzufassen sind. Die traditionell festgelegten Beziehungen zwischen bestimmten Konstellationen und dem Tod sind unglücklich formuliert, die Beziehung ist nur als eine solche „in der Richtung des Todes" bzw. der Auflösung anzusehen, nicht aber auf das Faktum des Todes selbst bezogen. Gewiß auch hier wird die Kenntnis der intimeren Lebensverhältnisse im Einzelfall in der Vorstellung des Prognostizierenden das Bild des Todes als wahrscheinliche Konsequenz der Einwirkung der Konstellation auf den Menschen hervorrufen, aber auch hier liegt dann eine Grenzüberschreitung vor, und es wäre falsch, die Astrologie zu identifizieren mit der mehr oder minder richtigen Einschätzung der Wirklichkeit durch die Person des prognostizierenden Astrologen.

Berechtigt sind nach meiner Auffassung gewisse Aussagen über wahrscheinliche S c h i c k s a l e   v e r w a n d t e r   u n d   s e e - l i s c h   e n g v e r b u n d e n e r   M e n s c h e n. So ist z. B. möglich, körperliche Schädigungen solcher Menschen aus dem Horoskope eines anderen zeitlich mit Wahrscheinlichkeit vorauszusagen, weil das Geburtshoroskop erbbezügliche Faktoren enthält, die beim Angriff durch bestimmte Planetenübergänge auch für verwandte Menschen gelten, weil diese Punkte in den Horoskopen verwandter Menschen astrologisch gleichfalls vitale Bedeutung haben. Wenn sich das M. C. in 5° Widder befindet, so darf man schließen, daß gewisse verwandte Menschen Aszendent, Sonne oder Mond oder sonst einen vital bedeutsamen Punkt des Horoskopes gleichfalls in ca. 5° Widder stehen haben. Es ist aber nicht möglich, dabei über gewisse Wahrscheinlichkeiten hinauszukommen, und besonders ist es schwer, den Verwandtschaftsgrad der betreffenden Persönlichkeit mit größerer Sicherheit zu erkennen. Ungewiß bleibt meist die Frage, ob es sich z. B. um den Vater oder um die Mutter handeln wird, obwohl Vermutungen in dieser Richtung geäußert werden dürfen. Ungeklärt bleibt dann ferner die Frage nach dem Grade der Gefährdung des verwandten Menschen. Gefährdung (in seltenen Fällen auch einmal Begünstigung von verwandten Menschen oder Partnern) ist das einzige, was aus der bloßen Betrachtung des astrologischen Materials manchmal mit größerer Wahrscheinlichkeit geschlossen werden darf. Intime Kenntnis der Lebensverhältnisse mag auch hier oft weitergehende Einzelheiten vorausvermuten, aber mit der astrologischen Prognosengrundlage hat das gar nichts mehr zu tun. Die vergleichende Behandlung der Horoskope verwandter Menschen unter prognostischen Gesichtspunkten mag immerhin noch genauere Anhaltspunkte vermitteln. Bei nicht verwandten, aber seelisch engverbundenen Menschen kennzeichnen gewisse Horoskopregionen und -faktoren sehr oft den aus seelischem Drang und Zwang gewählten Ergänzungspartner, der im eigenen Horoskop diese Faktoren gleichfalls an bedeutsamer Stelle gestellt hat. Befindet sich in einem Horoskop z. B. der Deszendent in 5° Schütze, dann ist mit größerer Wahrscheinlichkeit zu vermuten, daß der andersgeschlechtliche Ergänzungspartner auch einen vitalen Faktor des Horoskopes im Umkreis von 5° Schütze aufweist. Gewiß läßt die sorgfältige Beobachtung aller zeitlich wirksamen Gestirnungen oftmals Schicksale erkennen, die man zunächst als „äußere", vom Menschen gänzlich unabhängige ansehen möchte. Das aktuelle Planetenbild bewegt nicht nur mich selbst, sondern auch alle Menschen, mit denen ich Beziehung habe oder haben könnte, der Vergleich zwischen dem eigenen Horoskop und den aktuellen Konstellationen läßt daher bis zu einem gewissen Grade erkennen, inwiefern, d. h. mit welchen Potenzen ich mit der gegenwärtigen Strömung harmoniere bzw. nicht harmoniere. Der seelische Anlaß ist daher auch in solchen „äußeren" Schicksalen bewußt oder unbewußt ausschlaggebend, sofern nur Menschen bzw. beseelte Wesen als schicksalsauslösende Faktoren auftreten. Was sich hier tatsächlich am Horoskopbilde zeigt, ist freilich nur ein grobes Schema, und die Metagnose b e s t ä t i g t gerade diese Dinge besser als die Prognose sie im voraus zu bestimmen vermag.

Es sollte heute nicht mehr notwendig sein, auf solche Selbstverständlichkeiten hinzuweisen, aber irreführende Publikationen in der astrologischen Literatur der Gegenwart zwingen dazu, diesen Betrachtungen größeren Nachdruck zu verleihen. Der astrologische Gedanke kann nur fruchtbar wirken, wenn er von allem fremden Beiwerk befreit ist und wenn die Grenzen nach allen Seiten hin scharf gezogen sind. Ein großer Teil der Gegnerschaft lebt nachweislich nur von der Verwischung der Grenzen. Man belastet die Astrologie mit Dingen, die eigenste Angelegenheit der Persönlichkeit sind, die sich mit ihrer besonderen Einstellung und Auffassung positiv mit Astrologie befaßt.

2. Wahl der Methode

Das heute übliche Prognoseverfahren krankt an einer großen Mannigfaltigkeit der Methoden, die oft gänzlich unbegründet sind und die bei noch so verschiedener sachlicher und mathematischer Grundlage zum Überfluß noch miteinander kombiniert werden. Dies kommt nicht so sehr in der Prognose des einzelnen Astrologen selbst zum Ausdruck, weil hier die Notwendigkeit, zu widerspruchslosen Schlüssen zu gelangen, schon starke Einschränkung in der Anwendung der Mittel voraussetzt, sondern vielmehr in metagnostischen Vergleichen. Die prognostischen Erfolge sind aber, das müssen wir offen bekennen, in der Regel keine sehr guten. Das liegt wohl einerseits daran, daß man die Ziele der Prognose falsch steckt, indem man Dinge prognostizieren will, die gar nicht in den Bereich des g e n e r e l l e n Charakters der astrologischen Beziehung gehören, dann aber auch vor allem daran, daß die Durchforschung und Begründung der einzelnen Prognosesysteme bisher höchst mangelhaft durchgeführt wurde. Diese Durchforschung leidet hauptsächlich an einer ungeordneten Vielfältigkeit der Methoden und Systeme in der Ausübung der heute im Brennpunkt des Interesses stehenden Metagnose, die keine stichhaltigen Ergebnisse zu liefern vermag und die den Tatsächlichkeitsgehalt des einzelnen Verfahrens und seine Reichweite nicht bestimmen läßt. In der Metagnose, die ja die not-

wendige Vorarbeit für die Prognose darstellt, wird mit Primärdirektionen, Sekundärdirektionen, Verschiebungen mit dem Sonnenbogen, mit Profektionen, Planetenperioden, Solarhoroskopen und
Transiten g l e i c h z e i t i g (!) gearbeitet, und was das eine System
nicht herausbringt, muß bei der Unzahl von Möglichkeiten, die sich
bieten, eines der vielen anderen mit Sicherheit anzeigen. In der Art,
wie diese Methoden miteinander kombiniert werden, liegt überdies
gar kein bindendes, geschweige denn begründetes System, das ist im
großen und ganzen der Willkür des Einzelnen überlassen. Wer diesen metagnostischen Betrieb unbefangen beobachtet, ist allerdings
leicht geneigt, der Auffassung vieler Astrologiegegner recht zu geben,
die in der Beschäftigung mit astrologischen Problemen den Ausdruck menschlichen Beziehungswahnes erkennen wollen.

Beschränkung auf einige abgeschlossene Methoden mit einheitlicher Begründungs- und Rechnungsgrundlage ist für eine Metagnose, die als Vorarbeit einer logisch und empirisch begründeten
Prognose dienen soll, notwendig. Die Zahl der Möglichkeiten muß
begrenzt sein, damit die Empirie gesetzmäßige Beziehungen von
zufälligen zu unterscheiden vermag und damit alle Werte einer
Methode erschöpft werden können.

Welchen Weg sollen wir zunächst wählen? Fiktionsarme Methoden müssen fiktionsreichen vorgezogen werden, wenn Erfahrungswissenschaft getrieben werden soll. Alle Direktionsarten, Profektionen, Verschiebungen nach Graden und Sonnenbogen, alle Lebens-
kreise usw. sind von Grund aus fiktiv begründete Methoden, d. h.
ihre sachliche und mathematische Begründung ist eine willkürlich
gesetzte, und dies nicht nur im ganz allgemeinen Sinne, sondern
vor allem im Hinblick auf die sachliche und mathematische Begründung des Geburtshoroskopes, auf das alle prognostischen Methoden
bezogen werden.

Die genannten Methoden stehen ideell und sachlich im Widerspruch mit derjenigen des Geburtshoroskopes, die als einzig „will-
kürliches" Moment die Annahme des Geburtszeitpunktes selbst enthält, im übrigen aber durchaus auf der Verwertung zeitlicher und
räumlicher R e a l i t ä t e n des Sonnensystems beruht. Von diesem
Geburtshoroskop und der Idee, die ihm zugrunde liegt, müssen
wir ausgehen, dort werden reale Daten des Sonnensystems als be-

deutsam für die körperliche und seelische Eigenart des soeben geborenen Kindes angenommen und nachgewiesen. Für die Weiterentwicklung dieses Lebewesens müssen also neben der „Zeitbedeutung" von Eigenart und Wesensstruktur des Individuums, die wir aus dem Geburtshoroskop entnehmen, reale Daten des Sonnensystems zur Zeit der Entwicklungsschübe verantwortlich gemacht werden, wenn wir nicht grundlos den Sprung in die Wahrsagerei riskieren wollen. Als reale Daten kommen in erster Linie die Bewegungen der Himmelskörper in Betracht, die wir zu den räumlichen Verhältnissen des Geburtshoroskopes in Beziehung setzen müssen, wenn die Idee der Geburtshoroskopie konsequent weiter entwickelt werden soll.

Diese Beziehungen können nun in zwei verschiedenen Formen gebildet werden. Erstens können die weiterwandelnden Sterne in bestimmte räumliche Beziehungen zu den als feststehend gedachten Orten des Geburtshoroskopes treten, dann haben wir das schon lange in seinen Grundlagen statistisch gesicherte Transitsystem vor uns. Übergänge der laufenden Planeten über die als feststehend gedachten Punkte des Geburtshoroskopes lösen zeitlich bestimmte Entwicklungsphasen aus. Wenn man den Übergang der einzelnen Wandelsterne über ihren eigenen Ort im Geburtshoroskop besondere Bedeutung beimißt, so kommt man zwanglos zum System der Revolutionen, an dem aus besonderen Gründen vorwiegend das Solarhoroskop interessiert, das den Übergang der Sonne über ihren eigenen Tierkreisplatz zur Geburt darstellt. Zum System der Revolutionen, bzw. zur Idee des Solarhoroskopes gelangen wir aber ebenso zwanglos auch von der zweiten Beziehungsmöglichkeit her.

In zweiter Linie treten nämlich die Wandelsterne in einem bestimmten berechenbaren Augenblick dadurch in eine ideelle Beziehung zur Sternsituation der Geburt, daß sie untereinander gleiche oder ähnliche, in der Bedeutung gleichzusetzende räumliche Verhältnisse bilden, wie sie schon im Geburtshoroskop vorhanden waren – dann haben wir die wiederkehrenden Konstellationen, die gleichfalls bestimmte Entwicklungsphasen des Individuums kennzeichnen. Die Revolutionen bzw. das Solarhoroskop sind in diesem Sinne nichts anderes als wiederkehrende Konstellationen.

21

Die Anhänger der Direktionsverfahren haben sich mit großem Nachdruck gegen die alleinige Verwendung von Transiten gewandt, sie haben teils bewußt, teils unbewußt übersehen, daß das Transitsystem in sich neben den einfachen Übergängen der Planeten auch noch das Solarhoroskop und die wiederkehrenden Konstellationen enthält, daß nur in der erschöpfenden Behandlung des so dargestellten Transitsystems prognostische Möglichkeiten von größerem Umfang bestehen. Es wurde von dieser Seite darauf hingewiesen, daß Transite, d. h. einfache Übergänge der Planeten über als feststehend gedachte Punkte des Geburtshoroskopes manchmal versagen, d. h. keine Wirkung auszuüben scheinen. Das ist durchaus richtig. Der den einfachen Übergängen der laufenden Planeten Wert und Gewicht gebende Faktor liegt meist im Solarhoroskop vor, und über das Solarhoroskop weiß die heutige Literatur sehr wenig Belangvolles zu sagen. Es ist nicht studiert worden, ebensowenig wie die anderen Zweige des Transitsystems in ihren Feinheiten ernsthaft durchgeprüft worden sind. Der enge Zusammenhang zwischen Solarhoroskop, Transiten und wiederkehrenden Konstellationen wurde überhaupt noch nicht ins Auge gefaßt. Die hier vorliegenden Beziehungen, die oft sehr komplizierter Natur sind, zu klären, ist die Aufgabe dieser Schrift. Ich möchte gern auf die heute noch sehr zweifelhafte Ehre ein Lehrbuch der Prognose zu schreiben, verzichten, wenn meine Ausführungen einer geordneten und aussichtsvollen M e t a g n o s e die Wege ebnen könnten. Aus solcher Metagnose erwächst langsam, aber sicher die Möglichkeit berechtigter Prognose, und es ist meine Überzeugung, daß die Durcharbeitung der hier vorgeführten Materialien dazu beitragen kann, prognostisch sachgerechter vorzugehen. Auf einheitlicher Grundlage entstandene Prognosen sind leicht zu kontrollieren und für die Zukunft nutzbar zu machen.

3. Die Glieder des einheitlichen Prognosesystems

a) Das G e b u r t s h o r o s k o p und dessen gewissenhafte Wertung bildet die Grundlage für alle Aussagen über die sich im weiteren Verlaufe des Lebens bildenden Zustände und Ereignisse seelischer und körperlicher Natur mit ihren Ausstrahlungen auf die Umwelt und mit den Reflexen der Umwelt auf das Sein und Wirken des

Individuums. Es ist dem Solarhoroskop und den Transiten wie allen sich später bildenden Konstellationen übergeordnet.

b) Das Solarhoroskop, berechnet auf den jährlichen Übergang der Sonne über ihren eigenen Ort, ist grundsätzlich auf das Geburtshoroskop bezogen und diesem untergeordnet. Es bestimmt seinerseits in ziemlich weitgreifendem Umfang den Wert und die allgemeine Auslösungsrichtung der sich im Laufe des Jahres bildenden Transite und wiederkehrenden Konstellationen.

c) Die Übergänge der laufenden Planeten über die als feststehend gedachten Punkte des Geburtshoroskops sind diesem und auch dem Solarhoroskop untergeordnet. Sie erhalten ihren Wert und ihre Wirkungskraft erst von diesen beiden Grundlagen, in wichtigen Fällen bis in die Einzelheiten hinein.

d) Die Konstellationen der laufenden Planeten untereinander sind nur insofern von Bedeutung, als sie eine Wiederholung der Konstellationen des Geburts- und des Solarhoroskopes oder in den markantesten Fällen eine Wiederholung beider darstellen.

Beispiele zur Demonstration systematisch wichtiger Begriffe im natürlichen Prognoseverfahren

Bei der Erfassung des Wesentlichen im vorgeschlagenen Prognoseverfahren kommt es mehr auf das Verständnis für die Zusammenhänge als auf eine überschätzende Bewertung von Einzelheiten an. In der systematischen Darstellung der Einzelfaktoren ist es unmöglich, stets sogleich auf alle nur denkbaren Zusammenhänge in den vier in Frage kommenden Bezugssystemen zu verweisen, ohne der Durchsichtigkeit und Verständlichkeit des Mitgeteilten Abbruch zu tun. Ich bediene mich daher des Beispiels, um dem Leser zunächst einen G e s a m t überblick zu geben, der es ihm gestattet, die später folgenden Ausführungen zu den einzelnen Prinzipien selbst in den möglichen Zusammenhang hineinzudenken.

Die hier behandelten Beispiele, unter denen sich mehrere Todesfälle befinden, dürfen nicht mißverstanden werden. Sie dienen keineswegs der Rechtfertigung oder gar der Begründung der Todesprognose im allgemeinen, die wir aus guten Gründen ablehnen müssen. Sie wurden lediglich gewählt, weil der Tod als ein biologisch überaus markantes Ereignis einen entsprechend krassen Ausdruck in Solarhoroskop, Transiten und aktuellen Konstellationen zu finden pflegt.

Wir wählen zunächst das Solarhoroskop Bismarcks in seinem Todesjahre (siehe S. 25, Abb. 1).

Das Geburtshoroskop zeigt uns Aszendent und Sonne in „feurigen" Zeichen und in verhältnismäßig günstigen Winkelverbindungen und eine maximal bedeutsame Venus in mittlerer Aspektierung. Diese drei Elemente lassen das hohe Alter Bismarcks vom Gesichtspunkte der traditionellen Astrologie aus betrachtet gerechtfertigt erscheinen. Konstellationen von offenbar krankheitsbezüg licher Bedeutung ergeben sich in den Saturn- und Marspositionen im sechsten Felde, die teilweise ungünstige Winkel bilden, und in der Merkurstellung im achten Felde mit einem Quadrat von Neptun. In dieser Gestirnung zeigt sich, daß körperliche Leidensfreiheit für den Horoskopeigner n i c h t zu erwarten war. Wenn Solarhoroskop, Transite und laufende Konstellationen ein rationales Prognose-programm abgeben sollen, so müssen wir in diesen die an der genannten Konstellation beteiligten Planeten an bedeutsamer Stelle wiederfinden.

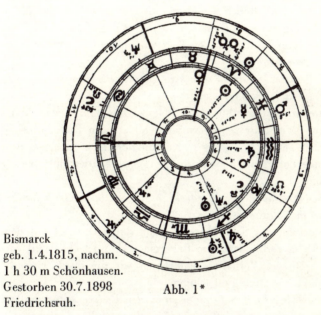

Bismarck
geb. 1.4.1815, nachm.
1 h 30 m Schönhausen.
Gestorben 30.7.1898
Friedrichsruh.

Abb. 1*

Wenn wir die Positionen des Solarhoroskopes mit denjenigen der Radixfigur vergleichen, so finden wir folgendes:

Der individuellste Punkt des Solarhoroskop, der S o l a r - a s z e n d e n t steht in Opposition mit dem krankheits- bzw. todes-bezüglichen Merkur und im achten Radixfelde, ferner im Quadrat

---

*) Wir empfehlen unseren Lesern die Solarhoroskopzeichnung stets in dieser Form auszuführen, die wohl die beste Übersichtsmöglichkeit bietet; Solar-horoskopformulare dieser Art hält der Bauer-Verlag stets vorrätig.

zum Neptun-Radix, der seinerseits durch das Quadrat zum Merkur-Radix zur kritischen Konstellation gehört. Aus dieser Beziehung des Solaraszendenten zur Stellung des Radix-Merkur erkennen wir die Bedeutsamkeit

der Winkel des Solaraszendenten zu den Planetenplätzen des Geburtshoroskops (s. S. 45).

In gleicher Weise wie wir beim Geburtshoroskop krankheits- bezw. todesbezügliche Momente ermitteln, suchen wir solche auch im Solarhoroskop festzustellen. Wir untersuchen also zunächst einmal die Positionen im sechsten und im achten Felde der Solarfigur. Im sechsten Solarfelde finden wir Mars. Es fällt dabei auf, daß Mars-Radix schon im sechsten Radixfelde stand und in diesem Verhältnis von Solar- zum Radixhoroskop liegt ein weiteres systematisch bemerkenswertes Moment:

Die Bedeutsamkeit der Wiederkehr gleicher Planetenstellungen in den Feldern (s. S. 55).

Die weitere Untersuchung der Marsposition ergibt, daß Mars-Solar eine Quadratur zu Saturn-Solar bildet. Im Radixhoroskop stehen aber Saturn und Mars in Konjunktion, d. h. in einem dem Solarwinkel der Planeten gleichwertigen Aspekt. Dies führt uns zur Feststellung

der Bedeutsamkeit der Wiederkehr gleicher bzw. gleichsinniger Winkel im Solarhoroskop (s. S. 79).

Die Position des Solar-Mars ist dann durch Quadrat mit dem Uranus-Radix verbunden. Im Geburtshoroskop ist ein Sextil vorhanden. Diesem Verhältnis entnehmen wir die durch vielfache Beobachtung bestätigte Feststellung,

daß die Winkel der Solarplaneten zu den Radixgestirnorten von Bedeutung sind, und daß solche Winkel in der Regel stärker wirken, wenn zwischen den entsprechenden Radixplaneten bereits ein Winkelverhältnis bestand, mag dieses auch gegensinnig gewesen sein (s. S. 78).

Die Marsposition im Todessolarhoroskope Bismarcks scheint uns aber auch noch aus anderen Gründen interessant. Mars-Solar steht nämlich an der Spitze des achten Radixfeldes. Wir entnehmen daraus,

daß der Stand des Solarplaneten über dem Radixfelde gleichfalls größere Bedeutung hat, wobei natürlich die Kombination mit dem Solarfelde des Planeten zu berücksichtigen ist. Hier treffen zwei krankheits- bzw. todesbezügliche Felderpositionen zusammen, nämlich: Mars-Solar im sechsten Solar- und über dem achten Radixfelde.

Nachdem so die Beziehungen des Solar-Mars erschöpft sind, können wir uns mit den Verhältnissen im achten Solarfeld beschäftigen, das eigentlich todesbezügliche Bedeutung aufweist, sofern man die traditionelle Auffassung einmal als berechtigte Arbeitshypothese gelten läßt*).

Wir sehen zunächst eine starke Besetzung des achten Feldes, die uns zu dem Schluß führt,

daß Solarplanetenhäufungen in einem Solarfelde der Feldbedeutung besonderen Nachdruck verleihen.

Bei näherem Zusehen zeigt sich, daß der Solar-Merkur im achten Solarfelde die Radix-Merkurstellung im achten Radixfelde wiederholt. Wir stoßen hier zum zweiten Male auf eine Wiederkehr der Felderpositionen der Solarplaneten. Ferner haben wir Venus im achten Solarfelde und wir stellen gleich fest, daß Venus im Radixhoroskop die maximalbedeutsame Stellung innehat. Wir ziehen daraus den Schluß,

daß die Felderstellung des dem maximalbedeutsamen Planeten der Radixfigur entsprechenden Solarplaneten von Bedeutung ist (s. S. 56).

Auch die Sonne steht im achten Solarfelde, und es darf wohl als selbstverständlich gelten, daß wir

der Felderstellung der Sonne in dem auf den Sonnenumlauf berechneten Solarhoroskop größere Bedeutung beimessen.

Wenn wir in Analogie mit der Behandlung des Geburtshoroskopes nach dem maximalbedeutsamen Faktor der Solarfigur fragen, so finden wir im Todessolarhoroskope Bismarcks charakteristischerweise Saturn-Solar maximalbedeutsam im vierten Solarfelde; damit haben wir ein weiteres für die Beurteilung des Solarhoroskopes wichtiges Moment festgestellt:

---

*) Da wir im Grunde an die Möglichkeit einer eindeutig todesbezüglichen Stelle des Horoskopes nicht glauben, kann das nur heißen, daß wir die krankheitsbezügliche Bedeutung des achten Feldes versuchsweise noch über diejenige des sechsten Feldss stellen.

Der maximalbedeutsame Planet des Solarhoroskopes hat größere Bedeutung für den Schicksalscharakter des Solarjahres (s. S. 56).

Wenn wir nun gleich den Radix-Saturn untersuchen, so finden wir ihn durch seine Stellung deutlich als krankheitsbezüglich bestimmt. Er steht im sechsten Radixfelde. Es ergibt sich also,

daß der Charakter des maximalbedeutsamen Planeten im Solarhoroskope nicht nur durch den allgemeinen Planetencharakter, sondern durch den besonderen des Geburtshoroskops bestimmt wird (s. S. 53).

Der maximalbedeutsame Solar-Saturn steht weiter im Quadratschein zu Merkur-Radix im achten Radixfelde, dem eigentlichen „todes"bezüglichen Faktor der Radixfigur.

Den Winkeln des maximalbedeutsamen Solarplaneten zu den Planeten des Geburtshoroskopes steht größere Bedeutung zu.

Es sei hier nochmals an den Winkel des Solar-Saturn zum Solar-Mars erinnert, der als wiederkehrender Winkel aufzufassen ist, und daraus der Schluß gezogen,

daß die wiederkehrenden Winkel für den maximalbedeutsamen Planeten des Solarhoroskopes einschneidende Bedeutung haben.

Saturn-Solar weist nun freilich auch zwei günstige Winkel zum Radixhoroskop auf – ein Sextil zu Saturn, ein Trigon zur Sonne. Aus der astrologischen Tradition ist bekannt, daß die günstigen Saturnwinkel in ihrer Wirkung bedeutend schwächer sind als die ungünstigen, während umgekehrt bei Jupiter und Venus meist die günstigen Winkel stärker wirken als die ungünstigen. Hier kommt aber noch die an sich gesundheitsgefährdende Wirkung des Radix-Saturn hinzu, um die Bedeutung der günstigen Winkel abzuschwächen.

Saturn-Solar steht ferner im Quadrat mit dem Solaraszendenten. Wir können daraus folgern,

daß die Winkel des Solaraszendenten zu den Solarplaneten größere Bedeutung aufweisen (s. S. 50).

Doch ist dies in der Regel nur der Fall, wenn es sich um wiederkehrende Winkel aus dem Geburtshoroskop handelt. Allerdings ist auch die spezielle Bedeutung des entsprechenden Radixplaneten in Betracht zu ziehen. Hier stand Saturn-Radix im sechsten Radixfelde und vor allem ist Saturn-Solar maximal bedeutsam.

Die Winkel des maximalbedeutsamen Solarplaneten zu Radix- wie Solarorten sind grundsätzlich stark zu bewerten.

Eine beachtsame Stellung im Solarhoroskop nimmt auch Neptun-Solar im zehnten Solarfelde ein. An sich ist die Neptunstellung im Solarhoroskop gewöhnlich nicht übermäßig bedeutsam, aber nach der Radixfigur Bismarcks zu urteilen, gehört sie zur krankheits-bzw. todesbezüglichen Konstellation, da Merkur- und Neptun-Radix im Quadrat zueinander stehen. Neptun-Solar bildet nur eine Opposition zum eigenen Radixort und eine Quadratur zum Merkur-Radix, d. h. er wiederholt den alten krankheits- bzw. „todesbezüglichen" Aspekt, wenn auch nicht in seinem Verhältnis zum Solar-Merkur, sondern nur in seinem Verhältnis zur Geburtsposition desselben. Wir sehen hier ein weiteres systematisch wichtigeres Moment:

Die Winkel der Solarplaneten zu den Orten der Radixplaneten sind besonders dann wichtig, wenn sie als partielle Wiederkehr eines alten Verhältnisses aus dem Radixhoroskop auftreten und gleichsinnig sind (S. 79).

Weiter finden wir Jupiter und Uranus im Solar auf ihren alten Tierkreisplätzen im Geburtshoroskop:

Die Wiederkehr eines Solarplaneten auf seinen alten Tierkreisort im Radixhoroskop kennzeichnet als partielle Wiederholung wichtigere Lebensabschnitte und Schicksalsphasen.

Wir bemerken dann, daß ein nach traditioneller Auffassung gesundheitlich und allgemein ungünstig zu beurteilendes Solarfeld über dem Radixaszendenten steht (zwölftes). Damit gelangen wir zu einer weiteren systematisch nicht unbeachtlichen, wenn auch gewöhnlich nur im Zusammenhang mit andern Konstellationen bedeutsamen Beziehung:

Die Lage der Solarfelder über dem Radixaszendenten entspricht einer gewissen Beeinflussung der psycho-physischen Person, wie sie durch den Radixaszendenten dargestellt wird, durch Entwicklungs- und Schicksalselemente von der Bedeutung des über dem Radixaszendenten gelagerten Solarfeldes (s. S. 44).

Endlich sehen wir noch den Solarmond in Konjunktion mit dem absteigenden Mondknoten des Solarhoroskopes, eine Wiederkehr des alten Verhältnisses zwischen Mond und Mondknoten im Geburtshoroskop. Wir können daraus schließen,

daß auch die Beurteilung der Mondknoten ähnlichen oder gleichen Grundsätzen unterliegt, wie diejenige der Planeten und der anderen Faktoren des Solarhoroskopes (s. S. 76).

Im Todessolarhoroskope Bismarcks fanden wir eine Reihe wesentlicher Beziehungen, die für die Deutung der Solarhoroskope ausschlaggebend sind, und es bleiben nur ganz wenige Beziehungsmöglichkeiten, die in dieser Solarfigur nicht gegeben sind. Unter Ansetzung der Tradition als Arbeitshypothese erscheinen die im Solarhoroskop gefundenen Beziehungen als rational und einleuchtend, als bloße Weiterentwicklung und Weiterverwendung der Begriffe, die bei der Deutung des Geburtshoroskopes Anwendung finden. Bevor zur Demonstration des Fehlenden an anderen Solarhoroskopen übergegangen wird, soll das prinzipiell Bedeutsame der Konstellationen am Todestage Bismarcks demonstriert werden. Wenn die prognostische Verwendung legitim sein soll, müssen die hier notwendigen Beurteilungsgrundsätze sich wiederum als Weiterentwicklungen der Begriffe des Radix- und Solarhoroskopes erweisen.

Bismarck starb am 30. Juli 1898. Die nachstehende Zeichnung veranschaulicht sowohl das Verhältnis der laufenden Planeten untereinander, wie dasjenige der laufenden Planeten zu den Positionen des Geburtshoroskopes.

Geburtshoroskop Bismarcks (innen) und die laufenden Planeten (außen) zur Zeit seines Todes.

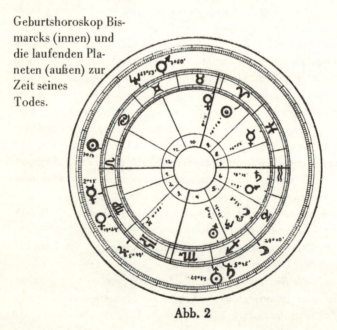

Abb. 2

Die laufende Sonne bildet ungünstige Winkel zu Saturn- und Venus-Radix. Venus ist maximal bedeutsamer Planet:

Die Transite der laufenden Planeten zum maximalbedeutsamen Faktor haben in der Regel größere Bedeutung (s. S. 86).

Aus der Opposition der laufenden Sonne zum Saturn-Radix entnehmen wir,

daß die Übergänge der laufenden Planeten über die Winkel der Radixplaneten von der speziellen Bedeutung der letzteren, die durch ihre Felderstellung gegeben ist, entscheidend beeinflußt wird.

Die laufende Sonne steht übrigens in einem Trigon zum laufenden Saturn, dem im Geburtshoroskop ein Sextil entspricht und ein Sextil zum laufenden Mars, das bereits im Radixhoroskop vorhanden war (im Radix: Sonne Sextil Mars). Wir entnehmen daraus,

daß die Wiederkehr gleicher oder ähnlicher Winkel unter den laufenden Planeten einem gewissen Abschnitt und Einschnitt in der Lebens- und Schicksalsentwicklung entspricht, dem natürlich je nach dem Lebensalter und nach den vorhandenen übrigen Konstellationen verschiedene Bedeutung zukommt.

Der laufende Neptun steht noch, wie bereits im Solarhoroskop, in der Oppositionsregion zu seinem eigenen Radixplatz. Die krankheits- bzw. „todesbezügliche" Bedeutung des Neptun haben wir bei der Besprechung des Solarhoroskopes schon hervorgehoben. Wir bemerken hier nur, daß die Übergänge der laufenden Planeten Saturn, Uranus und Neptun über empfindliche Orte des Geburtshoroskopes, besonders aber über Winkel zum eigenen Ort, einen viel größeren Orbis beanspruchen als diejenigen der übrigen Planeten.

Der laufende Saturn steht in Opposition mit dem laufenden Mars, Saturn und Mars bilden aber im Geburtshoroskop und im Solarhoroskop Aspekte von krankheits- bzw. „todes"bezüglicher Bedeutung. Die laufenden Planeten Saturn und Mars wiederholen also ein Aspektverhältnis, das im Geburts- wie im Solarhoroskop vorhanden war. Als systematisch wichtig heben wir daher hervor,

daß die Wiederkehr gleicher Aspekte wie im Radix- und Solarhoroskop im laufenden Planetenbilde erhöhte Bedeutung erlangt und daß diese Bedeutung derjenigen des Geburtshoroskops, getönt durch jene des Solarhoroskops, entspricht (s. S. 88).

Die Opposition zwischen Saturn und Mars im laufenden Planeten-bilde findet auf dem Uranus-Radix statt:

Fällt eine wiederkehrende Konstellation der laufenden Planeten auf einen irgendwie empfindlichen Punkt des Geburtshoroskopes, so wird ihre Wirkung in der Regel verstärkt (s. S. 124).

Bei der damit gegebenen Opposition des laufenden Mars zum Uranus-Radix erinnern wir an die Tatsache, daß schon das Solar-horoskop eine Quadratur zwischen Mars-Solar und Uranus-Radix aufwies:

Die partielle Wiederkehr von Aspekten der laufenden Planeten zur Radixfigur kann im Rahmen anderer wichtiger Konstellationen erhöhte Bedeutung erlangen, auch wenn es sich nicht nur um die Wiederkehr aus dem Radixhoroskop, sondern nur um eine solche aus der Solarfigur handelt.

Fehlen solche anderen Konstellationen, so ist sie von minderer Bedeutung, aber dennoch wirksam.

Der laufende Uranus steht ebenso wie der laufende Jupiter am eigenen Platz im Geburtshoroskop. Die Bedeutung dieses Verhält-nisses ist schon gelegentlich der Solarbesprechung gekennzeichnet worden, sie gilt auch für die Transite mit der Bemerkung, die wir schon für die Neptunposition gemacht hatten, nämlich, daß in diesen Fällen der Orbis etwas weiter zu nehmen ist als sonst.

Die laufende Venus steht in Oppostion mit dem Merkur-Radix, der „todes"bezügliche Bedeutung aufwies. Dieser Transit ist natür-lich nur im Rahmen der übrigen Konstellationen bedeutungsvoll. Wenn die Opposition zwischen Saturn und Mars im laufenden Pla-netenbilde gewissermaßen die Woche der Krise bestimmt, so kann diese Konstellation nur krisenverschärfend für den Verlauf von vier-undzwanzig Stunden wirksam sein. Man hat jedoch dabei zu beachten, daß Venus im Radixhoroskop Bismarcks maximal bedeutsam ist.

Die Transite der laufenden Planeten, die im Radixhoroskop starke oder maximalbedeutsame Stellung hatten, wirken stärker als andere, die im Radixhoroskop schwach gestellt sind.

Die Richtung der Auswirkung wird von der Bedeutung desjenigen Planeten gekennzeichnet, der, im Radix stehend, vom laufenden Planeten durch Winkel betroffen wird. Hier kommt Merkur als „todes"bezüglicher Faktor in Betracht. (Stellung im achten Felde.)

Im Solarhoroskop sahen wir Venus ihrerseits im achten Solarfelde, also mit krankheitbezüglicher Bedeutung. Venus stand dort
in Konjunktion mit Merkur-Solar, was die Krankheitsbezüglichkeit
noch verstärkte, da Merkur-Solar als Wiederkehr von Merkur-Radix
im achten Felde fungierte. Wir finden nun bei der Opposition der
laufenden Venus zu Merkur-Radix ein merkwürdiges Verhältnis. Es
handelt sich um eine Art Wiederkehr einer Solarkonstellation, nur
daß hier Merkur-Radix für den laufenden Merkur tritt. Solche Dinge
beobachten wir sehr häufig. Zum Beispiel i. a. F.: Radix : Mars
Konjunktion Saturn im vierten Felde, Solar : Mars-Solar Konjunktion Saturn-Solar im siebenten Solarfelde. Die Auslösung erfolgte
unter Mars laufend in Opposition zum Saturn-R a d i x !

Durch diese Ausführungen ist die spezifische Bedeutung des
Venus - Transites am Todestage Bismarcks hinreichend gekennzeichnet.

Die Zusammenhänge zwischen Radixhoroskop, Solarfigur, Transiten und Konstellationen der laufenden Planeten untereinander
sind ungemein enge, die Bedeutung der Transite und der laufenden
Planeten untereinander ist in der Regel nur durch ihr enges Verhältnis zu Solar- und Radixkonstellationen hinreichend bestimm-
bar.

Im weiteren untersuchen wir einige Beispiele, in denen sich für
Solarhoroskop und Konstellation der laufenden Planeten untereinander systematisch wichtige Momente ergeben, die im Falle Bismarck
nicht in Erscheinung traten. Es sind, wie man bemerken wird, nicht
viele. Wir übergehen dabei alles, was an prinzipiell Bedeutsamem
schon im Solarhoroskop Bismarcks erläutert wurde.

Im folgenden haben wir Horoskop und Solarhoroskop einer Persönlichkeit, die in sehr schwierige Ehekonflikte hineingeriet (geb.
15. Sept. 1886, 1 Uhr 30 Min. vorm., 51⁰ 12' n. Br., 13⁰ 12' ö. L.).

Das Geburtshoroskop zeigt uns eine Opposition zwischen Mond
und Uranus, die zur Folge hatte, daß der Horoskopeigner bei der
Partnerwahl auf einen hysterischen Typ verfiel, was zur allmählichen
Zerrüttung des ehelichen Verhältnisses führte. Die entscheidende
Ehekrise begann, als der laufende Uranus in die Gegend der Mond-
opposition gelangte. Die Hauptkrise trat jedoch in dem Jahr ein,
dem das hier abgebildete Solar entsprach.

Der Solar-Mond steht auf dem Radix-Uranus, damit das bildend, was wir schon beim vorhergehenden Beispiel eine p a r t i e l l e W i e d e r k e h r nannten. Der Solar-Uranus seinerseits steht auf dem Mond-Radix und bildet gleichfalls die partielle Wiederkehr des alten Verhältnisses. In der gegenseitigen Aspektierung von Solar zu

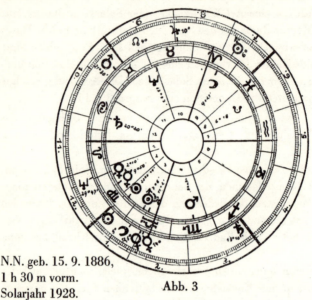

N.N. geb. 15. 9. 1886,
1 h 30 m vorm.
Solarjahr 1928.

Abb. 3

Radix (nämlich hier: Mond-Solar Konjunktion Uranus-Radix und Uranus-Solar Konjunktion Mond-Radix) finden wir

ein Reziprokverhältnis, dem bei der Solardeutung gleichfalls erhöhte Bedeutung zuzulegen ist (s. S. 91).

In diesem Falle kommen mehrere Dinge zusammen. Erstens zwei partielle wiederkehrende Konstellationen, zweitens eine totale Wiederkehr des Radixaspektes unter den Solarplaneten (der Opposition zwischen Mond und Uranus im Radixhoroskop entspricht eine Opposition von Mond-Solar und Uranus-Solar) und schließlich der eben dargelegte Reziprokaspekt. In weniger markanten Fällen können aber diese begleitenden Umstände fehlen und es kann nur ein Reziprokverhältnis vorliegen. Angenommen, es stünde der Mond in 10⁰ Widder und Radix-Uranus in 20⁰ Jungfrau, so wäre beim

Solar-Uranusstand in 10⁰ Widder und beim Solar-Mondstand in 20⁰ Fische (nämlich in Opposition zum Radix-Uranus) bereits ein Reziprokaspekt vorhanden.

Aus dem Solarhoroskop eines zunächst Verschollenen und dann Ertrunkenen können wir gleichfalls ein wichtiges Prinzip ableiten. Der Solaraszendent steht auf dem Radix-Saturn und der Solar-Saturn befindet sich im achten Solarfelde über dem sechsten Radixfelde.

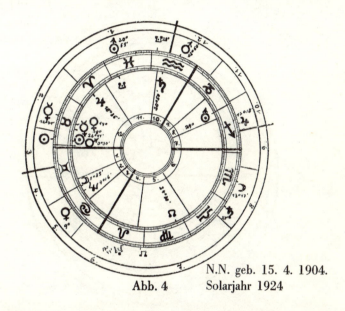

N.N. geb. 15. 4. 1904.

Abb. 4   Solarjahr 1924

Die Stellung desjenigen Solarplaneten, der dem Radixplaneten entspricht, auf dem sich der Solaraszendent befindet, ist für den Verlauf der Entwicklungen und Schicksale im Solarjahre besonders zu beachten.

Dem Todessolarhoroskop Friedrich Eberts entnehmen wir folgende für die Solarprognose beachtenswerte Notiz: Der eine Maximalplanet des Geburtshoroskopes, J u p i t e r , befindet sich im sechsten Solarfelde über dem achten Felde des Geburtshoroskopes. Die im Geburtshoroskop neben Jupiter gleichfalls maximalbedeutsame Sonne steht im achten Solarfelde. Diese charakteristischen Positionen wurden schon beim Todessolarhoroskop Bismarcks ausgewertet und bedürfen hier keiner weiteren Besprechung. Wichtig für uns ist im Augenblick folgendes: Der Radix-Saturn steht an der Spitze des achten Feldes und ist krankheits- bzw. todesbezüglich. Der Solar-Saturn befindet sich im Quadrat zur maximalbedeutsamen Radix-Sonne im fünften Solarfelde, also scheinbar ohne rechte Bedeutung für die Lebenssspäre dieses Solarfeldes, aber zugleich steht er über dem sechsten Felde des Geburtshoroskopes. Das führt uns zu der häufig beobachteten Tatsache,

Ebert, geb. 4. 2. 12 h mittags, He berg, mit Todess horoskop. Gestorben 28. 2. Siehe das Gebur horoskop Eberts Band II, Tabelle. S. 208, Beispiel Daten seite 209

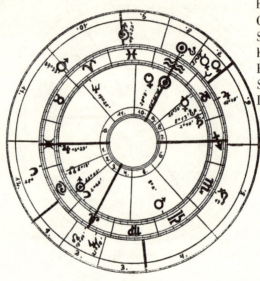

Abb. 5

daß die Stellung der großen Solarplaneten Jupiter, Saturn, Uranus und Neptun häufig viel mehr auf das Radixfeld wirkt, über dem sie sich befinden, als auf das Solarfeld, in dem sie sich aufhalten (s.S.68)
Das gleiche Solarhoroskop zeigt uns, wenn auch in abgeschwächter Form, ein anderes wesentliches Moment: Der maximalbedeutsame Planet des Solarhoroskopes, Uranus, an der Spitze des zehnten Solarfeldes, bildet eine Quadratur zum Radixaszendenten.

Das Winkelverhältnis der Solarplaneten zum Radixaszendenten bzw. zum Radix-M. C. ist unter besonderen Umständen bedeutungsvoll (s. S. 46).

Die besonderen Umstände bestehen hier darin, daß der Solar-aszendent auf dem Uranus-Radix steht und daß wir aus diesem Grunde der Solarposition des Uranus besondere Aufmerksamkeit schenken müssen.

Damit haben wir aus vier Solarhoroskopen fast alles herausgehoben, was bis heute wesentlich für das Verständnis der Beziehungen zwischen Radix- und Solarhoroskop und Konstellationen der laufenden Planeten erscheint. Wir gehen nun zur allgemeinen systematischen Darstellung über, welche die Rangordnungsverhältnisse und die besonderen Bestimmungen für die Verwertung aller dieser Momente enthalten soll, so wie sie sich aus allen Erfahrungen heraus ableiten ließen.

I. Das Geburtshoroskop als Grundlage der Prognose

Die Deutung des Geburtshoroskopes ergibt (theoretisch) alle körperlichen und seelischen Anlagen, die später im Wechselspiel mit der Umwelt zum Erleben des Schicksals in Form von Zuständen und Ereignissen führen. Es kann also im wesentlichen zeitlich nichts vorausgesagt werden, was nicht schon im Geburtshoroskop als Möglichkeit enthalten ist. Dies gilt aber naturgemäß nur für jene Erlebnisse, die dem individuellen Schicksal den besonderen und typischen Charakter verleihen. Weniger wichtige Zustände und Ereignisse betreffen, wenn auch zu ganz verschiedenen Zeiten, alle Menschen ein oder mehrere Male im Leben, weil sie gewissermaßen zum Bestandteil des menschlichen Lebens selbst gehören und daher im Geburtshoroskope des einzelnen nicht besonders betont sein müsen. Hier kommen z. B. unter vielen anderen geringfügige körperliche Indispositionen, vorübergehende Konflikte im Beruf, in der Ehe, im Verhältnis zur Umwelt in Betracht, Erlebnisse, mit denen mehr oder minder alle Menschen rechnen. Diese Dinge können aus Solarhoroskop und Transiten prognostiziert werden, ohne daß im Geburtshoroskop besondere dahingehende Tendenzen angezeigt sind. Besondere Wendungen aber, einschneidende und für die Dauer schicksalstragende Erlebnisse auf seelischem, gesundheitlichem, beruflichem oder ehelichem Gebiete sind nur dann aus Solarhoroskop, Transiten, wiederkehrenden Konstellationen usw. mit Wahrscheinlichkeitscharakter voraussagbar, wenn das Geburtshoroskop derartiges vorzeichnet.

Das Geburtshoroskop hat aber auch sonst Bedeutung für die Prognose. Die allererste Zeitschätzung, die mit größeren Lebensperioden, wie „frühe Jugend", „reife Jugend", „Mannesalter",

„Mitte des Lebens", „zweites Lebensdrittel", „letztes Lebensdrittel" und „Lebensende", operiert, wird bereits aus der Geburtsfigur vorzunehmen sein. Die Verteilung der Planeten im Geburtshoroskop läßt in jenen Fällen, wo sie eine ausgesprochene Häufung in bestimmten Hälften und Vierteln aufweist, die Lebensperioden erkennen, in denen schicksalstragende Seelen- und Körpersituationen sich entwickeln.

Planeten in der Osthälfte des Horoskopes verlegen diese Reifezeitpunkte in die Jugend und in das frühe Mannesalter, Planetenanhäufungen in der W e s t hälfte in das reifere Alter, in den Lebensherbst, während das M. C. und die ihm benachbarten Grade zeitlich der Lebensmitte, das I. C. dem Lebensende, dem Alter zuzuordnen sind.

Es wäre von großem Interesse, die Horoskope berühmter Persönlichkeiten einmal von dieser Fragestellung aus nachdrücklich zu untersuchen. Wo ausgesprochene Häufungen vorliegen, zeigt sich nämlich, soviel ich übersehen kann, die zeitliche Zuordnung der Horoskophälften und -viertel zumeist deutlich bestätigt:

Hindenburg mit der starken Besetzung der Westhälfte seines Horoskopes erfährt eine späte Schicksalsreife wohl durchaus im Einklang mit seiner Charakterstruktur, während die vorwärtsdrängende Persönlichkeit Ludendorffs bei betonter Osthälfte seines Horoskopes frühzeitig in den schicksalstragenden Lebenskampf hineingerät und im reiferen Mannesalter schon den Lebenshöhepunkt überschritten hat. Friedrich Ebert, mit einer gewissen Betonung der Region um das M. C., entwickelt die entscheidenden Impulse in der Lebensmitte. Friedrich Nietzsche, den schon in der Lebensmitte tückische Krankheit aus dem Reiche des Bewußten riß, besitzt im Horoskop eine sehr ausgesprochene Besetzung der Osthälfte. Bei Rudolf Steiner bringt die letzte Lebensperiode, kurz vor dem Tode, die Zeit höchster Aktivität und Leistung entsprechend der starken Besetzung seines vierten Feldes. Diese Dinge sind leicht nachzuprüfen und nur selten erleben wir da größere Überraschungen, zumal die charakterologische Bedeutung der Horoskophälften und Horoskopviertel in einem sehr engen Verhältnis mit der zeitlichen steht. Nicht so sicher läßt sich die Frage beantworten, ob nun auch die e i n z e l n e n Planetenstände mit ihrer Bedeutung für die psychische und körperliche Entwicklung und deren Ausstrahlung auf die äußeren Lebensumstände zeitlich so fest bestimmt werden können. Diese Frage ist, weil es sich um Einzelfaktoren der Seele und des Schicksals handelt, viel schwerer zu klären, sie ist aber ungleich wichtiger für die Prognose, weil es dann unter Umständen möglich wäre, in den Solarhoroskopen solchen Perioden ein größeres Gewicht auf das Verhältnis zum entsprechenden Planetenstande im Geburtshoroskop und auf den in Frage kommenden S o l a rplaneten zu legen. Ist es so, daß Saturn in der westlichen Hälfte des Horoskopes die schlechten Erfahrungen, die er vielleicht andeutet, erst in der zweiten Lebenshälfte zur Geltung bringt, oder genügt z. B. ein kritischer Aspekt dieses Saturn auf einen Planeten in der Osthälfte des Horoskopes, um das Erleben auch in die erste Lebenshälfte zu verlegen bzw. die Perioden zu verwischen? Ganz sicher läßt sich diese Frage heute noch nicht beantworten, aber wahrscheinlich verhält es sich in der Tat so, daß auch der Stand der einzelnen Planeten in den Hälften und Vierteln des Horoskopes einen Hinweis auf die ungefähre Entwicklungszeit der in ihm ausgedrückten Tendenzen der Seele, des Körpers und der daraus sich ergebenden Schicksale ergibt. Dennoch ist nicht zu verkennen, daß der Aspekt auf einen Planeten (oder auf eine Eckfelderspitze) in anderen Quadranten seine Bedeutung auch für diese andere Lebensperiode erhält, aber gewissermaßen mehr unter dem Gesichtswinkel des a s p e k - t i e r t e n Faktors.

II. Das Solarhoroskop

Das Solarhoroskop wird auf den jährlichen Übergang der Sonne über ihren eigenen Ort im Geburtshoroskop berechnet, und zwar unter Berücksichtigung der Länge und Breite desjenigen Ortes, an dem sich der Horoskopeigner zur Zeit dieses Überganges (also in den Tagen um den Geburtstag) befunden hatte. Manche Autoren berechnen das Solarhoroskop auf die geographische Position des Geburtsortes. Die Frage, was hier richtig ist, läßt sich theoretisch nicht beantworten. Die praktische Nachprüfung kann allein Aufschluß geben, sie ist aber naturgemäß nicht ganz einfach, da geringe Entfernungen zwischen Anwesenheits- und Geburtsort auch nur geringfügige Veränderungen des Solarhoroskopes zeitigen, die deutungsmäßig nur schwer und oftmals gar nicht unterschieden werden können. Solche Nachprüfungen sind nur dann möglich, wenn zwischen Geburts- und Anwesenheitsort ein sehr großer Unterschied der Längen und Breiten vorhanden ist. Die wenigen bisher durchgeführten Nachprüfungen lassen jedoch die Berechnung des Solarhoroskopes auf den A n w e s e n h e i t s o r t richtig erscheinen. Damit wäre zugleich eine bedeutsame Konsequenz für die Lebensgestaltung gegeben. Es wäre z. B. möglich, durch Ortsveränderung gesundheitlich ungünstigen Einflüssen zu entgehen. Vom Standpunkt der praktischen Lebensauffassung spricht ja wohl vieles für die Annahme solcher Möglichkeiten, aber der strenge Determinist kann natürlich einwenden, daß auch die vorgenommene Ortsveränderung vorausbestimmt gewesen sei.

Das Solarhoroskop soll die Gesamtentwicklung des Individuums in seelischer und körperlicher Hinsicht und die Ausstrahlungen desselben auf die Verhältnisse der äußeren Umwelt und schließlich auch die Rückwirkungen der Umwelt auf das Individuum für die Dauer eines Jahres widergeben. Das Solarhoroskop ist, wie schon bemerkt, dem Geburtshoroskop untergeordnet, vor allem nur in engster Bezugnahme auf dasselbe bedeutsam. Die Solarfigur an und für sich hat keinen wesentlich selbständigen Deutungswert.

Die Beziehungen zum Geburtshoroskop können direkter räumlicher Naturs ein, aber auch nur ideellen Charakter tragen, indem Konstellationen des Solarhoroskopes räumliche Verhältnisse des Geburtshoroskopes wiederholen.

In erster Linie müssen die räumlichen Beziehungen der Eckfelder und Planeten des Solarhoroskopes zu den betonten Positionen der Geburtsfigur beachtet werden. Die Rangordnung der Solarhoroskopfaktoren wird zunächst auf gleiche Weise wie diejenige der Geburtshoroskopfaktoren ermittelt. Es zeigt sich aber dann, daß diese Bestimmungsart nicht ausreicht und daß die räumliche Beziehung der Solarhoroskopfaktoren zu denjenigen des Geburtshoroskopes weitgehend berücksichtigt werden muß, um die richtigen Wertstufen zu ermitteln.

a) Der Solar-Aszendent in seinem Verhältnis zu den Faktoren des Geburtshoroskopes und der Radix-Aszendent in seinen Beziehungen zum Solarhoroskop

Der Aszendent des Solarhoroskopes ist als individuell bedeutsamer, weil hochvariabler Punkt, für die Solarprognose von nicht zu unterschätzender Bedeutung. Sein Deutungswert erschließt sich zunächst aus seiner Stellung im Tierkreis und damit aus seinen räumlichen Beziehungen zu den Faktoren des Geburtshoroskopes. Wir beachten da:

1. Die Stellung des Solaraszendenten über den Feldern des G e - b u r t shoroskopes, die uns Aufschlüsse über betonte Gebiete für den Verlauf des Solarjahres gibt.

2. Die Stellung des Solaraszendenten in den Winkeln zu den Eckfelderspitzen und zu den Planeten der Geburtsfigur, und schließlich

3. die Stellung des Solaraszendenten in den Winkeln zu den Planeten des Solarhoroskopes, sofern diese bereits im Geburtshoroskope vorhanden waren und also w i e d e r k e h r e n d e K o n - s t e l l a t i o n e n darstellen.

Zu 1. Die Stellung des Solaraszendenten in den Feldern des Geburtshoroskopes verlegt das Schwergewicht persönlichster Tendenzen auf die Erlebnisphären, die durch diese Felder ausgedrückt werden. Die Bedeutung des Zusammenwirkens zwischen Solaraszendent und einem bestimmten Felde des Geburtshoroskopes wird zunehmen, wenn das in Frage stehende Feld des Geburtshoroskopes eine Besetzung durch Planeten aufweist. Es sind dann im Laufe des Jahres Erlebnisse, Entwicklungen, Tendenzen und Ereignisse zu erwarten, die mit dem Charakter des Radixfeldes zusammenhängen, über dem sich der Solaraszendent befindet.

Die Stellung des Solaraszendenten im neunten Felde wird z. B. eine Verstärkung des seelischen Weitendranges bedingen, die bei den verschiedenen Naturen, wie sie sich aus dem Geburtshoroskop ergeben, ganz verschiedene äußere Tendenzen und Situationen hervorrufen wird und die obendrein noch Verstärkung oder Abschwächung erfahren durch den Stand von Radixplaneten im neunten Radixfeld bzw. durch das Fehlen solcher Besetzung.

Die Stellung des Solaraszendenten im zweiten Felde des Geburtshoroskopes kann gleichfalls sehr verschiedenen Deutungswert erlangen. Das eine Mal, etwa bei günstigen Winkeln zu den Radixplaneten, wird sie jene Energien steigern, die das Berufs- und Wirtschaftsleben gestalten, und aus diesem Grunde dort Erfolge vorbereiten. Das andere Mal etwa bei einer gleichzeitigen Opposition des Solaraszendenten zu einem krankheitsbezüglichen Planeten im achten Felde des Geburtshoroskopes, kann sie eine Gesundheitsgefährdung für das Solarjahr anzeigen. Im günstigen Winkel mit Jupiter-Radix im zehnten Radixfelde wird sie wirtschaftlich-berufliche Erfolge kennzeichnen, stets der Solaraszendent dagegen in Quadratur mit dem Saturn-Radix etwa auch im zehnten Radixfelde, so kann diese Konstellation eine falsche Einstellung in wirtschaftlicher Hinsicht andeuten, die leicht Verluste zur Folge hat. Wesentlich ergänzende Aussagen erhält man häufig durch die Beachtung derjenigen Konstellationen, die sich in d e m Solarfeld befinden, das dem Radixfelde entspricht, auf das der Solaraszendent fällt. In unseren beiden Beispielen würde man also unverzüglich die Besetzung des neunten oder zweiten Solarfeldes durch Solarplaneten zur endgültigen Beurteilung heranziehen.

Es ist wohl müßig, für jede der zwölf möglichen Stellungen des Solaraszendenten Deutungsregeln zu geben, die jeder, der in der

Wertung des Geburtshoroskopes einige Übung hat, selbst formulieren könnte. Der Deutungswert des Solaraszendenten ist übrigens durch seine Stellung in den Feldern des Geburtshoroskopes gar nicht einsinnig genug bestimmt, denn es müssen, wie schon angedeutet, jeweils die Winkel des Solaraszendenten zu den Eckfelderspitzen und Planeten des Geburtshoroskopes berücksichtigt werden, soll klar umrissene Deutung entstehen. Die Wiedergabe von Regeln würde also hier, wie immer, nur zu einer schematischen Beurteilungsweise verführen, die niemals der Gesamtheit der jeweils ausschlaggebenden Faktoren gerecht werden kann.

Das Lebensalter des Horoskopeigners im Solarjahre ist natürlich weitgehend zu berücksichtigen. Wenn z. B. die Stellung des Solaraszendenten im fünften Felde des Geburtshoroskopes beim erwachsenen Menschen im mittleren Lebensalter oftmals eine Aktivierung des Liebes- und Trieblebens bedingt, so kann dieselbe Stellung des Solaraszendenten beim Kinde natürlich nur eine stärkere Entwicklung des Spieltriebes*) auslösen, beim Greise dagegen vielleicht eine verstärkte Hinneigung zu Geselligkeit, Genuß und zu den allgemeinen Freuden und Annehmlichkeiten des Lebens zeitigen.

Die Stellung des Aszendenten des Geburtshoroskopes in den Feldern des Solarhoroskopes ist gleichfalls nicht ohne Bedeutung, besonders dann, wenn dieses Solarfeld noch durch Solarplaneten besetzt ist. Wenn z. B. das sechste Solarfeld über dem Aszendenten des Geburtshoroskopes steht, so zeigt das gewöhnlich gesundheitsschädliche Einflüsse für das Solarjahr an, und diese werden besonders stark sein, wenn das sechste Solarfeld durch ungünstig gestellte Solarplaneten besetzt ist. Auch in diesem Falle wird man zur Kontrolle sogleich die entsprechenden Solarkonstellationen auf das sechste Feld des Geburtshoroskopes untersuchen.

Der Deutungswert der Stellung des Solaraszendenten in den Feldern des Geburtshoroskopes und des Radixaszendenten in den Feldern des Solarhohroskopes ist gewiß oft beträchtlich, er darf aber nicht überschätzt werden. Diese Momente sind nicht von höchstem

---

* Allerdings lehrt uns die Freudsche Schule, daß die ersten erotischen Regungen sehr weit in das Kindesalter zurückreichen, aber sie müssen natürlich eine ganz andere Beurteilung finden als diejenign des ausgereiften Lebensalters.

individuellen Wert, sie sind nicht variabel genug, um ganz zu-
gespitzte Deutungen zuzulassen, sie ändern sich im Laufe einer
halben Stunde nur sehr wenig.

Zu 2. Die Stellung des Solaraszendenten in den Winkeln zu den
Planeten und Eckfelderspitzen des Geburtshoroskopes ergibt schärfer umrissene Deutungsmomente und zeigt, wie sich die Entwicklung auf den in 1. geschilderten Lebenssphären nun lustvoll-betont,
spannend-erregt oder unter Depressionen auf körperlichem oder
seelischem Gebiete vollzieht. Es ergeben sich aus diesen Verhältnissen außerdem noch viele besondere Charakterisierungen, die für
die konkrete Deutung unerläßlich sind. Ganz ähnlich wirkt auch die
Stellung des Radixaszendenten in den Winkeln zu den Planeten des
Solarhoroskopes. Die Bedeutung solcher Winkel steigt in beiden
Fällen, wenn es sich dabei um die Wiederkehr eines alten Winkelverhältnisses aus dem Geburtshoroskop handelt.

Angenommen, das Solarhoroskop weise eine Quadratur seines
Aszendenten zum Mars-Radix auf, so ist dies besonders ungünstig
für den Verlauf der gesundheitlichen und seelischen Schicksale im
Solarjahre, wenn schon im Geburtshoroskop ein ungünstiger Winkel
zwischen Aszendent und Mars vorlag.

Beispiel:

Aszendent-Radix ☌ ♂ Radix (zur Geburt),

Aszendent-Solar □ ♂ Radix (im Solarhoroskop).

Die ungünstige Bedeutung eines solchen Winkels kann sich nun
weiter noch erheblich steigern, wenn der Solaraszendent von einem
Planeten des G e b u r t shoroskopes, der Radixaszendent seinerseits
gleichzeitig vom gleichen Planeten des S o l a rhoroskopes den ungünstigen Winkel empfängt. Es liegt dann ein Reziprokverhältnis
vor, das wir auch noch in vielen anderen Variationen im Solarhoroskop und später bei den Transiten wiederfinden.

Beispiel:

Aszendent-Solar □ ♂ Radix (im Solarhoroskop),

Aszendent-Radix □ ♂ Solar (im Solarhoroskop).

Die Bedeutung der Winkel von Solaraszendent zu Radixplaneten
und der Winkel des Radixaszendenten zu Solarplaneten ist aber auch
damit noch nicht einheitlich und klar genug bestimmt. Wenn der

Solaraszendent einen Winkel zu einem Radixplaneten bildet, so ist zur Erfassung der Sachlage dessen Bedeutung im Geburtshoroskop ins Auge zu fassen.

Der schlechte Winkel des Solaraszendenten zum Merkur-Radix hat z. B. vorerst nur die Bedeutung gewisser Ungleichmäßigkeiten im Ablauf der intellektuellen Vorgänge. Steht nun aber Merkur-Radix etwa noch im schlechten Winkel zu anderen Radixplaneten im sechsten oder achten Radixfelde, so gewinnt der schlechte Winkel des Solaraszendenten eine ausgesprochene gesundheitswidrige Bedeutung, etwa stärkerer nervöser Störungen. Beim Merkur-Radix im zehnten Radixfelde würden sich dagegen intellektuelle Mißgriffe und Irrtümer leicht auf die Handlungen im beruflichen Leben erstrecken und entsprechende Folgen auslösen.

Die Beurteilung der Winkel des Radixaszendenten zu Planeten im Solarhoroskop ist noch etwas komplizierter. Der Solarplanet hat für den Horoskopeigner stets die Bedeutung seiner Stellung im Geburtshoroskop, verbunden mit derjenigen seiner Solarposition. Stünde der Radix-Mars z. B. im Geburtshoroskop im zehnten Felde, der Solar-Mars im Solarhoroskop dagegen im siebenten Felde, so wären die beiden Felderbedeutungen zu kombinieren, es bestünde wahrscheinlich stärkere Tendenz zu Konflikten und Auseinandersetzungen mit beruflich verbundenen Personen, bei einiger Kenntnis der allgemeinen Lebensumstände wäre es dann häufig nicht schwer, Prozesse vorauszusagen, aber der gestirnte Himmel kümmert sich nicht um unsere allzumenschlichen Verhältnisse und Angelegenheiten. Im einzelnen kommen wir auf diese Dinge bei der Besprechung der Bedeutung der Solarplaneten zurück.

Die nachfolgenden Regeln für die Beurteilung der Winkel des Solaraszendenten zu den Radixaspekten gelten auch für die Aspekte des Radixaszendenten zu den Solarplaneten und für diejenigen des Solaraszendenten zu den Solarplaneten, die unter den angeführten Voraussetzungen (Wiederkehr) gleichfalls größeren Einfluß haben. Die Regeln beziehen sich aber nur auf die allgemeine Bedeutung der Planeten, nicht auf die besondere im einzelnen Horoskop, und sie können daher nicht einfach als Rezept übernommen werden, sie sollen nur Anregungen vermitteln. Man muß sie kennen, um sie im Einzelfalle frei, ohne Anlehnung an das Buch, variierend verwenden zu können. Das Schema führt sonst bei geistlos-mechanischer Verwendung stets zu Trugschlüssen.

Der Solaraszendent

in günstigen Winkeln zur Sonne: (im Radixhoroskop)

Steigerung der Geltungs- bzw. Machtimpulse mit sozial meist günstiger Auswirkung, d. h. Erfolgen, ferner Kräftigung der vitalen Energie und, wenn nichts anderes dagegen spricht, Förderung auf den Lebensgebieten, die durch den Stand der Radixsonne im Radixfelde bedingt sind. Auslösung meist bei Übergang der laufenden Sonne über die guten Winkel des Aszendenten, besonders beim direkten Übergang.

in ungünstigen Winkeln zur Sonne:

Oftmals forcierter Einsatz des Geltungs- und Machtstrebens mit entsprechenden Schwierigkeiten für die äußere Lebens- und Schicksalsgestaltung. Größerer Kräfteverbrauch, der auch der Gesundheit abträglich sein kann, besonders wenn die Radixsonne im ersten, sechsten, achten oder zwölften Felde ungünstig bestrahlt ist, also im Solarhoroskop oder in der Radixfigur ungünstige Winkel bildet. Das erste wirkt wohl stärker als das letzte.

in günstigen Winkeln zum Monde:

Glückliche Lagerung der unbewußten Seelenschichten, die einer psychischen Harmonie förderlich sind und daher auch das interne, persönliche und familiäre Leben meist günstig beeinflussen. Veränderungsdrang führt manchmal zu gut verlaufendem Wechsel in bezug auf die dem Mond allgemein und im besonderen Falle zuzusprechenden Lebensgebiete. Oftmals Neigung zu Ortsveränderungen, besonders, wenn es sich um eine Konjunktion handelt, die dann überhaupt eine starke Umgruppierung der seelischen Kräfte und eine Veränderung in der Lebenssituation begünstigt. Bei der Konjunktion ist allerdings hier — wie bei allen Konjunktionen zwischen Aszendent und Planeten — darauf zu achten, wie die Aspektierung aus Radix und Solar aussieht. Wird z. B. der Solar- oder Radixmond, auf dem sich der Solaraszendent befindet, von schlechten Winkeln getroffen, so kommen die Bemerkungen zu den ungünstigen Winkeln in Frage.

in ungünstigen Winkeln zum Monde:

Psychische Sperrungen, seelische Disharmonien, oft verbunden mit körperlichen Indispositionen und schicksalsmäßig häufig von Disharmonien in der persönlichen und familiären Sphäre gefolgt. Veränderungen, die hier oft vorgenommen werden oder zu denen man sich innerlich gedrängt fühlt, verlaufen gewöhnlich nicht günstig, weil sie in ungünstiger psychischer Verfassung angetreten werden, und führen daher leicht zu kritischen, unlustbetonten Zuständen, gelegentlich werden aber auch gewünschte Veränderungen durch falsche persönliche Einstellung bzw. durch persönliche Bindungen verhindert. All dies kommt besonders bei ungünstiger Stellung des Solar- bzw. des Radixmondes in Betracht.

in günstigen Winkeln zum Merkur:

Gute Entwicklung intellektueller Kräfte, erfolgreicher Einsatz des Intellektes im alltäglichen Handeln und daher oft entsprechende Erfolge auf diesen Gebieten, je nach der besonderen Bedeutung des Merkur im Geburtshoroskop. Zeigt dieser durch seine Radixpositionen mehr praktisch kaufmännische Fähigkeiten und Anlagen an, so tritt eine Förderung der praktischen Lebensziele ein, deutet Merkur-Radix aber mehr auf geistig-intellektuelle Begabung, so hegt auch der Nachdruck des Erfolges mehr auf diesem Gebiet. Häufig entsteht Neigung zu Reisen, besonders bei der Konjunktion mit dem Merkur, und es bestehen dann gute Verwirklichungsaussichten. Auslösung erfolgt u. a. bei guten Winkeln des laufenden Merkur zum Aszendenten, besonders beim direkten Übergang und Stillstand auf diesen Orten *

in ungünstigen Winkeln zum Merkur:

Häufig Konflikt zwischen natürlichen Regungen und Antrieben einerseits, bewußten Strebungen andererseits. In der Folge häufig Nervosität, Irrtümer, Mißerfolge in der dem Intellekt unterworfenen Sphäre, auch im praktischen Leben, vielfach Verwirrungen in den persönlichen Beziehungen des Alltags, gelegentlich Reiseentschlüsse zu falscher Zeit nach falschem Platz, aus denen sich Hemmungen und Schwierigkeiten ergeben. Bei Kindern liegen vielfach moralische Irrungen, Unwahrhaftigkeit oder Sperrung bzw. Irreleitung des Intellektes im Bereich des Wahrscheinlichen.

in günstigen Winkeln zur Venus:

Steigerung des Gefühls, der Leidenschaft, der Erotik und Sexualität, der ästhetischen Neigungen und damit entsprechende Erlebnisse auf den erwähnten Gebieten. Wenn jedoch Venus im Geburtshoroskop z. B. keine ästhetischen Interessen andeutet, so fallen naturgemäß auch diese Entwicklungsmomente fort, wenn auch leise Ansätze spürbar werden können. Auslösungstendenz ähnlich wie bei Merkur und Sonne.

in ungünstigen Winkeln zur Venus:

Die Antriebe in der Sphäre des Gefühls, der Leidenschaft, Erotik und Sexualität sind stark, aber nicht harmonisch eingeleitet, vielmehr oft forciert und ungünstig eingesetzt, so daß sich vielfach auch in der Sphäre der persönlichen Beziehungen zum anderen Geschlecht, zur Familie Reibungen und Konflikte ergeben. Häufig kommen Exzeßneigungen zum Vorschein, die Unordnung stiftend auf das persönliche Leben wirken. Die besondere Bedeutung der Venus im Geburtshoroskop ist natürlich ausschlaggebend, zum mindesten zeigen sich Rückwirkungen des Triebhaften auf das besondere Lebens-

---

*) Dieser Auslösungstyp wurde bei allen Beziehungen zwischen Aszendent und Planeten von Solar zu Radix beobachtet, besonders aber dort, wo wir es ausdrücklich vermerken.

gebiet, das sich aus dem Venusstand in den Feldern des Geburts- oder Solarhoroskopes ergibt. Bei Männern besteht die Gefahr von Sexualinfektionen, bei Frauen von Unterleibsleiden, jedoch muß dann im Geburtshoroskop eine entsprechend unglückliche Venusposition vorhanden sein, und auch aus dem Solarhoroskop müssen dann noch andere ungünstige Planetenwinkel zur Venus gebildet werden.

in günstigen Winkeln zum Mars:

Verstärkter Energieeinsatz in vorwiegend glücklichen Formen, d. h. mit entsprechenden Erfolgsaussichten, aber natürlich müssen die Marsverhältnisse im Geburtshoroskope genau berückichtigt werden. Steht Mars z. B. im neunten Felde, so erstreckt sich die Energie entweder auf die Tendenz zur Verwirklichung des Seelisch-Geistigen oder des mehr körperlich-seelischen Weitendranges, Reisen usw.

in ungünstigen Winkeln zum Mars:

Forcierter Energieeinsatz, meist mit entsprechenden disharmonischen Auswirkungen auf die Umwelt. Streit, Konflikte, stärkerer Verbrauch körperlicher Energien, Tendenz zu akuten Erkrankungen, manchmal auch zu selbstverschuldeten Unfällen und Verletzungen. Die Angriffspunkte am Körper ergeben sich häufig aus dem Marszeichen im Radix- oder Solarhoroskop, die Ursachen aus dem Felderstand des Mars. In einem Falle sahen wir beim Mars in den Fischen Lungenentzündung, und da der Solaraszendent zugleich im Trigon zum Solar-Jupiter als wiederkehrender Winkel stand, ergab sich wegen des Jupiterstandes im neunten Solarfelde Heilung durch Ortsveränderung. Auslösung erfolgt in der Regel bei schlechten Winkeln des laufenden Mars zum Radixaszendenten, besonders beim direkten Übergang.

in günstigen Winkeln zum Jupiter:

Glückliche Entwicklungsphase der schöpferischen Phantasie in allen dem Individuum zeitlich zugänglichen Lebensebenen, daher als Konsequenz auch meist eine Steigerung des äußeren Erfolges, natürlich im Einklang mit dem Felderstand des Geburtshoroskopes. Wenn dieser Winkel als wiederkehrender auf dem Jupiter des Solarhoroskopes steht, so ist natürlich dessen Solarstand maßgebend.

in ungünstigen Winkeln zum Jupiter:

Häufig forcierte Versuche, schöpferisch oder aufbauend zu gestalten, die vom äußeren Glück nicht sehr begünstigt werden, oft Neigung zu Exzessen im Genuß, manchmal auch Beeinträchtigung der Gesundheit in diesem Zusammenhang.

in günstigen Winkeln zum Saturn:

Festigende Tendenzen bestimmen die seelische Entwicklung, sachliche, stetige Arbeit, Anlehnung an die Erfahrung, an das Gewordene, Hergebrachte führen zu langsamer und meist stetiger Entwicklung der äußeren Verhältnisse im erstrebten Sinne. Mehr ist nur aus der besonderen Bedeutung der Saturnstellung im Einzelfalle zu entnehmen.

in ungünstigen Winkeln zum Saturn:

Depressionen drücken auf die seelische Entfaltung und führen vielfach zu seelischer Isolierung von der Außenwelt, bringen daher oft auch Mißerfolge im Handeln. Der Gesundheitszustand erfährt gewöhnlich eine länger anhaltende, auf Stockung im Stoffwechsel oder Schwächung oder Erkältung beruhende Beeinträchtigung. Im Einzelfalle kommen natürlich noch andere Motive hinzu. Wir sahen z. B. bei Solaraszendent Konjunktion Saturn-Radix im fünften Felde bei einem Kinde ernste Schulkonflikte, die zu starker seelischer Vereinsamung führten, zumal auch eine Opposition von Solaraszendent zu Merkur-Radix vorlag. In einem anderen Falle stand Saturn im Skorpion und brachte ernsteres Hals-, Nasen- und Rachenleiden.

in günstigen Winkeln zum Uranus:

Intuitive Fähigkeiten und Kräfte neigen zu stärkerer und oft auch glücklicher Entwicklung im Solarjahr. Dieser Aspekt ist natürlich besonders wichtig, wenn Uranus im Radix oder im Solar stark steht und die äußere Lebenssituation infolge spezifischer Begabungsmomente besonders kräftig beeinflußt.

in ungünstigen Winkeln zum Uranus:

Psychische Sperrungen, meist akuter Natur, mit der Tendenz, plötzlich und unerwartet aufzutreten, Nervosität mit entsprechenden Mißerfolgen und Zwischenfällen in der äußeren Lebenssphäre, manchmal Neigung zu Unfällen auf Grund der seelischen Einstellung, besonders wenn das Geburtshoroskop derartiges erwarten läßt und Mars mit im Spiele ist.

in günstigen Winkeln zum Neptun:

Vermutlich gesteigerte Entwicklung feinerer seelischer Potenzen, verstärkte Inspirationsperiode. Im Anschluß daran oftmals Beziehungen zu Persönlichkeiten, die in vieler Hinsicht gleichgestimmt sind, und die daher, am Alltag gemessen, eine etwas ungewöhnliche Wesensnote aufweisen.

in ungünstigen Winkeln zum Neptun:

Gesteigerte Entwicklung feinerer psychischer Potenzen drängt infolge von Disharmonien in sozial ungünstige Bahnen, es entstehen leicht Täuschungen, Illusionen, Verwirrungen, die, je nach der Persönlichkeit, entsprechende Effekte im äußeren Leben haben.

In bezug auf die Wirksamkeit kann man im allgemeinen feststellen, daß die Aspekte des Solaraszendenten mit den Radixplaneten am stärksten wirken. Die Winkel des Solaraszendenten zu den Solarplaneten wirken nur dann im gleichen Maße, wenn sie als wiederkehrende Winkel auftreten.

Beispiel:

Aszendent-Radix □ ♂ Radix,
Aszendent-Solar ♂ ♂ Solar.

Die Winkel des Solaraszendenten mit Solarplaneten, die nicht schon im Geburtshoroskop vorgebildet sind, sind in ihrer Wirkung weniger stark, es sei denn, daß es sich um genaue Konjunktionen oder Oppositionen handelt, wie ja überhaupt Konjunktion und Opposition am kräftigsten wirken. Die Opposition ist aber nicht grundsätzlich schlecht zu nennen, sie wirkt im Gegenteil, wenn es sich um Jupiter, Venus, Merkur, Sonne, evtl. auch Mond handelt, eher günstig, vorausgesetzt, daß diese Faktoren nicht gar zu kritische Winkelbildungen zu anderen Planeten aufweisen. Sie kann natürlich ungünstig werden, wenn z. B. Venus in Opposition mit dem Solaraszendenten sehr ungünstige Winkel mit Solar- und Radixplaneten bildet. Handelt es sich um die Radix-Venus, so wird der Charakter dieses Winkels mehr von den Aspekten der Solarplaneten auf Venus-Radix als von den Aspekten des Geburtshoroskopes bestimmt.

Quadrat und Trigon sind in ihrer Stärke ziemlich gleichwertig, d. h. gleichstark, wenn auch im Charakter naturgemäß ganz verschieden, das Sextil ist dagegen viel schwächer. Der N ä h e r u n g s - winkel wird sich im allgemeinen als stärker erweisen als der T r e n - n u n g s w i n k e l , wobei zu beachten ist, daß bei den Winkeln des Radixaszendenten zu den Solarplaneten stets die letzteren Aufschluß über das Separations- und Applikationsverhältnis geben, da sie ja die bewegten Körper im Gegensatz zu dem als feststehend gedachten Radixaszenten darstellen.

Je genauer der Aspekt, um so größer ist seine Bedeutung. Wenn der Solaraszendent in Aspekt mit mehreren Radixplaneten tritt. so ist unter sonst gleichen Werten der genaueste Planetenaspekt als der wichtigste anzusehen, von zwei gleich genauen ist der in Applikationswinkel stehende stärker als der in der Separation befindliche, und schließlich entscheidet Stärke und Bedeutung des Radixplaneten in der Radixfigur.

Der Orbis der Winkel des Solaraszendenten zu den Radixplaneten und des Radixaszendenten zu den Solarplaneten beträgt im allgemeinen 5° als Höchstgrenze. Besondere Umstände, die durch Aspektübertragung usw. entstehen, können gelegentlich auch eine Erweiterung dieser Orbisgrenze notwendig machen.

B e i s p i e l : Sonne in 5° Krebs in Konjunktion mit Mars in 12° des gleichen Zeichens: Ein Solareszendent in 5° Widder mit exaktem

Quadrat zur Radixsonne würde hier auch noch als Quadrat zum Radix-Mars zu gelten haben, obwohl die Distanz zum genauen Winkelpunkt hier 7° beträgt.

Solar- und Radixaszendent erscheinen uns als bedeutsamste, weil individuellste und variabelste Faktoren für die Solarprognose; wir haben sie aus diesem Grunde mit besonderer Ausführlichkeit behandelt. Das M. C., das in allen Breitengraden den gleichen Wert aufweist, hat auch nach unseren Erfahrungen nicht die gleiche Empfindlichkeit und Bedeutsamkeit, und rangiert daher an zweiter Stelle. Die für den Aszendenten oben beschriebenen Deutungshinweise sind auch für die Winkel zum M. C. als richtunggebend anzusehen, wobei zu beachten ist, daß die M.-C.-Position mehr die nach außen wirkenden und die als Reflex auf diese von außen kommenden Kräfte anzeigt. In Ausnahmefällen tritt auch das M. C. in stärkerem Maße für Körper, Gesundheit und seelische Entwicklung ein.

Die nun folgenden Ausführungen geben nun noch wichtige Bestimmungen für die Bewertung der Solarplaneten, die etwa in Aspekt mit Solar- oder Radixaszendent treten.

b) Die Bewertung der Planetenstände im Solarhoroskop

Die Charakterbestimmung der Solarplaneten ist nicht immer ganz einfach durchzuführen, der bloße Stand im Solarfelde sagt nicht genügend aus. Die ältere Astrologenschule hilft sich mit der Felderherrentheorie. Dieses Bestimmungsverfahren erweist sich aber praktisch als unmöglich, da hier meist mehrere in Betracht kommen und andererseits wiederum jeder Planet für mehrere Felder als Herr zu gelten hat. Angenommen, wir hätten die Zeichen Skorpion und Schütze im zehnten Felde, so würden schon zwei Planeten, nämlich Mars und Jupiter (die gewöhnlich ganz verschiedene Plätze im Solarhoroskop einnehmen) für die Entwicklung der im äußeren Leben wirksamen Kräfte im Solarjahr verantwortlich gemacht werden müssen – Mars und Jupiter hätten dann noch obendrein die Bedeutung, die sie durch ihren tatsächlichen Stand im Geburtshoroskop aufweisen, und schließlich würden Mars und Jupiter bei dieser Sachlage auch noch die Herren des zweiten und dritten Feldes sein, in denen sich die Zeichen Fische und Widder befänden. Es ist nicht möglich, sechs solche Bestimmungen, die nun noch durch Winkelbildungen im Geburts- und Solarhoroskop vermehrte, variierte und teilweise modifizierte Bedeutungen erlangen, eindeutig auf ein Lebensgebiet zu beziehen. Wie wir schon in der gewöhnlichen Deutungspraxis des Geburtshoroskopes die Herren der Felder und Zeichen ablehnen müssen, weil die sich ergebende Fülle von Deutungsmöglichkeiten der angestrebten Eindeutigkeit nur Hindernisse bereitet, so müssen wir auch hier beim Solarhoroskop eine derartige Verwendung der Zeichenherren strikte ablehnen. Andererseits können die Planeten nicht nach ihrem allgemeinsten Deutungswert in das Prognosekalkül eingesetzt werden, denn diesen abstrakten Allgemeinwert besitzen die Planeten für das einzelne Individuum nicht oder jedenfalls nur in einem sehr geringen Maße. Logik und Erfahrung decken sich aber, wenn wir sagen:

Die Solarplaneten bedeuten in erster Linie das, was sie im Geburtshoroskop durch ihren Stand in den Feldern und in den Winkeln für Seele und Schicksal des Individuums bedeuten müssen.

Wir übernehmen auf der Suche nach einer anschaulichen Bezeichnung jene des Herren des Feldes, billigen sie aber nur demjenigen Planeten zu, der sich tatsächlich in diesem Felde befindet. Radixfelder, in denen keine Radixplaneten weilen, haben daher auch keine Herren. Ein leeres Feld im Geburtshoroskop weist schon darauf hin, daß auf dem durch dieses Feld vertretenen Lebensgebiete kein großer Nachdruck liegen wird. Da aber alle Lebensgebiete eine gewisse Rolle beim Individuum spielen, die in den verschiedenen Solarjahren noch eine Verstärkung erfahren kann, so nehmen wir für diese die ihnen entsprechenden Signifikatoren. Wenn die Planetenpositionen im Radix und Solar keinen Aufschluß über das eine oder das andere Gebiet geben sollten, so betrachten wir Saturn, Mars und Uranus für die negative Entwicklung der Gesundheit, Jupiter und Venus für die positive Entwicklung derselben, Venus für die Erotik, Venus und Mond für das Familiäre, Jupiter für die sozialen Verhältnisse als maßgebend. Wir raten aber auch bei der Verwendung der Signifikatoren zu sehr vorsichtiger Bewertung und möchten diesen Hinweis mehr in den Dienst der Metagnose als der Prognose gestellt wissen.

Die Charakterisierung eines Planeten im Solarhoroskop ergibt sich:

a) aus dem allgemeinen Charakter des Planeten;

b) aus dem Charakter des Planeten im Geburtshoroskop, wie er aus der Felderstellung und aus den Winkeln hervorgeht;

c) aus dem Felderstand im Solarhoroskop;

d) aus den Winkeln zu den Faktoren des Geburtshoroskopes, wobei diejenigen Aspekte am stärksten wirken, die er schon im Geburtshoroskop inne hatte. In solchen Winkeln ergibt sich dann eine p a r t i e l l e   W i e d e r k e h r der Geburtskonstellationen.

B e i s p i e l : Geburtshoroskop: Jupiter im zweiten Felde im Trigon zu Merkur im zehnten Felde.

Solar: Jupiter im zehnten Solarfelde in Konjunktion mit Merkur-Radix. Die alte, für die wirtschaftlich soziale Befähigung glückliche Konstellation wird hier durch Wiederholung in Form einer Konjunktion aktiviert und in diesem Jahre zu bemerkenswerter Auslösung gelangen müssen. Vorausgesetzt, daß nicht sehr kritische Winkelbildungen aus dem Solarhoroskop auf Jupiter-Solar bzw. Merkur-Radix fallen. Es wäre z. B. denkbar, daß schon im Geburtshoroskop gleichzeitig eine Opposition zwischen Jupiter und Mars und Quadratur zwischen Jupiter und Uranus vorläge. Wenn diese Konstellation sich im Rahmen des angegebenen Beispieles im Solar wiederholen würde, so müßte man freilich im Gegenteil zu einer sehr ungünstigen Prognose in bezug auf die wirtschaftliche Situation bzw. auf den Einsatz der im Wirtschaftsleben wirksamen Energien und Fähigkeiten gelangen.

Winkel von Solarplaneten zu Radixplaneten, mit denen im Geburtshoroskop keine Verbindung bestand, sind schon von geringerer Bedeutung, oftmals sogar sehr schwach zu bewerten und könnten nur durch Konjunktionsverhältnis mehr Bedeutung erlangen. Wenn die im Solarhoroskop gebildete Winkelart konträr mit derjenigen des Geburtshoroskopes ist, so glaube ich aus der Erfahrung, speziell auch bei den Transiten, schließen zu dürfen, daß die Bedeutung des vorhandenen Winkel von Solar- zu Radixhoroskop doch stärker in die Erscheinung tritt. Wenn z. B. im Geburtshoroskop ein ungünstiger Winkel zwischen Sonne und Jupiter vorliegt, während das Solarhoroskop ein Trigon des Jupiter zur Radix- und Solar-Sonne aufweist, so wird die günstige Winkelbedeutung für dieses Solarjahr jedenfalls stärker zum Ausdruck gelangen, als wenn im Geburtshoroskop keine der bekannten Winkel zwischen Jupiter und Sonne gebildet würden. Es scheint aber sehr fraglich, ob solche Auftriebmomente von nachhaltiger Bedeutung bleiben, meist handelt es sich nur um vorübergehende Einzelauftriebe, die die Grundtendenz nur für kurze Zeit außer Kraft setzen. Sinngemäß übertragen gilt diese Bemerkung auch für die kritischen Solarwinkel bei günstigem Radixverhältnis.

Der Felderstand eines Planeten im Solarhoroskop ist um so bemerkenswerter, wenn er im Radixhoroskop schon im gleichen Felde gestanden hatte. Jupiter stünde beispielsweise in der Geburtsfigur im zweiten Felde, im Solarhoroskop gleichfalls im zweiten Felde, so hätte man dieser wiederkehrenden Konstellation einen erheblich größeren Wert beizumessen, als wenn Jupiter im Geburtshoroskop nicht im zweiten Felde stand.

Die Wiederkehr von Planetenständen in den Feldern ist mit besonderer Sorgfalt zu untersuchen. Wenn das Solarhoroskop mehrere wiederkehrenden Felderstände der Planeten aufweist, so kann man mit hoher Wahrscheinlichkeit auf ein für die Entwicklung bemerkenswertes, schicksalstragendes Jahr schließen, um so mehr, wenn auch gleiche Winkelbildungen wiederkehren. Es werden auf diese Weise die wichtigsten Potenzen des Lebens, die das Geburtshoroskop ausdrückt, in der verhältnismäßig kurzen Zeitspanne eines Jahres aktiviert.

Die Stärke eines Planetenstandes im Solarhoroskop ist einerseits abhängig von der Stärke des Solarfeldes, in dem er sich befindet, und hier wird zunächst ganz nach den Vorschriften für das Geburtshoroskop geurteilt. Sehr ausschlaggebend ist aber auch die Winkelbeziehung des Solarplaneten zum Radixaszendenten bzw. zum Radix-M. C. Die Position in einem schwachen Solarfelde kann durch Konjunktion oder starken Winkel auf Radixaszendent oder Radix-M. C. ungemein kräftig werden.

An diesem Punkte tritt die Frage nach dem maximalbedeutsamen Planeten des Solarhoroskopes auf. Er ist nicht ganz leicht zu ermitteln, da für seine Feststellung nicht nur sein Verhältnis zu den Felderspitzen des S o l a r horoskopes, sondern auch dasjenige zu den Eckfelderspitzen der R a d i x figur maßgebend ist. Es könnte z. B. der Stand des Solarmondes im vierten Solarfelde in Konjunktion mit dem Radixaszendenten oder mit dem maximalbedeutsamen Planeten des Geburtshoroskopes stärker sein als z. B. der Stand des Solar-Saturn an der Spitze des ersten Solarfeldes ohne Winkelbeziehung zum Feldersystem und zu maximalbedeutsamen Planeten des Radixhoroskopes. Aber auch damit sind die Schwierigkeiten noch nicht ganz behoben, wenn nämlich im genannten Falle Saturn der maximalbedeutsame Planet des Geburtshoroskopes wäre, so würde die Solarstellung des Saturn sehr viel an Kraft gewinnen, derjenigen unseres angenommenen Mondstandes gleichkommen oder sie sogar noch übertreffen. Es liegt auf der Hand, daß man hier nicht Rezepte für alle nur möglichen Fälle geben kann, ohne ein dickes Buch damit zu füllen. Der selbständig Denkende (und nur dieser sollte es versuchen, aus strenger metagnostischer Arbeit Grundlagen für eine vorsichtige und sachgerechte Prognose zu gewinnen) wird aus den hier mitgeteilten Hinweisen alles Notwendige für den komplizierten Einzelfall selbst kombinieren können. Bei aller Sorgfalt, die er aufbringt, wird es ihm trotzdem manchmal vorkommen, daß er die genaue Rangordnung nicht herzustellen weiß, aber große Irrtümer werden bei dieser Betrachtungsart jedenfalls nicht unterlaufen.

Die Stellung der maximalbedeutsamen Faktoren des Geburtshoroskopes zum Solarhoroskop und die ihnen entsprechenden im Solarhoroskop müssen stets eingehender Untersuchung unterworfen werden, in Verbindung mit dem maximalbedeutsamen Faktor des Solarhoroskopes geben sie den Grundcharakter der Jahresperiode an. Der maximalbedeutsame Planet des Jahreshoroskopes muß seinerseits sorgfältig mit dem ihm entsprechenden des Geburtshoroskopes verglichen werden. Der Deutungswert des entsprechenden Planeten im Geburtshoroskop zeigt uns dann, welche seelischen bzw. körperlichen Tendenzen für das Solarjahr im Leben des Horoskopeigners ausschlaggebende Bedeutung haben werden. Die Winkel des maximalbedeutsamen Planeten des Solarhoroskopes zu den Planeten und Felderspitzen der Radixfigur wie zu den Planeten des Solarhoroskopes (wobei besonders auf wiederkehrende Winkelbildungen zu achten ist) lassen dann die besondere Formung dieser Tendenzen erkennen.

Es folgen nun Aphorismen über die Bedeutung der Planeten in

den Feldern des Solarhoroskopes, Aphorismen, die nicht ohne weiteres für die Deutung des Einzelfalles Verwendung finden dürfen, da sie ja den besonderen Charakter des Planeten im individuellen Horoskop nicht berücksichtigen können und auch ohne Bezugnahme auf die Winkel zu Radix und Solar formuliert sein müssen. Hier und da werden wir Bezug auf Spezialfälle nehmen, die beispielgebend für die Kombination im Einzelfalle sein können.

(Nachfolgende Deutungshinweise werden speziell bei maximalbedeutsamer Sonnenstellung oder bei Sonnenstand im ersten Radixfelde zutreffen. Steht die Sonne im Geburtshoroskop in anderen Feldern, so ergeben sich Abweichungen, ohne daß dieser Grundcharakter ganz verwischt wird; gleiches gilt für die Planeten.)

Die Stellung der Sonne in den Solarfeldern

Die Sonne im ersten Felde:

In günstigen Winkeln: Betonung der von der Persönlichkeit ausgehenden Impulse unter stärkerer Auswirkung des Macht- und Geltungsstrebens und entsprechend glückliches Eingreifen in die äußeren Umstände. Hervortreten der Persönlichkeit, größere Freiheit und Selbständigkeit. Bei ungünstigen Winkeln durch Saturn, Mars oder Uranus ergeben sich infolge voreiliger fehlerhafter Handlungsweise oder forciertem Einsatz des persönlichen Geltungsstrebens Widerstände, Konflikte, Rückschläge, häufig auch gesundheitliche Schädigungen vom Charakter der angreifenden Faktoren. Beachtenswert ist natürlich die jeweilige Radixfelderposition der Sonne und der Stand der in Winkeln zur Sonne stehenden Solar-Planeten. In ungünstigen Winkeln mit Jupiter stoßen die eigenen Strebungen oft infolge zu großzügiger Tendenz auf Hemmungen und Widerstände sozialer Natur. Bei Saturn Konjunktion Sonne im ersten Solarfelde, sahen wir schwere Erkältungskrankheiten und Depressionen.

Die Sonne im zweiten Felde:

Auf den Handlungen im Erwerbs- und Wirtschaftsleben liegt ein gewisser Nachdruck. Bei günstigen Winkeln zur Sonne wird infolge sachgerechter Maßnahmen häufig Erfolg und Expansion auf diesem Gebiete eintreten. Bei ungünstigen Winkeln treten aber leicht Fehlschätzungen ein, die im Wirtschaftsleben Krisen herbeiführen können und Konflikte nach sich ziehen. Ungünstige Winkel von Jupiter zeitigen oft Schwierigkeiten, die sich aus zu großzügiger Anlage der Unternehmungen ergeben oder durch zu verschwenderische Haltung bedingt werden. Die Stellung der Sonne im zweiten Felde erhöht zwar den Einsatz der Kräfte im Wirtschaftsleben, deutet aber meist zugleich auf ein recht großzügiges Verhalten in Geldfragen.

Die Sonne im dritten Felde:

Dies ist keine sehr starke Stellung und meist nicht besonders beachtenswert, wenn nicht sehr ausgesprochene Winkelbildungen vorliegen, die dann nach diesen und nach der allgemeinen Bedeutung des dritten Feldes zu beurteilen sind. Für Schriftsteller, Kopfarbeiter ergibt sich aus dieser Position meist eine Steigerung der Arbeitskraft und der gedanklichen Leistungen, selbst ungünstige Winkel ändern daran nicht sehr viel, wenn auch die geistige Produktion dann oft unter schwierigen inneren und äußeren Situationen hervorgebracht wird, und die Merkmale dieser Krisen in sich tragen mag. Bei Kindern kommen aber stärkere Behinderungen der intellektuellen Entwicklung in Betracht.

Die Sonne im vierten Felde:

Auf den häuslichen, familiären und persönlichen Beziehungen liegt ein gewisser Nachdruck, bei günstigen Winkelbildungen ist hier mit harmonischem Erleben zu rechnen, oftmals ergibt sich auch eine Begünstigung materieller Natur in allem, was damit zusammenhängt. Bei ungünstigen Winkeln treten infolge falscher Einstellungen und falscher Maßnahmen leicht Konflikte ein, oder aber es zeigen sich dadurch Krisen für die durch Vererbung verbundenen Persönlichkeiten an, besonders wenn Mars, Saturn oder Uranus schlechte Winkel zur Sonne bilden, womöglich selbst im vierten Solarfelde in Konjunktion mit der Sonne stehen. Schwere Krankheit und Todesfälle treten dann hauptsächlich in Verbindung mit kritischen Kontsellationen im achten Radix- oder Solarfelde auf.

Die Sonne im fünften Felde:

Sehr verschieden zu beurteilen, je nach dem Geburtshoroskop und der sich aus ihm ergebenden Anlagen. Wenn berufliche Tendenzen außer Frage stehen (Lehrberuf?), zeigt sich im Laufe des Jahres eine verstärke Hinneigung zu Spiel, Geselligkeit, Genuß und Erotik, und die Winkel auf diese Sonnenstellung lassen erkennen, inwiefern eine günstige Einordnung dieser Tendenzen in das soziale Leben möglich ist, inwiefern sich eventuell seelische, körperliche und seelische Gefahren daraus ergeben können. Bei Frauen oft betontes Erleben in der Kinderfrage, in Verbindung mit entsprechenden Mondpositionen Geburten.

Die Sonne im sechsten Felde:

Bei günstigen Winkelbildungen ist diese Sonnenstellung nicht sehr bedeutungsvoll, sie mag eine Steigerung der Arbeitsenergie zeitigen. Bei ungünstigen Winkeln ist meist mit gesundheitlichen Störungen zu rechnen, die vom Charakter der in ungünstigen Winkeln stehenden Planeten bestimmt werden. Man beachte hierzu die Position des Solaraszendenten, die Winkel der Solarplaneten zu etwa vorhandenen Radixplaneten im sechsten und achten Felde. Die Felderstellung der die Sonne angreifenden Planeten ergibt häufig die sozialen Ursachen der Erkrankung. Vorsicht bei der Bewertung derartiger Verhältnisse ist aber geboten. Übrigens kommt manchmal auch Machtstreben im engeren Kreise, etwa durch Hinweis auf die körperliche Schwäche in Betracht.

Die Sonne im siebenten Felde:
Je nach der Bedeutung der Sonne im Geburtshoroskop liegt der Nachdruck auf den Beziehungen zu einer breiteren Umwelt (trad. Öffentlichkeit) oder auf dem engeren Kreise der Partnerschaft oder der Ehe und Familie. Seelische und materielle Schicksale werden stark von Persönlichkeiten der beruflichen oder familiären Umgebung abhängig. Die Winkel der Solarplaneten zur Sonne entscheiden über den Charakter dieser Angelegenheiten, kritische Winkel zeitigen viele Konflikte, Streitigkeiten, die im sozialen Leben häufig auch Prozesse zur Folge haben, Auseinandersetzungen, Ehekonflikte oder kritische Schicksale von Persönlichkeiten der beruflichen und familiären Umgebung, die ja aus eigenem Antrieb gewählt worden sind.

Die Sonne im achten Felde:
Bei neutralen oder günstigen Winkelverhältnissen ist diese Stellung schwer zu beurteilen, gewöhnlich auch nicht sehr stark. Die wahrsagerische Tradition spricht von Geschenken und Erbschaften. Man kann vielleicht beobachten, daß die persönliche Haltung im laufenden Solarjahr manchmal ein Empfangen in dieser Beziehung begünstigt bzw. herausfordert. Bei ungünstigen Winkeln treten psychische Depressionen auf, es kommen gesundheitliche Schädigungen und Krankheiten vor, aber auch Krankheitsfälle und sogar Tod von Familienmitgliedern wird beobachtet, speziell, wenn der Solarmond in Konjunktion mit der Solarsonne im achten Solarfeld steht, während sonst ungünstige Mondwinkel hier nicht immer diese Bedeutung haben.

Die Sonne im neunten Felde:
Die seelische Entwicklung drängt zur Betätigung aller mit dem Weitendrang zusammenhängenden Strebungen, einerseits kommen dadurch religiöse, philosophische weltanschauliche Antriebe zu stärkerer Entwicklung, aber sehr häufig kommt es dann auch zu Reisen, Beziehungen zum Ausland u. dgl., die durch günstige Winkelbildungen in der Verwirklichung entschieden gefördert werden, bei ungünstigen Winkeln jedoch mit Konflikten, Zwischenfällen u. dgl. verbunden sind, die sowohl auf seelisch persönlichem, wie auch auf gesundheitlichem Gebiete liegen können.

Die Sonne im zehnten Felde:
Die im sozialen und beruflichen Leben tätigen Kräfte erfahren eine Steigerung. Günstige Winkel fördern den Blick für das Mögliche und Notwendige und zeitigen daher Erfolge, die häufig von der Umwelt auch entsprechende Beachtung und Anerkennung finden bzw. einen Machtzuwachs zur Folge haben. Bei ungünstigen Winkeln ist der Einsatz der hier in Frage kommenden Seelenkräfte disharmonisch und man kann daher viel Widerstand, Widrigkeiten und Kämpfe voraussagen, deren endgültiger Ausgang sehr davon abhängt, ob die Winkel der Solarplaneten Wiederholungen aus dem Geburtshoroskop darstellen oder nicht.

Die Sonne im elften Felde:

Die seelische Haltung führt zum Anschluß an Andere und es ergibt sich eine Aktivierung der persönlichen und freundschaftlichen Beziehungen, eventuell im Zusammenhang mit Dingen und Gebieten, die durch das Feld ausgedrückt werden, in dem sich die Sonne im Geburtshoroskop befindet. Bei günstigen Winkeln ergibt sich naturgemäß eine seelisch und materiell glückliche Beziehung, während ungünstige infolge falschen persönlichen Verhaltens, Fehlschätzungen, Irrtümer in der Partnerwahl, Konflikte, Schwierigkeiten und Enttäuschungen nach sich ziehen.

Die Sonne im zwölften Felde:

Häufig ergeben sich Hemmungen, die durch die psychische Entwicklung bedingt werden und leicht eine gewisse Isolierung vom Menschenkreise erzeugen. Bei günstigen Winkeln mögen mehr die Vorteile solcher Abschließung von der Außenwelt wirksam werden, bei ungünstigen Winkeln entsteht die Isolierung ungewollt, wenn auch durchaus als Konsequenz der Vorgänge im eigenen Körper und in der eigenen Seele. Die persönliche Einstellung und Handlungsweise ruft Konflikte hervor und bringt Gefahr, in Intriguen und Verleumdungen verstrickt zu werden. Bei sehr schlechten Winkeln mit dem Solarplaneten ergeben sich gewöhnlich gesundheitliche Störungen, die zur Isolierung führen.

Die Stellung des Mondes in den Solarfeldern

Während sich aus der Sonnenposition in einem bestimmten Solarfelde eine Aktivierung der Seelenkräfte ergibt, die auf dem diesem Felde entsprechenden Lebensgebiet wirksam werden, deutet die Mondstellung in den Solarfeldern zwar gleichfalls eine Betonung der durch die Felder angedeuteten Seelen- und Lebenssphären an, aber mehr in einem negativ - empfangenden Sinne als im aktiv-gestaltenden.

Der Mond im ersten Felde:

Psychisch ergibt sich starke Wandelbarkeit, Wechselliebe, größere Empfänglichkeit und Eindrucksfähigkeit, Tendenz zur Veränderung im psychischen Sinne. Bei Frauen findet man sehr häufig Konzeption, Schwangerschaft und Geburt, wie überhaupt beim Mondstand in den Eckfeldern des Solarhoroskopes oder auf den Eckfelderspitzen und über den Eckfeldern der Radixfigur. Örtlicher Wechsel wird mit größerer Wahrscheinlichkeit nur erstrebt, wenn die Solarposition des Mondes im ersten Solarfelde einhergeht mit der Konjunktion mit einer Eckfelderspitze des Geburtshoroskops, speziell mit dem ersten, vierten und zehnten. Die Beurteilung der Konstellation hängt sehr von den Winkeln des Solarmondes zu Radix und Solar ab. Ungünstige Winkel zeitigen Depression (Saturn), Erregungszustände (Mars), Nervosität (Uranus, Merkur) und auch sonstige, oftmals starke, gesundheitliche Schäden, besonders wenn der Mond im Geburtshoroskop krankheitsbezügliche Bedeutung aufweist. Sehr ernste gesundheitliche Störungen treten auch sonst auf, wenn der Mond Herr des vierten Feldes (in unserem Sinne) ist und die übrigen Solarkonstellationen sehr kritische sind.

Der Mond im zweiten Felde:

Meist wechselvolles Verhalten in bezug auf die wirtschaftliche Tätigkeit und Handelsweise, Neigung zu Veränderung auf diesem Gebiet, häufig starke Besitzwünsche, die, wenn schlechte Mondaspekte vorliegen, für Kinder und jüngere Menschen zu starker Versuchung führen können. Bei günstigen Winkeln instinktiv richtiges Handeln mit entsprechenden wirtschaftlichen Erfolgen, die allerdings Schwankungen unterworfen sein werden, bei ungünstigen Winkeln unsichere Einstellung und falsche Einschätzung der Verhältnisse, Veränderung zur falschen Zeit und manchmal entsprechende Verluste oder wirtschaftliche Schwierigkeiten. Bei ungünstigen Winkeln mit Sonne, Mond, Jupiter und Venus unvorsichtiges, leicht verschwenderisches Verhalten.

Der Mond im dritten Felde:

Neigung zu Wechsel und Veränderung in den alltäglichen perönlichen und sachlichen Beziehungen, seelischer Veränderungsdrang und Unruhe treibt zu kleinen, das Gesamtleben nicht wesentlich berührenden Veränderungen, kleinen Reisen usw. Gelegentlich werden bei dieser Mondstellung auch stärkere Einflüsse aus der Verwandtschaftssphäre beobachtet. Wirklich Bedeutsames haben wir bisher nicht gesehen, wahrscheinlich kommt so etwas nur in Verbindung mit sehr starken Winkelbildungen zu Radix und Solar in Betracht.

Der Mond im vierten Felde:

Sehr oft ist Streben und Neigung zum Ortswechsel vorhanden, besonders wenn noch Winkelbeziehungen zu einem Eckfelde des Geburtshoroskops oder zum eigenen Ort in der Radixfigur bestehen. Bei ungünstigen Winkeln von Saturn, Mars, Uranus beobachtet man ernstere Zwischenfälle, Krankheit bzw. Tod auf verwandtschaftlichem Gebiet, die Depressionen oder Erregungen auslösen.

Der Mond im fünften Felde:

Verstärkte Tendenz zu Geselligkeit und Erotik macht sich bemerkbar, im entsprechenden Lebensalter wird Verbindung mit dem anderen Geschlecht gesucht und demgemäß auch häufig gefunden. Gunst oder Ungunst der sich hieraus ergebenden Schicksale sind im allgemeinen aus den Winkelbildungen ersichtlich. Schlechte Neptun-Mondwinkel können sehr viel Verwirrung, Illusionen, Verführung in das Liebesleben hineintragen und in besonderen Fällen mag diese Mondstellung sich auch auf Erlebnisse beziehen, die in Verbindung mit der eigenen Nachkommenschaft entstehen.

Der Mond im sechsten Felde:

Bei einigermaßen günstigen oder neutralen Winkeln ist nichts Charakteristisches zu erwarten, gewöhnlich besteht größere Labilität der Arbeitsenergien und Neigung zum Wechsel in dieser Beziehung. Bei ungünstigen Winkeln ist aber mit gesundheitlichen Störungen zu rechnen, die von der Natur der den Mond verletzenden Planeten bestimmt werden. Vielleicht ist auch das Mondzeichen im Solarhoroskop für die Natur der Erkrankung charakteristisch, doch soll man im allgemeinen dem Zeichenstand im Solarhoroskop keine sehr große Bedeutung für die Art der Erkrankung beimessen, da das Geburtshoroskop hier in weit höherem Grade ausschlaggebend ist.

Der Mond im siebenten Felde:

Sehr verschieden zu bewerten und nicht immer allzu bedeutsam, häufig Betonung der persönlichen Beziehung, Gesellichkeit, die Neigung, sich seelisch in Kontakt mit einer breiteren Umwelt zu setzen, wobei meist nicht die Leistung, sondern das allgemeine persönliche Verhalten den Ausschlag gibt. Bei Frauen wurde häufig Kozeption beobachtet, besonders wenn der Solarmond eine Konjunktion mit der Eckfelderspitze, etwa mit dem M.C. bildete.

Bei schlechten Winkeln unglückliches Erleben in dieser Sphäre, häufig auch Krisen in der Ehe, Scheidung, gesundheitliche bzw. seelische Krisen für den Partner. Wenn der Mond sehr stark im Geburtshoroskop steht, etwa im ersten Felde oder maximal bedeutsam, käme wahrscheinlich auch Ausschlaggebendes in Fragen der Liebe und Partnerwahl in Betracht.

Der Mond im achten Felde:

Bei neutralen oder günstigen Winkeln ist dies keine sehr starke Stellung. Liegen jedoch ungünstige Winkelbildungen vor, so ist dies der Gesundheit abträglich, auf seelischem Gebiete machen sich depressive Einflüsse bemerkbar. Ferner kommen dann sehr häufig Krankheits- und Todesfälle in der Familie und in der persönlichen Umgebung in Betracht. Es wurden schließlich, wenn der Mond im Geburtshoroskop im fünften Felde stand und im Solar im achten Felde eine Konjunktion mit dem Radixaszendenten bildete, Fehl- und Totgeburten beobachtet.

Der Mond im neunten Felde:

Wir sahen vielfach Neigung zu Reisen und Tendenz zum Aufenthalt im Ausland. Der Schicksalscharakter dieser Konstellation wird wohl ausschlaggebend von den Planetenwinkeln beeinflußt.

Der Mond im zehnten Felde:

Es besteht meist Neigung zu größeren Veränderungen, die besonders im Beruflichen und Sozialen zur Auswirkung kommen. Häufig machte sich das Streben nach Orts- und Wohnungswechsel bemerkbar, besonders, wenn der Solarmond in Konjunktion mit einer Eckfelderspitze stand. Bei Frauen wurden Konzeptionen beobachtet. Bei günstigen Winkeln führt persönliche Einstellung und das unbewußte natürliche Verhalten zu Erfolgen, oftmals auch in einem breiteren Menschenkreis, bei ungünstigen Winkeln ergeben sich infolge mangelhafter Einfühlung in die Möglichkeiten des praktischen Lebens Mißerfolge, Störungen und Krisen. Denkbar wären weiter gesundheitliche, seelische und schicksalshafte Krisen für die Mutter, während bei günstigen Winkeln ein glücklicher Einfluß von der Mutter her erwartet werden kann.

Der Mond im elften Felde:
Häufig entsteht die Neigung zu freundschaftlichem Anschluß an andere Menschen, aber oft auch zu einer gewissen Veränderlichkeit der Gefühle und Empfindungen in dieser Hinsicht, meist wird wohl das weibliche Element bevorzugt, Geselligkeit erstrebt. In selteneren Fällen bei Frauen Geburten. Bei günstigen Winkeln dürften sich vorwiegend lustbetonte Erlebnisse in diesen Richtungen ergeben, bei ungünstigen Winkeln mögen die angegriffenen Beziehungen und Bindungen unlustbetontes Erleben nach sich ziehen, vielfach auch, weil die seelische Einstellung mangelnden Instinkt und fehlendes Gleichgewicht aufweist.

Der Mond im zwölften Felde:
In günstigen oder neutralen Winkeln scheint diese Stellung nicht sehr bemerkenswert zu sein. Bei ungünstigen Winkeln treten aber häufig größere gesundheitliche Störungen auf, die hemmend auf den Kontakt mit der Umwelt wirken, oftmals ist aber auch die seelische Einstellung unfrei und neigt zu Verwickelungen und Konflikten, besonders in der familiären Sphäre. Die Neigung, persönliche Beziehungen, auch solche zum anderen Geschlecht, geheimzuhalten, kann allerlei Komplikationen heraufbeschwören und bei sehr ungünstigen Winkeln ergibt sich vielfach die seelische Unmöglichkeit, aus dem Netz von Intriguen und Verleumdungen, das durch die eigene unklare Haltung entstanden ist, herauszukommen.

Die Stellungen von Venus und Merkur in den Solarfeldern

Es ist nicht immer ganz leicht, die Bedeutung der Solarstellungen von Venus und Merkur klarzustellen. Wenn Venus und Merkur, wie so oft, gemeinsam mit der Sonne im gleichen Felde stehen, ohne ganz markante Winkel zu bilden, darf man sie wohl als bloße Verstärkung der Sonnenposition in dem betreffenden Felde auffassen. Nur sehr kräftige Winkel zu den Planeten des Geburts- und Solarhoroskopes wie auch zu den Eckfelderspitzen der Radixfigur können dann den Merkur- und Venusstellungen besondere Bedeutungen geben. Wenn sie in einem anderen Felde stehen als die Sonne, dürften sie freilich eigene Bedeutung aufweisen. Merkur wird Einfluß auf die Entwicklung der intellektuellen Kräfte und damit auf die beruflichen Angelegenheiten gewinnen. Sein Stand in den Eckfeldern ist sehr verschieden zu beurteilen, – im ersten Drittel eines Solareckfeldes, womöglich noch in Konjunktion mit einer Eckfelderspitze des Geburtshoroskopes, wird er die praktische Intelligenz und damit die Auswirkung derselben im praktischen Leben bestimmen, während die Position des Solar-Merkur in der zweiten Hälfte eines Solareckfeldes, aber vielleicht noch in Konjunktion mit einer Eckfelderspitze des Radixhoroskopes oder sonst kräftigen Winkeln zu Planeten aus Radix und Solar, mehr geistige Kräfte in Bewegung zu setzen pflegt. Die geistige Tendenz der Merkurposition kommt aber auch dann häufig zum Ausdruck, wenn Merkur, in einem fallenden Solarfelde stehend, Konjunktion mit einer Eckfelderspitze des Radixhoroskopes oder mit einem Planeten im Eckfelde der Radixfigur bildet. Das vierte und siebente Solarfeld hat an und für sich schon die Bedeutung mehr geistiger als praktischer Tendenz. Natürlich hängt hier sehr vieles vom Geburtshoroskop ab. Eine Radixfigur, die ausschließlich praktische Tendenzen verrät, wird bei einem Solar-Merkurstand, der mehr auf geistiges Schaffen hindrängt, nicht allzuviel ergeben und die Merkurposition eher schwach erscheinen lassen. Steht dagegen im Geburtshoroskop die geistige Tendenz im Vordergrunde, so wird ein Solar-Merkur mit praktischer Tendenz immer noch eine Verknüpfung des Praktischen mit dem Geistigen aufweisen. In diesem letzteren Falle leidet aber häufig die rein schöpferische Potenz unter zu starker Inanspruchnahme durch praktische Zielsetzungen oder Notwendigkeiten. Es ist ganz unmöglich, für alle hier in Betracht kommenden Eventualitäten Regeln aufzustellen.

Die Venusposition in den Solarfeldern kennzeichnet im ganzen die Entwicklungsrichtung der Gefühle, Affekte und Wünsche in ihrer Einordnung in das seelische Leben bzw. ihre notwendige Auswirkung auf das Schicksal. So sehen wir, wenn Venus im ersten Felde steht, gewöhnlich eine nicht unerhebliche Steigerung des erotisch-sexuellen Antriebes, aber auch die Neigung zu Geselligkeit, künstlerischem Genuß, ästhetischer Lebensgestaltung. Die Schicksale können sehr verschieden sein, eine Konjunktion von Venus und Mars im ersten Solarfelde kann, je nach den Winkeln zum Radixhoroskop, glücklich oder unglücklich wirken, sie kann bei vorwiegend harmonischen Verhältnissen die Aktivierung erotischer Beziehungen in allen ihren möglichen Formen verursachen, sie kann in anderen Fällen aber auch eine Scheidung bedingen und schließlich mag sie Störungen in Unterleibs- und Sexualregion, Fehl- oder Frühgeburten verursachen. Bei Kindern wird man solchen Konstellationen besondere Aufmerksamkeit widmen müssen. Die V e - n u sstellung im zweiten Solarfelde bringt, wie sehr häufig beobachtet wurde, Neigung zu Ausgaben in Verbindung mit dem Luxus- und Schönheitsbedürfnis. Venus im vierten Solarfelde verlegt bei günstigen Winkelbildungen das ästhetische Streben und die Auslösung lustbetonter Gefühle auf häuslich-familiäres Gebiet mit allen sich daraus ergebenden Eventualitäten, bei ungünstigen Winkeln ergibt sich oftmals eine Störung der familiären und häuslichen Beziehungen in Verbindung mit erotischen Konflikten. Venus im fünften Solarfelde kennzeichnet besonders beim Kinde ästhetische Regungen, die den Spieltrieb weitgehend beeinflussen können, also Neigung zum Schauspiel, Theater u. dgl., aber auch sonst ist der Spiel- und Vergnügungstrieb gewöhnlich sehr rege. Bei Erwachsenen nehmen erotische und sexuelle Strebungen eine starke Stellung im Lebensgefühl ein, bei Frauen ist häufig auch die Kinderfrage betont. Konzeption, Schwangerschaft und Geburt wird manchmal beobachtet. Venus im sechsten Solarfelde bedingt bei Frauen häufig Störungen des Sexualapparates mit allen ihren möglichen Konsequenzen, bei Männern merkwürdigerweise oftmals die Tendenz zu erotischen Verbindungen mit Frauen von untergeordneter sozialer und kultureller Stellung, wenn sehr kritische Winkel vorliegen, Sexualinfektionen. Venus im siebenten Solarfelde bringt ähnliches, wie für die Position im ersten Solarfelde beschrieben wurde, Geselligkeit, verstärkte erotische Antriebe mit deren Konsequenzen. Stand Venus im achten Solarfelde, so wurde in zahlreichen Fällen Krankheit bzw. Tod befreundeter bzw. verwandter Menschen, besonders weiblichen Gschlechts, beobachtet. Diese merkwürdige Erscheinung ist vielleicht damit in Verbindung zu bringen, daß die Venusposition des Radixhoroskopes durch Vererbung verwandtschaftliche Beziehungen, durch die Richtung unseres ästhetischen Gefühls seelenverwandte Typen im Kreise der Freundschaft kennzeichnet. Venus im neunten Felde zeitigt oft künstlerische und mu-

sikalische Studien, wo derartiges in Frage kommt, häufig auch Reise-
neigung aus mehr persönlichen Motiven zur Erholung, zum Vergnügen, zum Genuß fremdländischer Schönheiten.

Venus im zehnten Felde deutet meist auf Begünstigung im Beruflichen, häufig im Zusammenhang mit persönlichen und geselligen
Beziehungen, wenn nicht schon Venus im zehnten Radixfelde reine
berufliche Bedeutung besitzt. Venus im elften Felde begünstigt das
Erleben im Freundschaftskreis. Venus im zwölften Felde deutet
speziell bei Männern erotische Antriebe an, die geheimgehalten werden, auch bei Kindern wird unter derartigen Konstellationen die
Erotik zu einem wichtigen Geheimnis.

Die Marsstellung in den Solarfeldern

Mehr noch als bei Sonne, Mond, Merkur und Venus kommt es bei
der Marsposition im Solarhoroskop auf die ursprüngliche Mars-
bedeutung des Geburtshoroskopes an. Trotzdem werden sich die allgemeinen Marseffekte, wie sie im folgenden angedeutet sind, nicht
ganz verwischen.

Mars im ersten Felde:

Gesteigerte Aktivität und Energie, gewöhnlich etwas Reizbarkeit und Heftigkeit. Die soziale Wirkung der so gekennzeichneten Einstellung hängt in der
Regel von den Marswinkeln zu den Planeten des Solar- und Radixhoroskopes
ab. Bei ungünstigen Winkeln vielfach Konflikte, Auseinandersetzungen, Krisen
im menschlichen Verkehr, voreilige Handlungen mit entsprechenden Folgen.
Sehr häufig treten aber auch akute Erkrankungen, Entzündungen, Infektionen
auf und vielfach kann man mit kleineren Unfällen rechnen, die unter bestimmten psychischen Voraussetzungen entstehen. Bei Konjunktion mit Venus Radix
oder Venus Solar: starke Triebanregungen, speziell im Sexuellen. Wenn Mars
Radix im sechsten oder im zwölften Radixfelde stand, entstehen fast immer
Erkrankungen.

Mars im zweiten Felde:

Bei günstigen Winkeln größerer Energieeinsatz in der wirtschaftlichen
Sphäre, dem gewöhnlich Erfolg beschieden ist, trotzdem Tendenz zur Verschwendung oder allzu großzügiger Wirtschaft starke Fluktuationen zu bedingen pflegt. Bei ungünstigen Winkeln können infolge Unbesonnenheit
ernstere Krisen entstehen und eine gewisse Kampfstimmung kann sich besonders in wirtschaftlichen Dingen auslösen und Konflikte nach sich ziehen. Gewöhnlich ist diese Stellung nur von größerer Bedeutung, wenn sehr ausgesprochene Winkelbildungen zum Radixhoroskop vorliegen oder Mars mit

wiederkehrenden Winkeln zu Planeten im Solarhoroskop im zweiten Felde steht. Besonders jüngere Menschen und Kinder leiden bei solcher Marsstellung häufig unter falscher Einstellung zu Geld- und Geldeswert.

Mars im dritten Felde:

Bei neutralen oder günstigen Winkeln ist diese Marsposition nicht allzu bedeutsam. In ungünstigen Winkelverbindungen ergibt sich aber viel Eigensinn, Eigenwilligkeit und Willkür. Wie eigenartig oft die Lebensentsprechung solcher Konstellationen ist, ergibt sich aus folgendem uns bekannten Falle. Bei Mars im dritten Solarfelde auf den Plätzen von Saturn und Uranus des Geburtshoroskopes im fünften Felde machte ein Knabe einen völlig unbegründeten Ausreißversuch aus einer Schule, die ihm nur sehr wenig Zwang auferlegte. Diese „kleine Reise" hatte dann auch noch gesundheitlich recht unglückliche Folgen.

Mars im vierten Felde:

In der Regel haben wir gesundheitlich nachteilige Folgen beobachtet, natürlich bei Vorwiegen ungünstiger Winkel zu Radix und Solar. Sehr oft sieht man aber auch Krankheits- und Todesfälle in der Familie, besonders häufig scheint der Vater von dieser Konstellation betroffen zu sein. Günstige Marsstellungen scheinen uns nicht sehr bedeutsam oder müßten erst aus der Marsposition des Geburtshoroskopes ihre entscheidende Deutung finden. Bei ungünstiger Marsposition sieht man außerdem vielfach Konflikte in familiärer Hinsicht und dann haben wir auch einige Male gefunden, daß Absichten zum Ausbau der eigenen Häuslichkeit von äußeren Verhältnissen, weil zeitlich und sachlich falsch angesetzt, durchkreuzt wurden und Krisen im Gefolge hatten.

Mars im fünften Felde:

Die Fälle, in denen uns eine deutliche Mars-Wirkung entgegentrat, betrafen hauptsächlich Konzeptionen und Geburten bei Frauen. Die Meinung, daß es sich dann um Kinder männlichen Geschlechts handeln müßte, wäre aber falsch. Sonst sahen wir noch manchmal Übertreibungen bei Sport, Spiel mit ungünstigem Ausgang, auch sexuelle Exzesse.

Mars im sechsten Felde:

In günstigen Winkeln konnten wir kaum nennenswerte Entsprechungen sehen, in gemischten Winkelverbindungen wird sich bei Menschen in den Blütejahren des Lebens auch nicht viel Wesentliches zeigen. Bei ausgesprochenen kritischen Konstellationen sieht man akute Erkrankungen, Infektionen.

Mars im siebenten Felde:

Häufig entstehen infolge eigener Einstellung zu Partnern und in der Partnerwahl Streitigkeiten und Prozesse, doch müssen dann schon recht kritische Winkel vorliegen. In neutralen oder günstigen Winkeln hat die Konstellation nicht viel auf sich, es sei denn, daß Mars im Geburtshoroskop an maximal bedeutsamer Stelle steht, oder das siebente Radixfeld besetzt hält. Dann käme vielleicht stärkerer Einsatz der Energie im Verkehr mit der Umwelt, Erfolg durch eine gewisse Anwendung von Gewalt in Betracht.

Mars im achten Felde:

Bei günstigen oder neutralen Winkeln hat die Konstellation nicht viel auf sich, wenn Mars im Geburtshoroskop nicht etwa maximal bedeutsam ist, oder das sechste bzw. achte Feld besetzt hält. In diesem Falle oder bei ungünstigen Winkelbildungen beobachtet man aber häufig ernste akute Erkrankungen, Todesfälle in der Familie.

Mars im neunten Felde:

Man sieht im ganzen nicht viel Wesentliches. Wenn Mars im neunten Radixfelde stand, so mag diese Position die allgemeine Lebenssphäre dieses Feldes aktivieren, also gelegentlich auch Tendenz zu Reisen bedingen.

Mars im zehnten Felde:

Bei günstigen Winkeln sozial glücklicher Einsatz der Kampfinstinkte in der Berufssphäre, bei kritischen Winkelbildungen ungemein viel Kampf und zermürbende Konflikte. Häufig ist aber auch die Gesundheit der Mutter angegriffen.

Mars im elften Felde:

Einige Male sahen wir Konzeptionen, Geburt, bei schlechten Aspekten mit Venus Fehlgeburten. Wir sahen aber auch sonst häufig unglückliche Beziehungen und Konflikte in der Freundschaft.

Mars im zwölften Felde:

Bedeutsam ist diese Position gewöhnlich nur bei schlechten Winkelbildungen. In schlechten Aspekten mit Saturn sahen wir Krankheiten und Todesfälle in der Verwandtschaft, in schlechten Aspekten zum Aszendenten, akute Krankheiten des Horoskopeigners. Übrigens beobachtet man auch nicht selten Konflikte und Intrigen.

Die Jupiterstellung in den Solarfeldern

Die Solarfelderstellungen von Jupiter, Saturn, Uranus und Neptun wirken, wie in ungezählten Fällen beobachtet wurde, in der Regel nicht so sehr in dem vom Solarfelde bezeichneten Sinne, vielmehr löst sich die Wirkung gewöhnlich auf den Radixfeldern aus, über denen diese Planeten stehen. Eine gewisse Wirkung im Sinne des Solarfeldes soll nicht in Abrede gestellt werden, aber markante Züge ergeben sich in der Regel nur dann, wenn diese Planeten an maximal bedeutsamer Stelle des Geburtshoroskopes standen, oder wenn es sich um Wiederkehr der Radixfelderstellung im Solarhoroskop handelt. Vielleicht ist auch noch die Stellung im entgegengesetzten Solarfelde bedeutsamer. Die nachfolgenden Deutungsanregungen gelten also in der Regel nur für diese Fälle. Bei Jupiter mag immerhin die Solarfelderstellung an und für sich noch etwas bedeutsamer sein als bei Saturn, Uranus und Neptun.

Jupiter im ersten Felde:

Ganz allgemein betrachtet ist dies als günstige Konstellation für das Solar-jahr zu betrachten, sofern nicht sehr kritische Winkelbildungen aus Radix und Solar eine andere Bedeutung aufzwingen. Es findet eine lebhafte Steige-rung des schöpferischen Dranges und des Strebens nach Aufbau und Gestaltung statt. Bei günstigen Winkeln finden diese Kräfte eine glückliche Verwendung in der Welt der Wirklichkeit, und es entsteht der Eindruck, daß auch die äußeren Verhältnisse dem inneren Drange entgegenkommen. Bei ungünstigen Konstellatioen mögen dennoch Schwierigkeiten durch ungerechtfertigte Expan-sionsbestrebungen eintreten, und entsprechende Winkel vorausgesetzt, ergibt sich oftmals Erkrankung durch Übermaß im Genuß. Wenn Jupiter im Geburts-horoskop an maximal bedeutsamer Stelle stand oder gar das erste Radixfeld besetzte, handelt es sich gewöhnlich um den Beginn einer neuen Entwicklungs- und Schicksalsphase, die natürlich sehr stark von dem Radixfelde beeinflußt wird, über dem sich der Solar-Jupiter befindet.

Jupiter im zweiten Felde:

Expansion der Kräfte im Wirtschaftsleben, besonders bedeutsam natürlich, wenn der Radix-Jupiter stark stand. Ungünstige Winkel können schädliche Folgen, falsch eingesetzte Expansionsbestrebungen nach sich ziehen, und schlechte Winkel zu Mars, Sonne, Mond, Venus oder Jupiter-Radix (bzw. -Solar, wenn es sich um Wiederholungen handelt) können zu Verschwendung führen.

Jupiter im dritten Felde:

Häufig nicht allzu bedeutsam, wenn nicht schon das Geburtshoroskop die im dritten Felde angedeuteten Tendenzen in beruflicher oder in familiärer Hinsicht betont. In besonderen Kostellationen etwa bei günstigen Winkeln zu Mond-Radix oder Mond-Solar (im Wiederholungsfalle) wurden besondere Er-eignisse in der Familie, mehrmals Konzeption, Schwangerschaft und Geburt, aber auch Geburt von Geschwistern beobachtet.

Jupiter im vierten Felde:

Bei günstigen Winkeln häufig glückliche Einflüsse auf das familiäre Leben und die persönlichen Interessen. Denkbar wären Tendenzen, die auf Erweite-rung bzw. Verbesserung häuslicher Verhältnisse oder häuslichen Besitzes hin-auslaufen. In ungünstigen Winkeln wurde nichts Deutliches beobachtet, doch könen natürlich besonders krasse Verhältnisse im Horoskop auch entsprechende Schwierigkeiten bedingen.

Jupiter im fünften Felde:

In günstiger Verfassung erfreuliche Erlebnisse in der Sphäre der Gesellig-keit, des Lebensgenusses und der Erholung. Konzeption, Schwangerschaft und Geburt wurde vielfach bemerkt. Ungünstige Winkel (insbesondere mit Mond, Neptun, Venus) bringen das Triebleben leicht in Unordnung und begünstigen schädliche Exzesse.

Jupiter im sechsten Felde:
In neutralen oder günstigen Winkeln ohne wesentliche Bedeutung, bei schwach ungünstigen Winkeln nur dann krankheitsbezüglich, wenn Jupiter im Geburtshoroskop stark oder maximal bedeutsam steht oder gesundheitsbezügliche Orte daselbst besetzt (erstes, sechstes, achtes, zwölftes Feld). In sehr ungünstigen Winkeln zu Radix und Solar im Falle der Wiederholung gesundheitliche Schäden, die aber durchschnittlich nicht zu ernst aufgefaßt werden brauchen.

Jupiter im siebenten Felde:
Gewöhnlich eine Verbreiterung des Lebenskreises und wertvolle Verbindungen mit anderen Menschen, manchmal auf persönlichem Gebiet, in der Ehe usw., manchmal aber auch in sozialer Sphäre, in breiterer Gemeinschaft. Bei günstigen Winkeln entscheiden hier lustbetonte Erlebnisse, während ungünstige Winkel kleinere Störungen zur Folge haben. Solche Jupiterstellungen sind u. a. auch günstig für die Erringung höherer sozialer Stufen, in allen Fällen, wo die Leistung durch andere Menschen gewürdigt bzw. anerkannt werden muß.

Jupiter im achten Felde:
Gewöhnlich recht bedeutungslos, mitunter müheloseres Gelingen, mehr Empfangen als Gestalten, sofern günstige Winkel vorliegen. Unter Umständen bei ungünstigen Winkeln, wenn Jupiter im Geburtshoroskop maximal bedeutsam ist oder gesundheitsbezügliche Felder besetzt, Erkrankungen.

Jupiter im neunten Felde:
Stärkt im allgemeinen die auf Weitenerfassung seelisch oder materiell gerichteten Tendenzen und begünstigt Neigung zu Reisen, Studien, geistige Arbeit usw., je nach besonderen Umständen.

Jupiter im zehnten Felde:
In guten Winkeln glücklicher Einsatz schöpferischer Kräfte, speziell auf beruflichen und sozialen Gebieten, die zu äußeren Erfolgen führen, besonders natürlich, wenn Jupiter im Geburtshoroskop eine starke Stellung aufwies. Ungünstige Winkel führen leicht zu sachlich unberechtigten Expansionsbestrebungen mit nachfolgenden Schwierigkeiten bzw. Konflikten. Bei Frauen, die nicht berufstätig sind, wirkt die Stellung allerdings oft ganz anders. So sahen wir bei solchem Jupiterstand in gleichzeitiger Konjunktion mit dem Radixaszendenten Schwangerschaft und Geburt, hier war lediglich die Konjunktion des Solarjupiters mit dem Radixaszendenten bei maximal bedeutsamer Solarjupiterstellung ausschlaggebend.

Jupiter im elften Felde:
Sehr häufig Konzeption, Schwangerschaft und Geburt bei Frauen, besonders, wenn Winkel mit Venus, Jupiter, Mond, Sonne, Radix und Solar (letzteres gewöhnlich nur im Wiederholungsfalle) vorlagen. Im übrigen bei günstigen Winkelbildungen Ausstrahlen bewußter oder unbewußter Seelen-

kräfte auf die Sphäre der persönlichen Beziehungen, die zur Erweiterung, oft auch zu sozialer Hebung dieses Kreises führen, nicht selten auch die Entwicklung der Dinge auf beruflichem Gebiete fördern.

Jupiter im zwölften Felde:
Bei neutralen bzw. günstigen Winkeln wird meist nichts Wesentliches beobachtet, es sei denn, daß Konjunktionen mit wichtigen Radixpunkten vorliegt, die dann ausschlaggebend ist. In manchen Fällen bei ungünstigen Winkeln Krankheit oder Konflikte.

Die Saturnstellung in den Solarfeldern

Saturn im ersten Felde:
Diese Stellung führt im allgemeinen zu depressiver Stimmung, die besonders bei schlechten Winkeln zu Radix und Solar sehr quälend sein kann. Je näher Saturn an der Spitze des ersten Solarfeldes steht, um so ungünstiger ist seine Bedeutung, selbst bei neutraler oder günstiger Winkelbildung ist der Gesundheits- und Seelenzustand nicht befriedigend. Länger anhaltende Depressionen und körperliche Beschwerden, meist rheumatischer oder ähnlicher Natur, bestimmen das Lebensgefühl. Eine verstärkte Konzentration mit entsprechenden, langsam wirkenden Erfolgen wird bei günstigen Winkeln trotzdem bemerkbar sein. Ungünstige Winkel können aber zu sehr schweren Leiden führen, die lange anhalten und die auch akute Höhepunkte aufweisen. Als weitere Folge beobachtet man Tendenz zur Vereinsamung und Isolierung. Mit größerem Abstand vom Solaraszendenten nimmt die Ungunst der Konstellation ab, besonders, wenn neutrale oder günstige Winkelbildungen vorherrschen. In Ausnahmefällen kann die Saturnstellung im ersten Solarfelde sehr günstig wirken, dies liegt aber dann in der Saturnverfassung des Geburtshoroskopes begründet, etwa, wenn Saturn im Radix maximal bedeutsam oder im ersten Felde steht und günstige Winkel aufweist und auch im Solarhoroskop gute Winkelverbindungen vorwiegen. Dann ist mit dem Beginn eines neuen wichtigen Lebensabschnittes zu rechnen.

Saturn im zweiten Felde:
In günstiger Verfassung bei guter Bedeutung des Radixsaturn ergibt sich manchmal Festigung der wirtschaftlichen Lage durch Vorsicht, Bedachtsamkeit, Sparsamkeit, vernünftige Festlegung der Mittel, eventuell Übernahme und Verwertung von Vermögen, das aus der Familie stammt und ähnliches. Ungünstige Winkelverbindungen können jedoch starke Depressionen im Erwerbsleben und ernste Verluste nach sich ziehen, die durch verkehrte Einstellung, Überängstlichkeit, Mangel an schöpferischer Energie u. ä. bedingt sind.

Saturn im dritten Felde:
In der Regel ist diese Position nicht sehr charakteristisch und bedeutungsvoll, nur sehr markante Winkelbildungen können die Bedeutsamkeit steigern. Bei disharmoischen Winkeln ergeben sich ungünstige Verhältnisse in

der familiären Sphäre, häufig auch Schwierigkeiten in den praktischen Angelegenheiten des Alltags und es macht sich das Fehlen schöpferischer Impulse bemerkbar.

Saturn im vierten Felde:

Im großen und ganzen wirkt diese Konstellation ungünstig, auch auf Körper und Gesundheit. In sehr vielen Fällen kommen Krankheiten und Todesfälle in der Familie in Betracht. Vielfach leiden engverbundene Familienmitglieder unter kritischen Einflüssen und es kommt so zu Konflikten oder Schwierigkeiten im familiären Leben. Krankheit und Todesfälle betreffen häufiger den Vater, aber wir sahen auch oft Betroffensein des Gatten und gelegentlich Krankheit bzw. Tod der Mutter.

Saturn im fünften Felde:

In der Regel einschränkende Einflüsse auf Trieb und Geselligkeit, bei ungünstigen Winkeln ergeben sich sogar mancherlei Gefährdungen auf diesem Gebiete. Die Konstellation ist nur unter besonderen Voraussetzungen von größerer Bedeutung, sei es, daß Saturn im Geburtshoroskop das erste oder fünfte Feld besetzt, sei es, daß er mit markanten Wiederholungswinkeln im Solarhoroskop auftritt.

Saturn im sechsten Felde:

Man beobachtet ernstere Krankheiten und gesundheitsschädigende Einflüsse, deren Schwere nach der Art der Winkelverbindungen zu beurteilen ist. Bei günstiger oder neutraler Verfassung wird diese Saturnstellung nur dann einschneidende Bedeutung haben, wenn Saturn im Geburtshoroskop das erste, sechste, achte oder zwölfte Feld besetzt oder aber wenn der Solarsaturn dabei eine Konjunktion mit dem Aszendenten des Geburtshoroskops oder mit anderen krankheitsbezüglichen Faktoren bildet. Die Gesamtverfassung des Solarhoroskopes ist weitgehend zu berücksichtigen.

Saturn im siebenten Felde:

Diese Stellung scheint nur unter besonderen Voraussetzungen von größerer Bedeutung. Gewöhnlich kommt ein ungünstiges Verhältnis zur Umwelt in der persönlichen und beruflichen Sphäre in Betracht, es mögen sich aber auch im Verhältnis zum Liebespartner schwerere Krisen auslösen.

Saturn im achten Felde:

Gesundheitlich und seelisch gewöhnlich nachteilige Einflüsse. Häufig Krankheits- und Todesfälle in der Familie. Bei günstiger oder neutraler Winkelbildung wenig von Belang.

Saturn im neunten Felde:

Diese Konstellation ist gewöhnlich nicht übermäßig bedeutsam, es sei denn, daß sehr starke und kräftige Winkelverbindungen das Schwergewicht dennoch in den Deutungsbereich des neunten Feldes verlegen und dort ernstere Hemmungen, Konflikte und Schwierigkeiten zur Auslösung bringen.

Saturn im zehnten Felde:

Mißgriffe im Beruf, Einsatz der beruflichen Kräfte an falscher Stelle und zu falscher Zeit führen häufig zu länger anhaltenden Schwierigkeiten und Mißgeschicken, die nach Zahl und Stärke der vorhandenen Winkelbeziehungen zu beurteilen sind. In sehr kritischen Winkelbildungen machen sich oftmals auch gesundheitliche Störungen bemerkbar, mehrfach wurde Krankheit der Mutter beobachtet.

Saturn im elften Felde:

In der Freundschaftssphäre machen sich einschränkende, hemmende, bedrückende Einflüsse geltend, wenn besondere Umstände im Radix- und Solarhoroskop dieser Saturnstellung Bedeutung verleihen. Dies gilt besonders, wenn Saturn im Geburtshoroskop schon das elfte Radixfeld besetzte, ungünstige Winkel dort aufwies und auch Solar-Saturn in ungünstigen Winkeln steht. Häufig tritt eine gewisse Beschränkung im Verkehr mit der befreundeten Umwelt ein, die auf seelische Ursachen zurückzuführen ist. In sehr günstigen Winkeln ergibt sich vielleicht die Tendenz, ältere, ausgereifte Persönlichkeiten im persönlichen Verkehr zu bevorzugen.

Saturn im zwölften Felde:

Bei dieser Stellung sahen wir in der Regel viele Konflikte, aber auch gesundheitliche Störungen, die ernster verliefen, wenn ungünstige Winkel zu Radix und Solar gebildet wurden. In den selteneren Fällen und unter besonderen Umständen etwa bei Konjunktionen des Solar-Saturn mit der Spitze des vierten Radixfeldes Krankheits- und Todesfälle in der Familie.

Die Uranusstellung in den Solarfeldern

Uranus im ersten Felde:

Diese Stellung ist sehr verschieden zu beurteilen, je nach der Uranusbedeutung im Geburtshoroskop. Stand Uranus dort maximal bedeutsam oder im ersten Felde, so ergeben sich bemerkenswerte Entwicklungsschübe, seelische Veränderungen und Umstellungen. Bei ungünstigen Winkeln aber auch Nervosität, Krankheit. Gesundheitlich ungünstige Bedeutung hat Uranus natürlich auch dann, wenn er im Geburtshoroskop im sechsten, achten, eventuell zwölften Felde stand oder etwa eine sehr ungünstige Verbindung zum Radixfelde aufweist. Wenn Uranus im Radixhoroskop das fünfte Feld besetzte, sah man Aktivierung der Triebsphäre, erotische Beziehungen und ähnliches. Im allgemeinen Verstärkung intuitiver Momente, aber auch Unrast, Veränderungsneigung u. dgl. In ungünstigen Winkeln sehr gespannte seelische Situation, nervöse Leiden oder auch organische Erkrankungen unter seelisch-nervösen Voraussetzungen, schließlich etwas Neigung zu psychisch bedingten Unfällen, besonders, wenn eine ungünstige Beziehung zu Mars-Radix oder Mars-Solar besteht.

Uranus im zweiten Felde:

Intuitive, aber meist etwas ungleichmäßige Behandlung wirtschaftlicher und finanzieller Angelegenheiten und als Konsequenz bei günstigen Winkeln richtige intuitive Erfassung von Konjunkturen und Möglichkeiten mit entsprechenden, gewöhnlich schnell einsetzenden Erfolgen. Bei ungünstigen Winkelbeziehungen dagegen leicht Störungen, Verluste, wirtschaftliche Schwierigkeiten infolge unvorsichtiger Behandlung des Vorhandenen und unzeitgemäßer Impulse.

Uranus im dritten Felde:

In der Regel nichts Belangvolles, nur ganz besondere Verhältnisse können dieser Position Bedeutung verleihen.

Uranus im vierten Felde:

Meist ist Tendenz zu Wechsel und Veränderung in Heim, Häuslichkeit, Familie, Wohnung zu beobachten. Bei schlechten Aspekten viel Unruhe und Sorge in dieser Sphäre, gelegentlich auch Krankheits- oder Todesfälle in der Familie, und bei sehr ungünstiger Verfassung und entsprechenden Verhältnissen des Solarhoroskopes eigene, oft ernstere Erkrankungen.

Uranus im fünften Felde:

Je nach Alter und Bedeutung im Geburtshoroskop zu beurteilen. Eigenartige Tendenzen im Triebleben, besonders, wenn Uranus im Radix im ersten, fünften oder im siebenten Felde stand. Bei Kindern bezieht sich diese Position oft auch auf Schulerlebnisse. In der Regel Neigung zu Konflikten und Verwirrungen in der genannten Sphäre.

Uranus im sechsten Felde:

Nur unter besonderen, ungünstigen Winkelbeziehungen gesundheitlich schädigende Einflüsse, etwa bei Konjunktion oder schlechten Aspekten zu Planeten im ersten, sechsten, achten, eventuell zwölften Felde, oder bei konstitutionell und gesundheitlich bedeutsamer Uranusposition im Geburtshoroskop. In der Regel dann nervös bedingte Leiden und eruptiver Krankheitsablauf.

Uranus im siebenten Felde:

Sehr verschieden zu beurteilen. Wenn z. B. Uranus im ersten Radixfelde stand oder maximal bedeutsam war, so ergeben sich bei einigermaßen günstigen Winkelbildungen wichtige Beziehungen und Bindungen auch in erotischer Beziehung. Stand Uranus im Geburtshoroskop im fünften Felde und im Solar etwa in Konjunktion mit Venus und im Quadrat zu Mars-Radix, so ergeben sich Liebesbeziehungen von sehr unausgeglichenem, veränderlichem Charakter, die schließlich zu Trennungen und Enttäuschungen führen, weil die hier wirksame Seelenkräfte keine Dauerbeziehung fördern. Im allgemeinen Spannungen und Reibungen im Verkehr mit der Umwelt, eventuell auch in der Ehe auf nervöser Grundlage und mit Tendenz zu Konflikten und Trennungen.

Uranus im achten Felde:

Nur unter besonderen Umständen bedeutungsvoll. In neutralen und günstigen Winkeln sieht man nichts Belangvolles. Bei ungünstigen Winkeln gelegentlich nervöse und gesundheitliche Störungen.

74

Uranus im neunten Felde:

Auch diese Uranusposition ist von Grund aus nicht übermäßig bedeutsam, mag aber durch besondere Verfassung des Uranus-Radix und durch besonders kräftige Winkel zu Radix und Solar im Einzelfalle erhöhte Bedeutung erlangen.

Uranus im zehnten Felde:

Einfälle und Intuitionen beeinflussen das Verhalten und die Handlungen im Beruf, oft ist Tendenz zum Wechsel und zur Veränderung vorhanden. Die endgültige Beurteilung der Sachlage ergibt sich aus den Winkeln zum Geburtshoroskop oder aus wiederkehrenden Aspekten zum Solar. Bei schlechten Winkeln ergeben sich im Gefolge erwähnter Tendenzen häufig starke berufliche Krisen und Niederbrüche. Günstige Winkel fördern gewöhnlich die spontane Erfassung von Erfolgsmöglichkeiten und das manchmal in ungewöhnlicher Weise, doch ist dann ein stärkerer Stand des Uranus im Geburtshoroskop und eine günstige Verfassung desselben vorauszusetzen. Manchmal ergeben sich Krisen im Verhältnis zur Mutter oder gesundheitliche bzw. seelische Nachteile für diese.

Uranus im elften Felde:

Gewöhnlich ist Neigung zu etwas exzentrischen Verbindungen vorhanden, die naturgemäß auch manchmal Gefahren für das soziale Schicksal in sich bergen, besonders, wenn schlechte Winkel zu den Solar- und Radixfaktoren vorhanden sind. Die Sphäre der freundschaftlichen Beziehungen wird jedenfalls von akuter Spannung durchzogen und spontane Zwischenfälle liegen im Bereiche des Möglichen.

Uranus im zwölften Felde:

Nur unter besonderen Voraussetzungen von größerer Bedeutung.

Die Neptunstellung in den Solarfeldern

Über die Neptunstellung im Solarhoroskop läßt sich außerordentlich wenig Verbindliches aussagen. Das liegt zum geringeren Teil daran, daß die astrologischen Erfahrungen sich für Neptun noch nicht in einer allgemein anwendungsfähigen Formel verdichtet haben, zum anderen größeren Teil aber an der Tatsache, daß die Neptunbedeutung sich höchstwahrscheinlich auf Gebiete erstreckt, die nicht konkret genug sind, um deutlich faßbare Erfahrungen zu machen. In den meisten Fällen handelt es sich, sowohl im Geburtshoroskop als auch in der Radixfigur, um verhältnismäßig sehr subtile seelische Tendenzen, deren Auswirkung im Konkreten nur sehr schwach in Erscheinung tritt. Eigentliche Schicksale pflegen sich nur in Ausnahmefällen zu entwickeln, vielleicht dann, wenn ein stark bestrahlter Neptun an maximal bedeutsamer Stelle steht: in solchen Fällen kann dann auch das Solarhoroskop mit seiner Neptunstellung konkretere Schicksale zum Ausdruck bringen. Im großen und ganzen beobachtet man mehr ungünstige als glückliche Wirkungen, d. h. der schlecht bestrahlte starke Neptun in Radix und Solar führt eher noch zu konkreten greifbaren Schicksalen als der in günstigen Winkeln stehende. Die Gefahr von Illusionen und Selbsttäuschungen und das Akutwerden sozialer, auf Täuschung hinauslaufender Eigenschaften ist dann im Solarjahre besonders groß. Bei günstigen Verhältnissen dürften feinere seelische Kräfte eine Steigerung erfahren, die Seele ist dem Imponderablen mehr geöffnet als sonst und es ergeben sich dadurch häufig engere persönliche Beziehungen zum Okkultismus, zur Mystik und zur Kunst, und auf einer so gearteten seelischen Grundlage mögen sich dann auch besondere menschliche Beziehungen in dieser Lebenssphäre entwickeln. Die Neptunposition im Geburtshoroskop ist sehr sorgfältig zu beachten, mehr noch als bei Saturn und Uranus scheint die Wirkung auf die Radixfelder, über denen sich Neptun gerade befindet, zu überwiegen, wobei den Aspekten zu den Planeten des Geburtshoroskopes besondere Aufmerksamkeit geschenkt wird, hauptsächlich, wenn diese Aspekte schon im Geburtshoroskop vorlagen.

Im großen und ganzen darf Neptun im Solarhoroskop in der Regel etwas vernachlässigt werden. So leicht es gewöhnlich war, die Schicksale und Lebensentwicklungen auf die Positionen der übrigen Planeten im Solarhoroskop zurückzuführen, so wenig konnte doch im allgemeinen eine deutliche Neptunwirkung beobachtet werden. Einige Ausnahmen werden in den Beispielen vorgeführt.

Nicht ganz bedeutungslos ist die Position der Mondknoten im Solarhoroskop, allerdings spielen bei ihnen mehr noch als bei anderen Faktoren die Radixverhältnisse eine ausschlaggebende Rolle. Für die Beurteilung der Mondknotenbedeutung im Solarhoroskop ist es daher immer wichtig sich zu vergegenwärtigen, in welchem Radixfelde und in welchen Aspekten sich der Radixmondknoten befand. Größere Erfahrungsmaterialien führen zu der allerdings nicht streng zu beweisenden Auffassung, daß die Mondknoten*) als Herren derjenigen Felder aufzufassen sind, in denen sie sich im Geburtshoroskop befinden. Steht also z. B. der aufsteigende Mondknoten im ersten Radixfelde (möglichst nahe am Radixaszendenten), so kann er als Herr des ersten Radixfeldes angesprochen werden und bei eventuellem Stande im siebenten Solarfelde Tendenz zur Bindung im Sinne der Bedeutung des siebenten Feldes zeitigen. Allerdings wird man fordern dürfen, daß dann noch markante Winkelbildungen, möglichst Konjunktionen mit Solar- oder Radixplaneten vorliegen. In diesem Zusammenhang wäre auch noch auf die Wiederkehr derartiger markanter Winkelverbindungen zwischen Mondknoten und Planeten im Solarhoroskop hinzuweisen. Konjunktion und Opposition scheinen dabei allein maßgebend. Die anderen Winkelarten haben wohl kaum so hervorragende Bedeutung.

Wenn sich schon bei der Behandlung des Geburtshoroskopes sensitive Punkte, Antiszien und ähnlich willkürlich konstruierte Faktoren als überflüssig und deutungserschwerend erweisen, so gilt dies noch in höherem Maße für deren Verwendung im Solarhoroskop. Die Beziehungen zwischen Solarhoroskop und Geburtshoroskop sind schon so vielgestaltig, daß nur eine sehr sorgfältige Analyse Klarheit in die Deutung bringen kann.

Die endgültige Beurteilung des Planetenstandes in den Solarfeldern ergibt sich nun erst nach sorgfältiger Beachtung der Winkelverhältnisse zum Solar- und zum Radixhoroskop. Zum ersteren, wie wir im einzelnen sehen werden, nur, wenn es sich um Wiederholungen aus dem Geburtshoroskop handelt. Der Planetenstand in den Solarfeldern ist aber auch nicht ganz gleichgültig für die Beurteilung der Transite im Laufe des Jahres. Wenn sich Mars z. B. an der Spitze des ersten Solarfeldes, vielleicht in Konjunktion mit dem Saturn-Radix befindet, so werden die kritischen Einflüsse, die durch diese Konstellation angezeigt sind, hauptsächlich in einer Periode sich auslösen, in der Mars in schlechten Winkeln oder gar in Konjunktion mit dem Radixaszendenten steht. Wenn er in diesem Falle gleichzeitig ungünstige Winkel zum Saturn-Radix oder zum Saturn laufend bildet, so wird der Effekt um so schärfer ausfallen.

---

*) Wie die Planeten.

Diesen Zusammenhängen zwischen Geburtshoroskop, Solarhoroskop und Transiten ist die allergrößte Aufmerksamkeit zu schenken. Ihre Berücksichtigung ist es erst, die der Metagnose wie der Prognose Begründung und Einheitlichkeit vermittelt.

c) Die Winkel der Solarplaneten

Gewisse Einzelheiten wurden schon an anderer Stelle angedeutet, die hier vorliegenden Fragen sind aber häufig recht kompliziert und bedürfen einer ausführlichen Behandlung.

In erster Linie wird man den Winkeln der Solarplaneten zu den Eckfelderspitzen und Planeten des Geburtshoroskopes größere Beachtung zu widmen haben. Das Bedeutungsvolle an den Winkeln des Solaraszendenten und des Solar-M. C. zu den Radix-Planeten ist bereits klargelegt worden, und es wurde auch auf die Umstände hingewiesen, unter denen sie erhöhte Bedeutung erlangen.

Die Winkel der Solarplaneten zu den Radixgestirnplätzen sind keineswegs gleichwertig, die Erfahrung lehrt, daß sich solche Winkel unter bestimmten Umständen viel stärker durchsetzen als unter anderen Voraussetzungen. Zunächst erweist sich die Bedeutung eines Winkels zwischen Solar- und Geburtsplanet als stark, wenn einer dieser beiden Faktoren oder womöglich beide stark stehen. Die Stärke der Stellung des Geburtsplaneten hängt fast ausschließlich von seiner Position zu den Feldern des Geburtshoroskopes ab, dagegen wird die Stärke einer Solarplanetenstellung sowohl durch sein Verhältnis zu den Solar- wie zu den Geburtshoroskopfeldern bestimmt. Eine schwache Felderposition im Solarhoroskop kann stark werden, wenn der betreffende Planet zugleich in Konjunktion mit einer Eckfelderspitze oder mit einem im Eckfelde stehenden Planeten des Geburtshoroskopes steht. Ausschlaggebend für die Bedeutung eines Solar-Radix-Winkels ist aber die Frage, ob zwischen den entsprechenden Radixplaneten im Geburtshoroskop bereits eine, wie auch immer geartete Aspektbildung vorlag. Wenn z. B. Solar-Mars eine Opposition mit Saturn-Radix bildet, so kann das von schwacher oder starker Bedeutung sein, je nachdem ob Mars und Saturn im Radixhoroskop bereits eine Winkelverbindung aufweisen. Wenn das Geburtshoroskop schon eine schlechte Winkelverbindung zwischen

Saturn und Mars aufweist, so wird der Solar-Radix-Winkel zwischen diesen beiden Planeten im Laufe des Solarjahres das vom Geburtshoroskop angezeigte Schicksals- bzw. Entwicklungsmoment aktualisieren. Besteht jedoch im Geburtshoroskop kein schlechter Winkel, aber auch kein günstiger Aspekt zwischen Saturn und Mars, so wird dem Solar-Radix-Winkel nur eine untergeordnete Bedeutung zukommen, vorausgesetzt, daß Saturn im Geburtshoroskop und Mars im Solarhoroskop nicht sehr stark bzw. maximal bedeutsam stehen. Gelegentlich wird auch die Wirkung eines solchen Winkels ganz ausbleiben. Wenn nun in unserem angeführten Beispiel Saturn und Mars im Geburtshoroskop im sogenannten günstigen Winkel stehen, so wird im allgemeinen in diesem Solarjahr trotzdem die ungünstige Bedeutung des Solar-Radix-Winkels in die Erscheinung treten, wenn auch vielleicht nicht im gleichen Maße wie bei ungünstigem Radixverhältnis der beiden Planeten. Man kann sich das ungefähr folgendermaßen vorstellen: Das im Geburtshoroskop etwa vorhandene Trigon zwischen Saturn und Mars drückt für die Dauer des ganzen Lebens ein allgemein günstig zu beurteilendes Wesens- und Schicksalselement aus. Der ungünstige Solar-Radix-Winkel zwischen diesen Faktoren hebt nun den günstigen Grundeinfluß vorübergehend, d. h. für die Dauer des Solarjahres auf.

Die Bedeutung eines Winkels zwischen einem Solar- und einem Radixplaneten hängt davon ab, ob die in Betracht kommenden Planeten bereits im Geburtshoroskop eine Winkelbeziehung aufgewiesen haben, und die Bedeutung ergibt sich weiter aus der Frage, ob Solar-Radix-Winkel und Winkel der entsprechenden Planeten im Geburtshoroskop gleichsinnig sind. In vielen Fällen ist damit noch nicht alles ausreichend geklärt. Wenn nämlich das in Frage kommende Planetenpaar im Geburtshoroskop eine herrschende Stellung einnimmt, ohne geradezu in einem der traditionell anerkannten Winkel zueinander zu stehen, so ist die Wirkung für das Solarhoroskop dennoch so, als wären beide Radixfaktoren miteinander verbunden und die Art der Solar-Radix-Winkelbildungen entscheidet dann über die disharmonische oder harmonische Bedeutung für das Solarjahr. Wenn Saturn z. B. in Konjunktion mit dem Radix-M. C. und Mars im ersten Radixfelde stünde, ohne einen Aspekt miteinander zu bilden, so würde der ungünstige Winkel des Solar-Mars zum Geburts-Saturn höchstwahrscheinlich einen starken Effekt im Solarjahr zur Folge haben.

Die Aspekte der Solarplaneten zu maximal bedeutsamen Planeten des Geburtshoroskopes sind fast stets von größerer Bedeutung. Da nun die Radixposition von Sonne und Mond aus Gründen, die wir hier nicht auseinanderzusetzen brauchen, stets als starke Faktoren des Geburtshoroskopes angesehen werden müssen, so hat man auch den Winkeln der Solarplaneten zur Radix-Sonne und zum Radix-Monde stets größere Beachtung zu widmen, auch wenn es sich nicht um die Wiederholung von Winkeln aus dem Geburtshoroskop handelt. Allerdings werden die Wirkungen solcher Solar-Radix-Winkel zu Sonne und Mond noch bedeutend stärkere Effekte zeitigen, wenn es sich um die Wiederholung alter Winkelverhältnisse handelt. Die Konjunktion des Solar-Uranus mit dem Radixmond wird z. B. fast in allen Fällen eine größere Wirkung für das Solarjahr haben, auch dann, wenn zwischen Uranus und Mond im Geburtshoroskop kein eigentliches Winkelverhältnis im Sinne der astrologischen Tradition besteht. Wenn aber Uranus und Mond im Geburtshoroskop eine Opposition aufwiesen, dann wird die Wirkung der Solarkonstellation sehr heftig sein. Stehen Uranus und Mond dagegen im Geburtshoroskop in einem günstigen Winkel, so kann man bei der Konjunktion des Solar-Uranus mit dem Radix-Monde neben kritischen Wirkungen doch auch günstige erwarten, deren nähere Bezeichnung sich aus der Beurteilung der Uranus- und Mondpositionen im Geburtshoroskop ergibt. Stünde in diesem Falle aber der Solar-Uranus im Quadrat zu Mond-Radix, so würden ausschließlich ungünstige Wirkungen die Folge sein. Allerdings könnte man dann annehmen, daß die ungünstige Wirkung nicht so stark und auf die Dauer entscheidend wäre, wie im Falle des Vorhandenseins eines schlechten Mond-Uranus-Winkels im Geburtshoroskop. Also: Bei günstiger Winkelbildung zwischen den beiden Radixplaneten wird die günstige Solar-Radix-Winkelverbindung günstigen Effekt auslösen, die ungünstige ungünstigen Effekt, die Konjunktion wieder günstige Wirkung zeitigen*).

---

*) Vorausgesetzt, daß nicht ein anderer Solarplanet einen starken ungünstigen Winkel (etwa noch wiederkehrend) auf die Solar-Radix-Konjunktion wirft.

Bei ungünstigem Winkelverhältnis zweier Radixplaneten wird die ungünstige Solar-Radix-Verbindung stark ungünstige Bedeutung, die günstige Solar-Radix-Verbindung schwach günstige Effekte zeitigen, während die Konjunktion in diesem Falle gleichfalls stark ungünstige Bedeutung hat. Das gilt im beschränkten Maße auch dann, wenn es sich um verhältnismäßig mild und „günstig" wirkende Planeten handelt. Bei einer Radix-Quadratur zwischen Sonne und Jupiter werden Sextil und Trigon des Solar-Jupiter zur Radix-Sonne schwach günstige Effekte zeitigen, die Konjunktion des Solar-Jupiter mit der Radix-Sonne aber neben einigen schwach günstigen Momenten auch ungünstige Wirkung im Sinne der Radix-Konstellation auslösen.

Nach Klarstellung der Verhältnisse im Bereiche der Solar-Radix-Winkel wird man sich mit den Winkeln der Solarplaneten untereinander beschäftigen müssen. Wesentliche Bedeutung kommt ihnen aber nur dann zu, wenn die gleichen Planeten des Geburtshoroskopes bereits in einem, dem Solarwinkel entsprechenden, d. h. gleichsinnigem Winkelverhältnis stehen. Sind die Winkel dagegen nicht gleichsinnig, so ist die Wirkung abgeschwächt. Liegen im Geburtshoroskop überhaupt keine Winkel zwischen den entsprechenden Planeten vor, so wird nur in ganz besonderen Fällen eine stärkere Wirkung auf die Entwicklung der Verhältnisse im Solarjahre eintreten, etwa wenn die beiden Solarplaneten durch ihr Verhältnis zu den Solar- oder Radixeckfeldern maximale Bedeutung erlangen. Eine Opposition zwischen Mond-Solar und Mars-Solar wird, falls ein schlechter Winkel zwischen Mond und Mars im Geburtshoroskop nicht vorliegt, relativ bedeutungslos sein, wenn nicht etwa Mars oder Mond des Solarhoroskopes die Spitzen der Solar- oder Radixeckfelder oder Radixplaneten in Radix-Eckfeldern besetzen. Im letztgenannten Falle kommt dann allerdings eine Wirkung zustande, die zwar temporär Bedeutung erlangen kann, die jedoch, weil keiner ausgesprochenen Grundanlage entsprechend, kaum schicksalstragender Natur für das ganze Leben sein wird, wenn sie auch gelegentlich etwa durch andere Solarverhältnisse angezeigte, schicksalstragende Entwicklungen noch begleiten bzw. komplizieren kann.

Gelegentlich machen auch andere Verhältnisse den Winkel zwischen zwei Solarplaneten, der im Geburtshoroskop nicht vorhanden ist, bedeutungsvoll, wenn auch nur für die Dauer des Solarjahres. Es stünde z. B. der Solaraszendent auf dem Radix-Saturn, – wie schon gelegentlich der Besprechung der Winkel des Solaraszendenten zu den Radixplaneten bemerkt (s. S. 35), hat man in einem solchen Falle sogleich auf die Position des Solar-Saturn zu achten. Steht dieser nun im sechsten Solarfelde und in Oppostion mit Mars, so wird man diesem Winkel doch Bedeutung zumessen, weil Saturn trotz an sich schwacher Solarstellung wesentliche Bedeutung durch das Verhältnis zwischen dem Solaraszendenten und dem Geburts-Saturn erhält. Ähnliches mag man vielleicht auch bei Winkeln des Solar-M. C. zu den Radixplaneten beobachten.

In den vorangegangenen Ausführungen wird man bemerkt haben, daß es zwei Arten wiederkehrender Aspekte gibt. Eine, bei der Solarplaneten Winkel zu Radixplaneten bilden, die in den entsprechenden Planeten der Radixfigur schon vorhanden waren und eine andere, bei der die Solarplaneten unter sich Winkel bilden, die von den gleichen Geburtsplaneten schon gebildet worden waren. Die erste Art wollen wir als p a r t i e l l e (teilweise) W i e d e r k e h r , die zweite einfach als W i e d e r k e h r bezeichnen. Welche von diesen beiden Arten bedeutsamer ist, läßt sich heute noch nicht entscheiden, vielleicht kann die Frage in dieser allgemeinen Fassung überhaupt nicht beantwortet werden, vielleicht entscheidet die jeweilige Situation der aspektbildenden Planeten im Solarhoroskop.

Je mehr wiederkehrende Elemente im Solarhoroskop vorhanden sind (handele es sich nun um Planetenstände in den Feldern und Zeichen oder um die Winkelbildungen), um so bedeutsamer wird das betreffende Solarjahr für die Entwicklung und für das Schicksal des betreffenden Horoskopeigners sein. Das markanteste Ereignis im menschlichen Leben, der Tod, pflegt in den meisten Fällen bei ungemein zahlreichen, wiederkehrenden Konstellationen im Solarhoroskop stattzufinden. Vor allem kehren die konstitutions- und krankheitsbezüglichen Konstellationen im Todesjahr wieder. Mit dieser Feststellung ist aber keine Grundlage für die Todesprognose gegeben, weil ja auch in manchen anderen bedeutungsvollen Lebensjahren solche wiederkehrenden Konstellationen im Solarhoroskop vorzufinden sind. Das Prinzip der wiederkehrenden Konstellationen ist, soweit ich heute sehen kann, vorläufig das einzige, das logisch und sachlich ausreichend begründet ist und der Idee des Geburtshoroskopes vollständig entspricht.

Aphorismen und Regeln für die Bewertung der einzelnen Winkel im Solarhoroskop brauchen hier nicht wiedergegeben zu werden. Die im Abschnitt Transite vorgebrachten Regeln für die Beurteilung der Aspektbildungen zwischen laufenden Planeten und Radixplaneten gelten hier in gleicher Weise, nur mit dem Unterschied, daß die Wirkung sich auf das ganze Jahr erstreckt. Der dort angegebene allgemeine Deutungswert der Winkel ist selbstverständlich weitgehend zu modifizieren durch alles, was über den Stand der Solarplaneten in den Feldern des Solar- und des Radixhoroskopes gesagt worden ist. Der allgemeine Deutungswert erschöpft in der Regel nur die Wirkungsart, während der Felderstand des Solarplaneten im Radix und Solarhoroskop das eigentliche Gebiet zu kennzeichnen pflegt, in dem sich die Winkelbedeutung Geltung verschafft. Bei Sonne, Merkur, Venus, Mond und Mars ist die Solarfelderstellung des Solarplaneten meist stärker als diejenige des Radixfeldes, über dem er sich befindet. Wenn z. B. der Solaraszendent auf dem Mars-Radix steht und Mars-Solar im fünften Felde des Solarhoroskopes eine Konjunktion mit Jupiter-Radix und eine Opposition mit Uranus-Solar bildet, so wird man auf die Tendenz zu einem Unfall beim Sport schließen können, selbst dann, wenn sich der Jupiter-Radix im zweiten, dritten oder vierten Geburtsfelde befindet.

Wenn dagegen der Solar-Saturn als Herr des achten Feldes, weil dort im Radix stehend, im fünften Solarfeld über dem sechsten des Geburtshoroskopes steht und eine Quadratur zu Sonne-Radix und eine Opposition zu Mars-Solar als Wiederholungsaspekt bildet, so macht sich die gesundheitsgefährdende Bedeutung des sechsten Radixfeldes über dem Saturn-Solar stärker bemerkbar, als die Position im fünften Solarfelde (vgl. hierzu das Solarhoroskop im Todesjahre Friedrich Eberts). Siehe S. 36, Abb. 5.

Angesichts der noch recht ungenügend erforschten Wirkungen des Pluto haben wir davon abgesehen, die jeweiligen Plutopositionen bei der Behandlung des Solarhoroskops mit einzubeziehen.

III. Die laufenden Planeten

(Transite und wiederkehrende Konstellationen)

Die laufenden Planeten lösen die durch das Geburtshoroskop für das ganze Leben und die durch das Solarhoroskop für ein Jahr gekennzeichneten Entwicklungsschübe bzw. Schicksale aus, indem sie in Beziehung zum Geburtshoroskop, in ganz seltenen Fällen vielleicht auch zum Solarhoroskop treten. Diese Beziehungen können nun direkte räumliche sein, d. h. es entstehen dann vorübergehend bestimmte Winkelverhältnisse zwischen einem laufenden Planeten und den als feststehend gedachten Planeten und Eckfelderorten des Geburtshoroskopes, sie können aber auch nur ideale sein, d. h. die laufenden Planeten bilden dann unter sich gleiche oder gleichsinnige Winkel wie im Geburtshoroskop. Die direkten räumlichen Beziehungen werden als T r a n s i t e , d. h. Übergänge, bezeichnet, die ideellen Beziehungen ergeben sich in den w i e d e r k e h r e n d e n K o n s t e l l a t i o n e n . Man hat allerdings zu beachten, daß auch Transite gelegentlich wiederkehrende Konstellationen bilden, indem die laufenden Planeten in ihren Stellungen zu den Planeten und Eckfelderspitzen des Geburtshoroskopes alte Winkel wiederholen. Wir sprechen dann aber, ähnlich wie beim Solarhoroskop von p a r - t i e l l e r W i e d e r k e h r gegenüber der t o t a l e n W i e d e r - k e h r bei den Beziehungen der laufenden Beziehungen untereinander. Es sei z. B. im Geburtshoroskop ein Trigon zwischen Mars und Merkur vorhanden: Eine partielle Wiederkehr würde also stattfinden, wenn der laufende Mars ein Trigon zum Merkur-Radix bildet, aber auch dann, wenn der laufende Merkur über das Trigon des Mars im Geburtshoroskop gehen würde. Der Begriff der Wiederkehr darf nicht zu eng gefaßt werden. Es kommt nicht darauf an, daß genau der gleiche Aspekt wiederkehrt. Es ist auch dann Wiederkehr vorhanden, wenn der vom laufenden Planeten gebildete Winkel demjenigen der Geburt gleichsinnig ist. In unserem Beispiel wäre bei Merkur-Trigon Mars im Geburtshoroskop auch das gleichbedeutende Sextil des laufenden Mars zur Merkur-Radixposition als Wiederkehr zu bezeichnen. Totale Wiederkehr wäre gegeben, wenn Merkur und Mars laufend ein Trigon miteinander bildeten.

1. Transite

Übergänge der laufenden Planeten über die als feststehend gedachten Planetenorte und Eckfelderspitzen des Geburtshoroskopes. Wir unterscheiden hier:

a) **E i n f a c h e e i n z e l n e T r a n s i t e**, d. h. zeitlich vereinzelte Übergänge einzelner Planeten über irgendwelche feststehend gedachten Punkte des Geburtshoroskopes.

b) **H ä u f u n g e n g l e i c h s i n n i g e r Ü b e r g ä n g e ü b e r mehrere wichtige Punkte des Geburtshoroskopes z u g l e i c h e r** oder annähernd gleicher Zeit.

c) **H ä u f u n g e n g l e i c h s i n n i g e r Ü b e r g ä n g e ü b e r einen wichtigen Punkt des feststehend gedachten G r u n d h o r o s k o p e s.**

d) **R e z i p r o k t r a n s i t e**, bei denen der laufende Planet A über den Radixplaneten B, und gleichzeitig der laufende Planet B über den Radixplaneten A geht.

Alle diese Transitarten können in partieller Wiederkehr stattfinden und damit eine wesentlich erhöhte Bedeutung erlangen. Die Bestimmung und Wertung der Transite hat stets weitgehend auf die im Geburtshoroskop enthaltenen Möglichkeiten, dann aber auch auf die Verhältnisse des Solarhoroskopes Rücksicht zu nehmen.

Zu a) **e i n f a c h e e i n z e l n e T r a n s i t e**.

Die hier verzeichneten Überlegungen müssen auch der Behandlung aller anderen Transitarten zugrunde gelegt werden. Einfache Transite wirken nur unter besonderen Umständen stark, sonst vielfach schwach und gelegentlich bleiben sie ganz bedeutungslos. Bis zu einem gewissen Grade vermögen wir die Wirkungsstärke des Transits im voraus zu erfassen.

Was die laufenden Planeten anbelangt, so ist festzustellen, daß die Übergänge der äußeren Planeten, also diejenigen von Mars,

Jupiter, Saturn, Uranus und Neptun in den meisten Fällen stärker, länger, nachhaltiger und entscheidender wirken als diejenigen von Sonne, Mond, Merkur und Venus. Von dem vom Transit berührten Radixfaktor kann man nicht das gleiche sagen. Die Orte von Aszendent, Sonne, Mond im Geburtshoroskop bzw. deren Winkelstellen werden in der Regel recht empfindlich sein, auch dann, wenn Sonne und Mond im Geburtshoroskop nicht stark gestellt sind. Bei den anderen Planeten der Geburtsfigur entscheidet die Stellung in den Radixfeldern. Die Übergänge über starkgestellte Radixplaneten lösen gewöhnlich kräftige Wirkungen aus, während man bei den schwachgestellten nur unbedeutende Effekte beobachtet, falls nicht das Solarhoroskop diesen Planetenorten eine erhöhte Bedeutung für den Jahresverlauf zuweist. Darüber hinaus wirken die einfachen einzelnen Planetenübergänge nur dann stark, wenn z w i s c h e n T r a n s i t o r u n d d e m d u r c h d i r e k t e n Ü b e r g a n g o d e r W i n k e l b e r ü h r t e n F a k t o r d e s G e b u r t s - h o r o s k o p e s b e r e i t s i n d e r R a d i x f i g u r e i n e d e m Ü b e r g a n g e n t s p r e c h e n d e W i n k e l v e r b i n - d u n g b e s t a n d , wenn also die bereits erwähnte p a r t i e l l e W i e d e r k e h r vorliegt.

Das Solarhoroskop kann aber gleicherweise dem Übergang erhöhte Bedeutung verleihen, wenn partielle Wiederkehr nach dem Geburtshoroskop nicht stattfindet. Man beobachtet oft auch starke Wirkungen, wenn

i m S o l a r h o r o s k o p d e r j e n i g e S o l a r p l a n e t , d e r s p ä t e r a l s T r a n s i t o r a u f t r i t t , e i n e d e m T r a n s i t w i n k e l e n t s p r e c h e n d e W i n k e l v e r b i n - d u n g m i t d e m b e i m Ü b e r g a n g b e r ü h r t e n P l a - n e t e n d e s G e b u r t s h o r o s k o p e s a u f w i e s o d e r a b e r m i t d e n e n t s p r e c h e n d e n S o l a r p l a n e t e n e i n e n k r ä f t i g e n W i n k e l b i l d e t e .

Wenn der Solar-Mars z. B. einen kritischen Winkel zum Merkur-Radix bildete, so wird der Transit des laufenden Mars über Quadrat oder Opposition des Radix-Merkur eine stärkere Wirkung als sonst entfalten, auch wenn im Geburtshoroskop keine ungünstige Merkur-Mars-Verbindung bestand. Der genannte Transit kann aber auch dann größere Bedeutung erlangen, wenn beim Fehlen eines kritischen Merkur-Mars-Winkels im Geburtshoroskop eine schlechte Verbindung zwischen Merkur-Solar und Mars-Solar an starker Stelle stand.

Die Transitwirkung hängt ferner nicht nur von der starken Stellung des Radixfaktors ab, sondern auch von der Bedeutung des dem laufenden Planeten entsprechenden Radixfaktors. Hat dieser maximal bedeutsame oder sonst hervorragende Stellung, so werden alle Übergänge des entsprechenden laufenden Planeten von größerer Bedeutung sein.

Eine Verstärkung der Transitwirkung tritt ferner zweifellos ein, wenn der laufende Planet auf der Winkelstelle stationär ist. In diesem Falle können sogar die Übergänge der kleinen Planeten oft sehr markante Wirkungen zeigen.

Selbstverständlich ist d i e K o n j u n k t i o n des laufenden Planeten mit dem als feststehend gedachten Orte des Planeten oder der Eckfelderspitze des Geburtshoroskopes stets von weit größerer Bedeutung als die anderen Winkelbildungen. Aber gerade die Konjunktion ist zweideutig. Wenn der laufende Jupiter über die Radix-Sonne geht, so hängt die Wirkung sehr stark ab von dem Radix-Verhältnis zwischen Sonne und Jupiter. Ist dieses ungünstig, dann wird man gelegentlich auch recht ungünstige Wirkungen beobachten.

Die Übergänge der Planeten Saturn, Jupiter und Uranus dürften wohl immer eine gewisse Wirkung ausüben, gleichgültig, ob Geburts- oder Solarhoroskop Entsprechendes aufweisen oder nicht. Aber im allgemeinen werden auch die einfachen Transite dieser Planeten nichts Entscheidendes zur Folge haben, wenn nicht Geburts- oder Solarhoroskop schon darauf hindeuten. Die Transite der übrigen Planeten dürften, falls besondere Anzeichen im Radix- oder Solarhoroskop nicht vorliegen und kein Stillstand auf dem Aspektort besteht, gewöhnlich nur sehr unwesentliche Effekte im Alltagsleben bedingen oder auch gänzlich ohne Wirkung vorübergehen.

Ferner muß auch folgendes beachtet werden:

Jegliche Verbindung zwischen zwei Planeten des Geburtshoroskopes erhöht die Bedeutung der gegenseitigen Transite. Ein schlechter Transit des laufenden Mars zur Sonne wird daher stärker wirken, wenn zwischen Mars und Sonne des Geburtshoroskopes irgendein Winkel, also eventuell auch ein guter, vorliegt. Umgekehrt wirkt auch der gute Marstransit stärker, wenn im Geburtshoroskop Mars und Sonne in ungünstigen Winkelverbindungen stehen. Die ungünstige Grundtendenz des Geburtshoroskopes wird dadurch zeitweilig durch eine gegensätzliche Tendenz abgelöst oder bei günstiger Grundtendenz durch eine zeitweilig ungünstige ersetzt. Freilich zeigt sich in den meisten Fällen, daß die Nachwirkung im Sinne des Geburtshoroskopes verläuft, d. h. die temporär günstigen Wirkungen eines guten Jupitertransites zur Sonne bei schlechter Grundtendenz im Geburtshoroskop erweist sich später im Rahmen des Ganzen oft doch als unzuverlässig und manchmal sogar schädlich.

Die Neptuntransite sind nur in sehr seltenen Fällen von Bedeutung, die Übergänge über Sonne, Mond und Aszendent werden in der Regel wohl Wirkungen auslösen, aber wenn markante, entsprechende Konstellationen im Geburtshoroskop nicht vorlagen, dürften sie doch sehr subtil sein und nur selten zu konkreten Schicksalsschüben führen. Nur bei sehr markanten Neptunkonstellationen im Geburtshoroskop und bei partieller Wiederkehr wird man deutlichere Effekte wahrnehmen können.

Soviel über den Stärkegrad der zu erwartenden Transitwirkung. Die Deutung ist damit natürlich nicht erschöpft. Es kommt nun noch auf die besondere Tendenz an, die vom Transit ausgelöst wird. Einmal entscheidet hier natürlich der allgemeine Charakter des laufenden Planeten und des von diesem berührten Radixfaktors und der allgemeine Charakter der sich dabei ergebenden Winkelart, aber wichtiger ist natürlich noch die Position des vom Transit berührten Planeten in den Radixfeldern und die Bedeutung, die der laufende Planet vom Geburtshoroskop mitbringt. Steht Mars im Geburtshoroskop z. B. im sechsten Felde, während der laufende Mars die Sonne im ersten Felde angreift, so liegt die zu erwartende Wirkung wohl fast immer auch auf gesundheitlichem Gebiete. Das Feld, über dem sich der laufende Mars gerade befindet, zeigt natürlich auch eine mitbetroffene Sphäre an. Aber sie ist oft nicht so wichtig wie diejenige, die sich aus der Position des angegriffenen Planeten, wie aus dem Radixcharakter des laufenden ergibt. In manchen Fällen ist die Bedeutung mit einem Blicke zu erfassen, in anderen bedarf es sehr genauer Überlegung und manchmal wird es überhaupt schwer sein, das Lebensgebiet zu fixieren, auf dem sich der Transit nach seinem ganz allgemeinen Charakter auswirkt. Das Solarhoroskop gibt manchmal recht wesentliche Auskünfte in dieser Beziehung. Wenn Mars-Solar im sechsten Solarfelde stehend einen ungünstigen Winkel mit dem Jupiter-Radix bildet, der das erste Radixfeld besetzt, so kann man annehmen, daß, ganz abgesehen von der Marsstellung des Radixhoroskopes, die Marstransite zum Jupiter-Radix im Laufe des Jahres eine gesundheitlich nachteilige Wirkung auslösen, aber das gleiche ist auch dann der Fall, wenn der laufende Jupiter schlechte Winkel mit dem Mars-Radix bildet. Im übrigen beobachtet man oft einen eigenartigen Rhythmus zwischen partieller und totaler Wiederkehr bei Solar und Transiten. Wenn das Solarhoroskop die totale Wiederkehr eines krankheitsbezüglichen Jupiter-Mars-Winkels bringt, so pflegt die Auslösung in den Transiten auf dem Wege partieller Wiederkehr zu erfolgen, d. h. die schlechten Transite des laufenden Mars zum Radix-Jupiter oder des laufenden Jupiter zum Radix-Mars bringen dann die Auslösung. Das umgekehrte sieht man auch nicht selten: wenn das Solarhoroskop eine partielle Wiederkehr eines ungünstigen Mars-Jupiter-Winkels bringt, so pflegt oftmals die ungünstige Aspektbildung der laufenden Planeten Jupiter und Mars untereinander die Auslösung zu zeitigen. Ganz feste Regeln lassen sich aber hier nicht aufstellen, man muß stets alle Möglichkeiten in Betracht ziehen. Im letztgenannten Falle wird man also auch die ungünstigen Marstransite zum Jupiter-Radix und die ungünstigen Transite des Jupiter zum Mars-Radix berücksichtigen müssen, trotzdem nicht alle Möglichkeiten sich realisieren. Bei der Prognose wird man also gelegentlich drei oder vier begrenzte Zeitabschnitte für die Auslösung als möglich hinstellen müssen, obwohl nur einer oder im schlimmsten Falle vielleicht zwei davon tatsächlich zur Auslösung kommen. Vielleicht können künftige Forschungen hier noch größere Klarheit und Eindeutigkeit schaffen, zurzeit läßt sich hier noch nichts ganz Sicheres angeben.

Zu b) Die Häufungen gleichsinniger Übergänge auf mehrere wichtige Punkte des Geburtshoroskopes zu gleicher Zeit lösen gewöhnlich schon stärkere Effekte aus, wenn auch in der Regel mehr Zustände als ausgesprochene Ereignisse bei solchen Häufungen zu beobachten sind. Der ausgesprochenste Transit ist wohl in bezug auf die Richtung des Effektes ausschlaggebend. Bei solchen Häufungen ist sehr zu beachten, daß der Orbis der Übergänge verhältnismäßig weiter genommen werden muß, als bei den einfachen Übergängen, ein Orbis von 3 bis 3½ Grad gehört hier nicht zu den Seltenheiten, allerdings ist Voraussetzung, daß einige Übergänge exakt sind. Die Festlegung des Effektes auf den Tag ist bei derartigen Übergängen kaum einwandfrei möglich, während man bei Einzeltransiten insbesondere der Planeten Mars, Venus und Merkur schon eher daran denken darf, den Effekt zeitlich auf ein bis drei Tage festzulegen, trotzdem es sich da meist nur um Geringfügigkeiten handelt. Bei solchen Häufungen ist es wichtig, festzustellen, ob die Übergänge tatsächlich gleichsinnig sind, unter Umständen kann, wie schon bei den einfachen einzelnen Transiten bemerkt, der Jupiterübergang über die Radix-Sonne als ungünstiger Winkel angesehen werden. Beachtlich ist natürlich die Frage, inwiefern das Solarhoroskop den zu erwartenden Effekt bestätigt oder auszuschließen scheint. Wenn es sich um wiederkehrende Transite aus dem Radix bzw. aus dem Solarhoroskop handelt, und auch dann, wenn nur ein oder zwei Transite aus einer größeren Anzahl gleichzeitiger Übergänge wiederkehren, muß man mit markanteren Effekten rechnen. Für den Grad der Wirksamkeit jedes einzelnen Überganges im Rahmen der Häufung ist alles zu beachten, was schon bei den einfachen einzelnen Transiten bemerkt wurde. Es ist also festzustellen, welche Bedeutung der laufende, wie der vom Transit berührte Planet im Geburtshoroskop haben, ob es sich um Wiederkehr aus dem Radix oder aus dem Solar, oder aus beiden handelt. Wichtig ist auch, festzustellen, ob im Rahmen der Häufung Reziprok-Transite vorhanden sind (siehe unter d).

Zu c) Die Häufungen gleichsinniger Übergänge über einen Punkt des Geburtshoroskopes entsprechen gewöhnlich schon schärfer hervortretenden Tendenzen mit Neigung zur Realisation im Ereignis. Neben der Beachtung alles dessen, was für den einfachen einzelnen Transit gilt, ist besonders auf die Radixposition des berührten Planeten zu achten. Je kräftiger dieser steht, um so ausgesprochener wird der

Transiteffekt sein. Beachtlich ist auch das Verhältnis des berührten Planeten zu den Solarpositionen. Auch bei diesen gleichsinnigen Übergängen über einen Punkt des Geburtshoroskopes wird man den Orbis etwas weiter nehmen, als bei den einfachen einzelnen Transiten.

Die Wirkung scheint sich zu verschärfen, wenn der im Geburtshoroskop vom Transit berührte Faktor laufend zu den transitierenden gehört. B e i s p i e l : Mars und S o n n e greifen laufend die Radix - S o n n e im Geburtshoroskop an, oder aber Jupiter und M a r s stehen laufend gemeinsam im Trigon zum M a r s - Radix usw.

Zu d) Ein R e z i p r o k - T r a n s i t liegt vor, wenn der im Radix von einem bestimmten Planeten laufend berührte Planet seinerseits laufend den anderen im Radix berührt oder Winkel mit ihm bildet.

B e i s p i e l : Der laufende Uranus geht über den Marsplatz der Radixfigur und der laufende Mars über den Uranusplatz des Wurzelhoroskopes. Wenn nun schon zwischen Uranus und Mars im Radix ein exaktes Quadrat vorlag, so handelt es sich nicht nur um einen Reziprok-Transit, sondern um doppelte partielle, wie um totale Wiederkehr im laufenden Planetenbilde und man darf in solchen Fällen mit ziemlich ausgesprochenen Wirkungen rechnen, speziell wenn die Uranus- oder Marsposition im Horoskop stark ist und wenn, wie in diesem Falle wohl immer, im Solarhoroskop eine ungünstige Konstellation zwischen Uranus-Solar und Mars-Radix, im ausgesprochensten Falle auch noch zwischen Mars-Solar und Uranus-Radix bestand.

Es folgen jetzt Hinweise für die Deutung der einfachen Übergänge der laufenden Planeten über die Faktoren des Geburtshoroskopes. Es sei jedoch ausdrücklich betont, daß die schematische Anwendung solcher Regeln zu Irrtümern führen muß, da sie niemals Rücksicht auf die individuellen Verhältnisse im Geburts- und Solarhoroskop nehmen. Es handelt sich also nur um Anregungen, die in freier Kombination unter den angeführten Bedingungen variiert werden müssen.

Die Übergänge der laufenden Sonne

sind an sich nur schwach bedeutsam, sie können aber stärkere

Wirkungen auslösen, wenn zwischen Radix-Sonne und Radix-Planet bereits ein Aspekt gleicher Gattung vorlag oder wenn dies im Solarhoroskop der Fall war.

B e i s p i e l : Im Geburtshoroskop: Sonne Opposition Saturn, im Solarhoroskop: Saturn-Solar Quadrat Sonne-Radix bzw. Solar. In diesem Falle wird der Übergang der laufenden Sonne über Saturn-Radix und seine schlechten Aspekte in den meisten Fällen eine stärkere Wirkung zeitigen, speziell natürlich dann, wenn zu gleicher Zeit der laufende Saturn noch im Orbis des Quadrates zur Radixsonne steht. Dann läge doppelte partielle Wiederkehr und Reziprok-Transit, eventuell sogar totale Wiederkehr in der laufenden Planetenkonstellation vor.

Im allgemeinen deuten die Übergänge der laufenden Sonne über die Winkel des Geburtshoroskopes auf die jeweilig vorhandene persönliche Einstellung zu den Dingen, gute Übergänge weisen im allgemeinen auf gesunde klare Auffassung, ungetrübtes bestimmtes Urteil, ungünstige Winkel dagegen auf Trübung des Urteils, falsche Behandlung und Beurteilung der vorliegenden Verhältnisse.

über die Winkel des Aszendenten und des M. C.*):

Von Bedeutung sind hier eigentlich nur Konjunktion und Opposition, und das auch nur in bestimmten Perioden, die im voraus nur schwer oder gar nicht faßbar erscheinen. Beim Vergleich von Horoskopen verwandter Menschen beobachtet man häufig Austausch zwischen Sonne und einem der vier Eckpunkte. Daraus ergibt sich für die Transite der laufenden Sonne über die Eckfelderspitzen eine gewisse Bedeutung für den Generationsprozeß, aber sie ist vorläufig unverwertbar. Sonst kann man gelegentlich beim Übergang der Sonne über das M. C. eine Steigerung der allgemeinen Aktivität und besonders der beruflichen, beobachten, während der Übergang der Sonne über den Aszendenten mehr persönliche Kräfte zur Geltung bringt. Einzelne Beobachtungen lassen darauf schließen, daß der Sonnenübergang über den Aszendenten erhöhte vitale und sexuelle Kraftentfaltung mit sich bringt. Mit einiger Sicherheit kann man auf Wirkung der Sonnenübergänge über die Eckpunkte rechnen, wenn Solaraszendent oder Solar-M. C. in einem möglichst exakten und starken Winkel zur Solar-Sonne gestanden haben. Es scheint aber darüber hinaus noch andere Bedingungen zu geben, die den Effekt des Überganges begünstigen, diese Bedingungen sind uns aber vorläufig unbekannt.

---

*) In gewissem Sinne gültig auch für die Winkel zum Planeten im ersten und zehnten Felde, aber natürlich unter Berücksichtigung der besonderen Natur derselben.

über die guten Winkel der Sonne:
Sehr allgemeiner Einfluß, der nur aus den Felderpositionen deutbar ist. Richtige geistige Einstellung.

über die schlechten Winkel der Sonne:
Oft falsche Orientierung, geistige Sperrung sonst nach der Felderstellung zu beurteilen.

über die guten Winkel des Merkur:
Intellektuelle Einstellung, die sich in Geschäft und Beruf günstig auslösen kann und gute Ideen, klare Auffassung vermittelt und daher oft eine Förderung der Alltagsangelegenheiten mit sich bringt.

über die schlechten Winkel des Merkur:
Falsche Einstellung in Sachen des Alltagslebens, des Berufs, Unsicherheit des Urteils und der Auffassung und daher manchmal auch kleinere Unannehmlichkeiten in der Alltagssphäre.

über die guten Winkel der Venus:
Steigerung des Gefühls, der ästhetischen Impulse und des erotischen, sexuellen Triebes und in Verbindung damit häufig kleinere persönliche Erfolge in Geselligkeit und in den menschlichen Beziehungen.

über die schlechten Winkel der Venus:
Forcierte disharmonische, jedenfalls unrichtige Einstellung in der Gefühlssphäre in erotischen und sexuellen Dingen, gelegentlich etwas Neigung zu Genuß, Verschwendung, Exzeß. In der Folge manchmal Störungen in den persönlichen Beziehungen. In der Regel belanglos.

über die guten Winkel zum Mars:
Wenn die laufende Sonne nicht gerade auf einem individuell wichtigen Punkte des Geburtshoroskopes steht (Aszendent, M. C.) oder gleichzeitig gute Marstransite vorliegen, kommt nur eine geringfügige Steigerung des Wollens in Betracht. Man beobachtet vielleicht auch richtige Einschätzung der Handlungsmöglichkeiten und als Konsequenz kleinere Erfolge in diesen Dingen.

über die schlechten Winkel zum Mars:
Unter besonderen Umständen gesteigerte Energie, die aber nicht die richtigen Bahnen findet und zu einer Vergeudung der Kraft führt, dabei Fehlhandlungen, Konflikte oder Indispositionen zur Folge hat.

über die guten Winkel des Jupiter:
Bei entsprechenden Allgemeinverhältnissen Steigerung der schöpferischen Phantasie, richtige Auswertung der sozialen Beziehungen und Umstände und daher meist kleinere Vorteile.

über die schlechten Winkel des Jupiter:
Häufig macht sich eine Herabsetzung des schöpferischen Impulses und der Arbeitslust bemerkbar, dagegen drängt das mehr körperlich verankerte Lebensgefühl zu einer Expansion, die vom Standpunkt einer höheren sozialen Einstellung verurteilt wird. Genußsucht, kleinere Exzesse und Verschwendung treten manchmal auf.

über die guten Winkel des Saturn:

Stabilisierung und Festigung der Stimmung, so daß geduldige Arbeit in diesen kleinen Perioden besonders gut gedeiht. Die besonnene Haltung begünstigt manchmal das Zusammenwirken mit älteren besonnenen und gereiften Menschen. Gelassener Ernst.

über die schlechten Winkel des Saturn:

Depressionen, gelegentlich in Verbindung mit Apathie und daraus sich ergebender Trägheit, oftmals auch verbitterte Stimmung und verbissenes und darum meist nicht sehr erfolgreiches Arbeiten, unter besonderen Umständen gesundheitliche Störungen nach dem Saturnzeichen, auch Neigung zu Erkältungen; das Gemeinschaftsleben leidet in der Regel bei derartiger Einstellung.

über die guten Winkel des Uranus:

Gesteigerte Spannkraft, gelöste Geistigkeit, gute Einfälle und Ideen und manchmal eine besondere Geöffnetheit gegenüber sonst unbemerkten Werten in Menschen und Dingen, was in besonderen Fällen zu einer gesteigerten Bereitschaft für glückliche „Zufälle" und Berührungen führen mag.

über die schlechten Winkel des Uranus:

Erregbarkeit, Reizbarkeit, Nervosität, Überwachheit des Geistes und dementsprechend anschließend Fehlhandlungen, psychische Fehlleistungen, oftmals habe ich Verlieren von Gegenständen beobachtet.

über die guten Winkel des Neptun:

Diese Übergänge sind gewöhnlich nur von geringer Bedeutung, nur bei psychisch empfänglicheren Menschen könnte sich hin und wieder eine stärkere seelische Auflockerung bemerkbar machen und das Imponderable wird die Seele stärker in Anspruch nehmen.

über die schlechten Winkel des Neptun:

Auch diese Übergänge scheinen nicht oft wirksam zu sein. Man kann hin und wieder psychische Verwirrung konstatieren, die zu einer Fehlschätzung von Menschen und Umweltangelegenheiten führt. Der Mensch ist in solchen Fällen leicht geneigt, Handlungen zu begehen und Abmachungen zu treffen, die er in anderen Perioden mißbilligen würde.

über die guten Winkel des Mondes:

Gelöste seelische Stimmungen, die manchmal zu besonders glücklichem Handeln befähigt und gewöhnlich auch im Kreise der Umwelt leichten Kontakt und freundlichen Widerhall findet. Der sehr häufige Austausch zwischen Sonne und Mond in den Horoskopen verwandter Menschen kennzeichnet auch die Bedeutung dieses Überganges für den Generationsprozeß und für das familiäre Erleben. Der Übergang über den Mondort selbst scheint häufiger und stärker von Bedeutung zu sein als alle anderen Sonnentransite zu den Planeten und zu den übrigen Winkeln des Mondes.

über die schlechten Winkel zum Monde:

Sofern überhaupt Wirkung eintritt, was vom Radix- und Solarhoroskop abzuhängen scheint, ergibt sich eine gewisse seelische Spannung, eine leicht verkrampfte und unausgeglichene Stimmung, die das Verhältnis zur Umwelt natürlich zu trüben pflegt. Es kommt hier, wie bei allen Transiten, sehr auf die Mondstellung im Radix- und Solarhoroskop an; stand der Solar-Mond, wie ich häufiger beobachtet habe, im sechsten Solarfelde in Quadratur mit der Sonne, so lösten alle Sonnenübergänge über schlechte Winkel zum Radix-Monde eine kurze, wenn auch ungefähriche Erkrankung aus.

Die Übergänge des laufenden Mondes

über die Planeten und Planetenwinkel des Geburtshoroskopes haben in der Regel keine besondere Bedeutung, und es wäre deshalb ungerechtfertigt, hier etwa ausführlichere Deutungsanregungen zu geben. Der in seinem Lauf allmonatlich alle Grundstellungen berührende Mond kann naturgemäß keine kräftige Wirkung entfalten, wenn nicht andere Konstellationen ausschlaggebend mitwirken. Man darf vielleicht sagen, daß die Abwicklung der Alltagshandlungen unter günstigen Mondtransiten auf eine bessere, leichtere und angenehmere Weise vor sich gehen kann als unter ungünstigen. Die psychische Anpassungsfähigkeit an gegebene Verhältnisse, die Instinktsicherheit in den Alltagshandlungen ist vielleicht ein wenig abhängig von den jeweils vorhandenen Winkelbildungen des laufenden Mondes. Nach den Untersuchungen von R. Hermann kann man mit einigem Recht vermuten, daß die Mondübergänge einen gewissen Einfluß auf die Hormonaltätigkeit des Körpers ausüben. Die Übergänge des Mondes über die vier Eckfelderspitzen des Geburtshoroskopes scheinen in der Tat einen gewissen Zusammenhang mit der Sexualerregbarkeit bei Mann und Frau und mit den Menstruationsvorgängen zu haben. Die von Flambart und anderen aufgewiesene Tatsache der Erbbezüglichkeit des Mondortes im Geburtshoroskop weist auch auf einen Mondeinfluß bei den biologischen Prozessen des Geburtsvorganges hin. Der Austausch zwischen Sonne und Mond in den Horoskopen verwandter Menschen läßt weiterhin den Übergang des Mondes über die Sonne als im Zusammenhang mit dem Geburtsvorgang stehend erkennen. Endlich weist auch das häufige Vorkommen des Mondstandes beim Tode am alten Mondtierkreisort der Geburt und die Wiederkehr der Geburtsmondwinkel zur Zeit biologisch wichtiger Perioden auf die Mitwirkung des Mondes hin. Alle diese Anhaltspunkte sind aber prognostisch kaum verwertbar, weil die Wirkung der Mondübergänge von anderen Übergängen bzw. wiederkehrenden Konstellationen abhängig ist. Bei genauer Durchforschung der Biorhythmik eines Individuums mag es immerhin möglich sein, prognostische Vermutungen, die sich auf die kleineren Schwankungen des Lebensgefühls und der Körpervorgänge beziehen, zu äußern. Die Stärke des Mondstandes im Geburtshoroskop wird für die Bedeutung der Mondübergänge natürlich gleichfalls ausschlaggebend sein.

Die Übergänge des laufenden Merkur

über die Planeten und Planetenwinkel und die Winkelbildungen des laufenden Merkur zu den anderen laufenden Planeten, sofern sie als wiederkehrende Konstellationen zu bezeichnen sind, sind ähnlich wie diejenigen der Sonne, nur unter besonderen Umständen von größerer Bedeutung, sonst werden sie nur schwächere Einflüsse auf das Alltagsleben ausüben, und zwar besonders auf denjenigen Gebieten, die ganz und gar beherrscht werden von der intellektuellen Tätigkeit des Menschen, also besonders im beruflichen Tun und in denjenigen menschlichen Beziehungen, die aus sachlicher Notwendigkeit (nicht so sehr aus gefühlsbetontem Drang) gepflegt werden müssen. Merkurübergänge können aber gelegentlich auch stärkere Wirkungen entfalten, nämlich dann, wenn Merkur rückläufig im Stillstand auf einem Planetenort des Geburtshoroskops oder auf einem seiner Winkel verharrt. Unter solchen Umständen erreicht die Wirkung des Merkurüberganges manchmal diejenige von Mars- und Jupiterübergängen, besonders dann, wenn die Aspektbildung schon im Geburtshoroskop vorhanden war. Stand Merkur z. B. in verhältnismäßig enger Konjunktion mit der Sonne im Geburtshoroskop und bleibt er laufend (womöglich über einem Eckfelde) auf der Quadratstellung der Sonne stehen, so können sich daraus recht unangenehme Komplikationen entwickeln.

über die guten Winkel zum Aszendenten und des M. C.*):

Besonders in der Konjunktion und verstärkt bei Stillstand stärkere Neigung zu Reisen, zur Suche und Pflege von menschlichen Beziehungen u. dgl. Rege und bewegliche Geistestätigkeit.

über die schlechten Winkel zum Aszendenten und des M. C.*):

oder auch, wenn Merkur am Aszendenten auf einer ungünstigen Aspektstelle steht, Irrtümer, Fehlleistungen, falsche Beurteilung in Nützlichkeits-

---

*) Vgl. Anmerkung S. 92.

fragen des Alltagslebens, falsche Entschlüsse und jedenfalls Hemmungen, die häufig auch mit dem Drang nach Reisen zusammenhängen.

über die guten Winkel der Sonne:

Gute Ideen und klarer Ausdruck, auch sonst günstige Einstellung in Fragen des Alltags und des Berufes, je nach der Felderposition des laufenden Merkur und der Radix-Sonne, der Merkurbedeutung, wie sie sich aus dem Felderstande des Geburtshoroskopes ergibt.

über die schlechten Winkel der Sonne:

Irrtümer, Fehlleistungen im Beruf, in Nützlichkeitsfragen, manchmal auch unangenehme Verwicklungen oder Mißverständnisse in den persönlichen Beziehungen im menschlichen Verkehr.

über die guten Winkel des Mondes:

Tendenz zu Reisen und Veränderungen, auch zu persönlichen Berührungen, je nach der Merkurbedeutung und nach dem Felderstand des Mondes. Stark eigentlich nur, wenn in Radix und Solar eine Winkelverbindung zwischen Merkur und Mond besteht, und dann besonders bei direktem Übergang.

über die schlechten Winkel des Mondes:

Psychische Sperrung ruft gern Fehlleistungen, Irrtümer und kleine Verwirrung in der intellektuellen Sphäre hervor, oftmals auch nur als Folgen früherer Irrtümer.

über die guten Winkel des Merkur:

Rasche Auffassung, richtige klare Einstellung in intellektuellen Dingen, intellektuell richtige Behandlung menschlicher Beziehungen, die auf Nützlichkeitsgründen gebaut sind usw.

über die schlechten Winkel des Merkur:

Intellektuelle Unsicherheit, Irrtümer, Versehen, falsche Behandlung von Alltags- und Berufsfragen, unangenehme Konsequenzen eigener Irrtümer und von Fehlern, die im Kontakt und Verkehr mit der menschlichen Umwelt begangen worden sind.

über die guten Winkel der Venus:

Bedeutsam scheint eigentlich nur die Konjunktion, es sei denn, daß im Radix-Horoskop und auch in der Solarfigur derartige Verbindungen (Konjunktion oder Sextil) vorhanden waren. Je nach der Grundbedeutung von Merkur und Venus zu beurteilen. Ganz allgemein gesehen, ästhetische Beeinflussung der Intelleksphäre bzw. umgekehrt, intellektuelle Beeinflussung des Gefühls. Anmut und Gefälligkeit im Ausdruck und daher Begünstigung von Berufs- und Alltagsfragen durch persönliche Momente.

über die schlechten Winkel der Venus:

Kaum sonderlich bedeutsam, gelegentlich vielleicht geringfügige psychische Indispositionen und Störung im geselligen Verkehr, im übrigen nach den Felderpositionen zu beurteilen.

über die günstigen Winkel des Mars:

Steigerung der intellektuellen Energie, der intellektuellen Entschlußkraft und damit der Klarheit, Schärfe und Präzision des Ausdrucks. Begünstigt intellektuell-praktisches Tun, die Suggestionsgabe und ist daher meist mit beruflichen Erfolgen verbunden, deren Stärke nach den Radixstellungen von Merkur und Mars zu beurteilen ist.

über die schlechten Winkel des Mars:

Man beobachtet eine disharmonische, meist übersteigerte Willensbetonung, es kommt daher leicht zu Übertreibungen und zur Übereilung. In der Folge entstehen gewöhnlich Spannungen in den Alltags- und Berufsbeziehungen, auch wohl Konflikte im persönlichen und im schriftlichen Verkehr.

über die guten Winkel des Jupiter:

Einfälle bzw. Anregungen auf praktischen und theoretischen Gebieten je nach Stellung des Merkur. Einklang zwischen Verstand und Vernunft, in praktischer Hinsicht gelegentlich Neigung zu Ortsveränderungen und Fernbeziehungen.

über die schlechten Winkel des Jupiter:

Im allgemeinen ohne wesentliche Bedeutung. Nur unter besonderen Umständen (Wiederkehr, Solarposition usw.) Spannungen, die sich aus der Gegenüberstellung größerer und engerer Gesichtspunkte ergeben.

über die guten Winkel des Saturn:

Dieser Aspekt fördert ernste geduldige Nachdenklichkeit, Sorgfalt und Genauigkeit der intellektuellen Leistung, begünstigt also auch den Erfolg in der Bewältigung schwieriger Arbeiten. Die Konjunktion ist zweideutig, wenn im Geburtshoroskop oder in der Solarfigur ungünstige Winkel zwischen Saturn und Merkur bestehen, wird sie eher als ungünstig zu bezeichnen sein, während bei günstigen Radix- oder Solarwinkeln dieser beiden Planeten eher die fördernde Wirkung zur Geltung kommt.

über die schlechten Winkel des Saturn:

Depressionen, die sich besonders ungünstig auf die intellektuelle Tätigkeit auswirken und leicht Irrtümer begehen lassen.

über die guten Winkel des Uranus:

Zunahme der Geistesschärfe, des unbefangenen klaren Urteils, des Scharfsinns, der Intuition, gute Einfälle, originale, häufig erfinderische Gedankentätigkeit und dementsprechend auch Erfolge bei persönlichen Berührungen aus beruflichem oder praktischem Anlaß, Ausnutzung günstiger Gelegenheiten.

über die schlechten Winkel des Uranus:

Nervöse Reizbarkeit und entsprechende Fehlhandlungen, Verlieren, Vergessen, Verrechnen, vergebliches Suchen oder auch Entdeckung kurz voraufgegangener Fehlleistungen. Wenn das Geburtshoroskop einen ungünstigen Merkur-Uranus-Aspekt aufweist, machen sich diese Übergänge oftmals in sehr unangenehmer Weise bemerkbar.

über die guten Winkel des Neptun:

In der Regel kommen keine sehr bemerkenswerten Wirkungen in Betracht, aber besonders bei der Konjunktion scheint doch ein inspirativer Zug die intellektuelle Leistung durch Ahnung und Einfühlung zu unterstützen; wenn es so etwas wie Hellfühlen gibt, so dürfte das nach meinen Erfahrungen unter diesem Übergang besonders begünstigt werden. Es ist nur konsequent, wenn auch andere Tendenzen, wie Menschenkenntnis, allgemeines psychologisches Verständnis und diplomatisches Vorgehen durch solchen Einfluß gefördert werden.

über die schlechten Winkel des Neptun:

Tendenz zu Illusionen, Fehleinschätzungen von Menschen und Dingen und als Konsequenz gelegentlich nachteilige Folgen auf praktischem Gebiet.

Die Übergänge der laufenden Venus

sind ähnlich wie diejenigen von Merkur und Sonne an und für sich und allein nicht von durchschlagender Bedeutung. Sie charakterisieren in solchen Fällen nur kleinere Alltagserlebnisse, allerdings mehr in einer persönlichen und gefühlsmäßig orientierten Seelensphäre, im Familiären, Geselligen, Erotischen und Sexuellen, aber auch in allem, was das ästhetische Gefühl, die künstlerische Begabung und Neigung angeht. Stärkere Wirkungen sind in der Regel nur bei Stillstand der Venus am Übergangsort und bei starker Venusnote des Geburtshoroskopes zu erwarten, treten aber gelegentlich auch schon dann auf, wenn im Solarhoroskop starke und zahlreiche Venusmomente und Beziehungen gegeben sind. Die folgenden Deutungshinweise berücksichtigen auch die stärkeren Wirkungsmöglichkeiten.

über die Winkel des Aszendenten und des M. C.*):

In Frage kommt gewöhnlich nur die Konjunktion und Opposition, die anderen Winkel wahrscheinlich nur bei schon im Geburtshoroskop vorhandenem Aspekt zwischen Venus und Aszendent oder M. C. Wo infolge besonderer Bedingungen fühlbarere Wirkungen eintreten, betreffen sie in der Regel Sexualität, Erotik, Geselligkeitstendenzen und bei entsprechender Entwicklungsstufe des Individuums auch das ästhetische und künstlerische Erleben. Die Übergänge über die anderen Aspekte zu Aszendent und M. C. können allerdings eine erheblichere Wirkungssteigerung erfahren, wenn andere Faktoren, etwa Sonne, Merkur oder Mars sich mit der Venus laufend zum Aspekt verbinden.

über die guten Winkel der Sonne:

Aktivierung ästhetischer Empfindungen und geselliger Neigungen, aber auch

---

*) Vgl. Anmerkung S. 92.

erotischer Antriebe von glücklichem Charakter, häufig Begünstigung des persönlichen Strebens durch gesellschaftliche Momente, durch die persönliche oder auch nur rein sachliche Beziehung zur Frau. Besonders stark ist die Konjunktion.

über die schlechten Winkel der Sonne:
Disharmonische, weil oftmals übertriebene Empfindungen in Erotik und Sexualität, gelegentlich Exzesse, Ausgaben, Verschwendung, aber auch sonst Störungen familiärer Natur.

über die guten Winkel des Mondes:
Harmonische Einflüsse auf Erotik, Familie, Geselligkeit, unter Betonung weiblicher Tendenzen.

über die schlechten Winkel des Mondes:
Disharmonische Momente im Zusammentreffen mit familiären, geselligen und erotischen Angelegenheiten. Ungünstige Einstellung zur weiblichen Sphäre und dementsprechend kleinere Disharmonien im Kontakt mit diesen Dingen.

über die guten Winkel des Merkur:
Förderung geselliger Betätigung auf verfeinerter Grundlage und Begünstigung ästhetischer Neigungen und Wünsche.

über die schlechten Winkel des Merkur:
Dieser Übergang ist nur selten von Bedeutung und wird, wenn überhaupt wirksam, nur von sehr geringfügigen Disharmonien auf den obengenannten Gebieten begleitet sein.

über die guten Winkel der Venus:
Begünstigung in der Gefühlssphäre Geselligkeit, in den Beziehungen zur Umwelt, besonders zur Frau.

über die schlechten Winkel der Venus:
Meist belanglos, unter erschwerenden Umständen kleinen Disharmonien persönlicher, familiärer erotischer Natur.

über die guten Winkel des Mars:
Stärkung der erotischen und sexuellen Antriebe, aber auch Kräftigung und Betonung künstlerischer Neigungen, wo solche grundsätzlich vorhanden sind. Stärkere und aktivere Tendenz zur Geselligkeit und zum Vergnügen usw., im allgemeinen harmonische Einstellung dieser Antriebe in das sozial-persönliche, familiäre Milieu.

über die schlechten Winkel des Mars:
Diese Übergänge wirken in der Regel fast genau so wie die guten, vielleicht noch etwas forcierter und anstrengender. In ungünstigen Fällen disharmonische Triebe, Erregung und Konflikt in der erotischen und familiären Sphäre im Verkehr der Geschlechter. Exzesse, Verschwendung, schädliche Triebe.

über die guten Winkel des Jupiter:
Allgemein begünstigende Entwicklungstendenzen und Erlebnisse, je nach den Venus- und Jupiterbedeutungen des Geburtshoroskopes. Anreicherung des Gefühls und Auslösung je nach der persönlichen Eigenart auf ästhetischem, geselligem, erotischem und familiärem Gebiet.

über die schlechten Winkel des Jupiter:

Gewöhnlich nur von geringfügiger Bedeutung, kleine Disharmonien auf den obengenannten Gebieten, vielleicht auch einmal übertriebene Genußliebe und Verführung zu sozialen Schädlichkeiten durch Sinnlichkeit und Schönheitsbedürfnis, Ausgaben, kleinere Exzesse.

über die guten Winkel des Saturn:

Hier kommen wohl nur selten charakteristische Wirkungen in Betracht. Den Ausschlag werden die Radixpositionen von Venus und Saturn geben müssen. Vertiefung der Gefühle.

über die schlechten Winkel des Saturn:

Auch diese Übergänge werden nur unter bestimmten Voraussetzungen, die im Geburtshoroskop und im Solarhoroskop gegeben sein müssen, stärker wirksam, dann allerdings dürften sie in der Gefühlssphäre starke Hemmungen, Depressionen, Enttäuschungen, Ekel usw. hervorrufen.

über die guten Winkel des Uranus:

Dieser Übergang mag den künstlerischen Impuls und die künstlerische Originalität erhöhen oder in anderen Fällen eigentümliche, vielleicht unkonventionelle Anregungen im Gefühlsleben, in der Erotik, Sexualität und Geselligkeit ausüben.

über die schlechten Winkel des Uranus:

In Geselligkeit, Erotik entstehen Fehlschätzungen, Sperrungen, Unvorsichtigkeiten und entsprechende Enttäuschungen. In der Regel nur unter besonderen, im Radix oder Solarhoroskop vorgezeichneten Umständen von größerer Bedeutung. Eifersuchtsregungen bzw. Untreue.

über die guten Winkel des Neptun:

In der Regel wenig bedeutsam, verfeinertes Erleben auf erotischem oder geselligem Gebiete, vielleicht Steigerung des ästhetischen Gefühls und künstlerischen Einfühlungsvermögens.

über die schlechten Winkel des Neptun:

Selbsttäuschungen und Illusionen in der Gefühlssphäre, auf erotischem Gebiet und in der Folge manchmal Verwicklungen in den persönlichen Beziehungen zu befreundeten Menschen und im Liebesleben.

Die Übergänge des laufenden Mars

steigern ganz allgemein die Spannung und Energie auf den Gebieten, die durch den vom Übergang betroffenen Planeten angezeigt werden. Das aus Marstransiten sich ergebende Erleben ist durch eine gewisse Heftigkeit, durch starke Dynamik, charakterisiert.

über die guten Winkel des Aszendenten *):

Steigerung des motorischen Impulses, der Energie, des Durchschlagsvermögens; der Nachdruck liegt in der Regel auf den Gebieten, die durch den

---

*) Vgl. Anmerkung S. 92.

Felderstand gekennzeichnet sind, über dem sich Mars gerade befindet und weist Züge der Marsnatur des Geburtshoroskopes auf. Dieser Übergang wird in der Regel nur dann von größerer Bedeutung sein, wenn Mars im Geburtshoroskop bereits einen Winkel zum Aszendenten bildet oder im Solarhoroskop in solcher Stellung steht, vielleicht auch, wenn Mars im Geburtshoroskop maximal bedeutsam ist. Die Konjunktion mit dem Aszendenten ist in der Regel ungünstig, aber besondere Umstände des Geburtshoroskopes, wie etwa gute Planetenwinkel, die auf dem Aszendenten liegen, können auch diesem Übergang eine glückliche Bedeutung geben. Es wird auch viel davon abhängen, wie Mars im Solarhoroskop zum Radix- und Solaraszendenten stand.

über die schlechten Winkel des Aszendenten *):

Akute gesundheitliche Störungen, Fieber, Infektionen wurden beobachtet, aber häufig auch Unfälle, Verletzungen, Verwundungen infolge zu starken motorischen Triebes; besonders bei der Konjunktion des Mars mit dem Aszendenten wurden stärkere Wirkungen beobachtet. Im ganzen gern forcierter Energieeinsatz und entsprechend leicht Konflikte.

über die Winkel des M. C. *):

Als wirksam wurde eigentlich nur die Konjunktion und die Opposition beobachtet. Besonders die Konjunktion mit dem M. C. hat in vielen Fällen ähnliche Bedeutung wie diejenige mit dem Aszendenten, betrifft aber häufig auch Gesundheit und Leben verwandter Menschen. Wenn sehr günstige Winkel auf dem Radix-M. C. liegen, kommen, falls das Solarhoroskop den Übergang nicht ungünstig charakterisiert, Energiesteigerungen in der Sphäre des Beruflichen und Sozialen in Betracht, die größere Leistungen mit Nachdruck bewältigen lassen.

über die guten Winkel der Sonne:

In der Regel Steigerungen der Energie auf beruflichem und vielleicht auch wirtschaftlichem Gebiete unter günstigen Vorbedingungen. Der Übergang fördert in der Regel überall dort, wo es sich um Machtfragen handelt und steigert die Kräfte im Kampf. Der direkte Übergang über die Sonne ist in der Regel als ungünstig anzusehen, kann aber unter besonderen Umständen auch günstige Wirkungen entfalten, so z. B., wenn zwischen Mars und Sonne im Geburtshoroskop ein guter Winkel vorliegt oder wenn gleichzeitig andere starke Planeten günstige Winkel zur Sonne bilden, zumal dann, wenn zwischen diesen Planeten und dem Mars bereits im Geburtshoroskop günstige Winkelverbindungen bestanden.

über die schlechten Winkel der Sonne:

Unvorsichtigkeit und Heftigkeit bewirken Konflikte, Störung, auch gelegentlich Unfälle und Verletzungen, Machtfragen finden unter solchen Übergängen in der Regel keine Förderung. Häufig akute Erkrankungen, Infektionen.

---

*) Vgl. Anmerkung S. 92.

über die guten Winkel des Mondes:

Nur selten von größerer Bedeutung, in der Regel macht sich größere Unternehmungslust bemerkbar und die äußeren Umstände begünstigen dann oft die Tätigkeit, vermutlich, weil sie zur rechten Zeit und am rechten Platz einzusetzen vermochte.

über die schlechten Winkel des Mondes:

Konflikte in der familiären, internen, häuslichen Sphäre, Reizbarkeit und Erregbarkeit, gelegentlich auch akute Erkrankung.

über die guten Winkel des Merkur:

Dieser Übergang macht sich besonders in der äußeren beruflichen Tätigkeit bemerkbar, wo klare gedankliche Leistung und rascher geistiger Entschluß oftmals eine Förderung herbeizuführen vermag.

über die schlechten Winkel des Merkur:

Wenn überhaupt von Bedeutung, was aus Radix- und Solarhoroskop zu ersehen wäre, so ergibt sich leicht eine Neigung zur Übertreibung, zur Übereilung in gedanklicher und sprachlicher Hinsicht und dementsprechend auch Tendenz zum Konflikt und zu Fehlschlägen. Der aufrichtige Mensch wird unter solchen Übergängen leicht getäuscht, der zur Lüge neigende tendiert jedoch dabei besonders stark zur Lüge und zum Betrug.

über die guten Winkel der Venus:

Stärkere Anregungen auf erotischem und gesellschaftlichem Gebiet, verstärkte Tendenz zum Genuß, zum Vergnügen.

über die schlechten Winkel der Venus:

Sofern durch Radix- und Solarhoroskop keine Erschwerung vorliegt, wird man in der Regel nicht viel mehr bemerken, als bei den günstigen Übergängen, vielleicht mit dem Unterschied, daß der körperliche und seelische Kraftverbrauch etwas größer sein wird. Liegen aber erschwerende Umstände vor, so können unangenehme Konflikte und Situationen in der erotischen Sphäre entstehen, Sinnlichkeit führt zu Entgleisungen, zu Ausschweifungen, zu Konflikten, Eifersucht und Verführung sind dann häufiger zu beobachten. In besonderen Fällen werden auch Fehlgeburten, Frühgeburten usw. beobachtet.

über die guten Winkel des Mars:

Ganz allgemein günstiger Einsatz der Kräfte im aktiven Leben, je nach der Marsposition im Geburtshoroskop zu beurteilen. Der Übergang des Mars über seinen eigenen Platz im Geburtshoroskop fällt in der Regel zusammen mit dem Abschluß einer kleineren Lebensperiode und dem Beginn einer neuen. Meist handelt es sich um Dinge, die mit dem beruflichen und sozialen Leben zusammenhängen. Häufig wird aber auch eine gesundheitliche Störung feststellen sein.

über die schlechten Winkel des Mars:

Tendenz zum Konflikt, zu spontanen, impulsiven Handeln unter ungünstigen Umständen, hin und wieder auch Unfälle und Erkrankungen, deren Schwere bis zu einem gewissen Grade aus der Radix- und Solarkonstellation zu ersehen ist.

über die guten Winkel des Jupiter:

Ganz allgemein gute Periode, Steigerung der Aktionskraft und des Begeisterungsvermögens, in der Regel so eingesetzt, daß äußere Erfolge möglich und greifbar werden. Nicht selten sahen wir besondere Erfolge auf wirtschaftlichem Gebiete. Die Konjunktion des laufenden Mars mit dem Radix-Jupiter ist in der Regel auch als günstig zu bezeichnen, es sei denn, Mars und Jupiter stünden im Radix oder im Solar in kritischen Winkeln zueinander, oder Mars habe vom Geburtshoroskop her krankheitsbezügliche Bedeutung, während Jupiter maximal bedeutsam die Konstitution verträte. Aber auch im umgekehrten Falle wäre wohl eine gesundheitliche Störung möglich. Ganz eindeutig fördernd wirkt der direkte Übergang natürlich, wenn Mars und Jupiter einen guten Winkel im Geburtshoroskop oder in der Solarfigur zueinander bilden.

über die schlechten Winkel des Jupiter:

Konflikt, Exzeß, Anstrengung, Erregung, falls Radix- oder Solarhoroskop diesem Übergang Bedeutung verleihen.

über die guten Winkel des Saturn:

In der Regel wirkt dieser Übergang nicht allzu kräftig, wenn aber Mars und Saturn im Radix- oder Solarhoroskop gute Winkel zueinander bilden, so kann er doch stärkeren Einfluß ausüben. Er begünstigt zähen Energieeinsatz und ernste Arbeit bzw. menschliche Verbindungen, die sich dabei ergeben.

über die schlechten Winkel des Saturn:

In der Regel Konflikte, aber häufig auch Erkrankungen und manchmal Verletzungen. Der direkte Übergang des Mars über den Saturn ist fast immer als ungünstig zu bezeichnen. Wenn im Geburtshoroskop oder in der Solarfigur gute Saturnwinkel vorliegen, mag der direkte Übergang gelegentlich auch günstig zu beurteilen sein, aber wahrscheinlich bleiben dann ungünstige Nebenwirkungen auch nicht ganz aus. Größere Wirkung wird den schlechten Marstransiten zum Saturn natürlich auch nur dann zukommen, wenn Radix- und Solarhoroskop entsprechende Andeutungen ergeben. Im übrigen richtet sich hier, wie immer, die mögliche Aussage nach den Felderstellungen des Saturn und des Mars im Geburtshoroskop.

über die guten Winkel des Uranus:

Wenn durch besondere Umstände bedingt, von größerer Bedeutung, dann in der Regel glücklicher Einsatz der Energie im Dienste der Selbständigkeit und Freiheit und je nach den Feldern, in denen sich der laufende Mars bzw. der Radix-Uranus befinden.

über die schlechten Winkel des Uranus:

Konfliktstimmung und manchmal dementsprechende Störungen und Nachteile, nicht selten Unfallsneigung. Der direkte Übergag des Mars über den Uranusplatz der Geburt ist in der Regel als ungünstig zu bezeichnen.

104

über die guten Winkel des Neptun:

Spezifische Wirkungen wurden selten beobachtet. Wenn das Geburts-
horoskop (womöglich durch das Solarhoroskop unterstützt) gute Mars-Neptun-
Verbindungen an starker Stelle aufweist, so ist die Deutung aus den Mars- und
Neptunpositionen des Geburtshoroskopes zu entnehmen.

über die schlechten Winkel des Neptun:

Wenn durch die Verhältnisse im Radix- und Solarhoroskop von Bedeutung,
dann vielfach Tendenz zur Unzufriedenheit, zerrissene Stimmung, Selbsttäuschungen, verworrenes Handeln, Gefahr ungünstiger Beeinflussung. Moralisch gefährdete Typen verwickeln sich in dieser Zeit besonders leicht in Lüge
und Betrug u. dgl. Der direkte Marsübergang über den Neptunplatz muß als
ungünstig gelten. In Ausnahmefällen mag er vielleicht als günstig bezeichnet
werden müssen, beobachtet habe ich das freilich noch nicht.

Die Übergänge des laufenden Jupiter

wirken in der Regel schon stärker als diejenigen der vorgenannten
Planeten, aber natürlich hängt es auch davon ab, inwiefern Geburts-
und Solarhoroskop die Wirkung des jeweiligen Planetenüberganges
verstärken oder abschwächen. So kann unter besonderen Umständen ein Venustransit stärker wirken als ein Jupiterübergang, aber
von den besonderen Umständen abgesehen, verhält es sich umgekehrt. Chrakteristisch für fast alle Jupiterübergänge ist die Tendenz zur Expansion, die sich auf den Gebieten bemerkbar macht,
die durch den Übergang betroffen werden. Die Expansion kann nun
eine berechtigte, organische und gesunde sein und tritt dann in der
Regel bei sogenannten guten Übergängen in die Erscheinung, sie
kann aber auch unberechtigt, übertrieben, unbesonnen vor sich
gehen und dann entsprechende Rückschläge auslösen. Das wird
besonders bei den ungünstigen Übergängen zu beobachten sein. Wie
schon bei den Transiten der oben besprochenen Planeten, so ist es
auch hier von großer Bedeutung, die Geschwindigkeit und Dauer
des Überganges zu berücksichtigen. Je größer die Schnelligkeit des
Überganges, um so geringer in der Regel der Effekt. Langsame
Übergänge und stationäres Verweilen auf Radixplanet oder dessen
Aspekten wirkt am kräftigsten. Freilich können besondere Verhältnisse der Radix- und Solarfigur auch dem schnellen Übergang
größeren Nachdruck in der Wirkung vermitteln.

über die guten Winkel des Aszendenten*):

Erhöhung der schöpferischen Kräfte und damit der Erfolgsmöglichkeiten im sozialen Leben, aber auch Steigerung der konstitutionellen Energie. Wir haben häufig beträchtliche Gewichtszunahmen bei solchen wie bei vielen anderen guten Jupiterübergängen beobachtet. Im Krankheitsfalle kann dies von größerer Bedeutung sein. Die stärkste Wirkung geht zweifellos vom direkten Übergang des Jupiter über den Aszendententierkreisort aus. Freilich hängt dann der Effekt nicht unwesentlich von Planetenaspekten ab, die sich dort befinden, in der Regel, d. h. wenn besondere Umstände nicht vorliegen, überwiegt dennoch das fördernde Moment.

über die schlechten Winkel des Aszendenten*):

Deutliches wurde hier selten beobachtet, nur beim direkten Übergang des laufenden Jupiter über den Aszendentenort, wenn schlechte Planetenaspekte darauf lagen, kamen kritische Wirkungen zur Geltung, nicht selten auf gesundheitlichem Gebiete, oft aber auch infolge zu starker expansiver Bestrebungen des Individuum. Schädigungen durch übertriebenen Genuß.

über die Winkel des M. C.*):

Der direkte Übergang über das M. C. macht sich meist in glücklicher Weise bemerkbar und fördert oft nicht unwesentlich auf sozialem Gebiet, natürlich können sehr schlechte Winkelverhältnisse an dieser Stelle den günstigen Effekt auch illusorisch machen. Die übrigen Winkel zum M. C. scheinen nur geringe Wirkungen auszulösen.

über die guten Winkel der Sonne:

Starke Expansion, je nach der Sonnenposition im Geburtshoroskop und nach der Jupiterbedeutung zu beurteilen. Im ganzen besonders fördernd in sozialer Hinsicht, im Kontakt mit sozialen Institutionen und damit verbunden oft auch wirtschaftliche Begünstigungen. Nicht selten wird aber auch soziale Legitimierung erotischer Verbindungen angestrebt, und im Horoskop der Frau werden häufig besonders bei der Konjunktion des laufenden Jupiter mit der Sonne Schwangerschaft und Geburt ausgelöst.

über die schlechten Winkel der Sonne:

Expansionsversuche zu unrechter Zeit am unrechten Ort und dementsprechend Hemmungen und Störungen, welche die soziale Stellung, oft auch das Verhältnis zum sozialen Organismus betreffen. Die alte Astrologie sprach hier (wie aus diesem Zusammenhang hervorgeht, nicht ganz mit Unrecht, wenn auch ohne Kenntnis des Zusammenhangs) von Schwierigkeiten mit Behörden, Gerichten und Vorgesetzten. Die Konjunktion des laufenden Jupiter mit der Radixsonne ist einwandfrei gut nur dann, wenn zwischen Jupiter und Sonne im Geburtshoroskop oder auch in der Solarfigur kein schlechter Aspekt besteht. Im anderen Falle machen sich zwar auch günstige Wirkungen bemerkbar, aber häufig werden die ungünstigen dabei überwiegen.

---

*) Vgl. Anmerkung S. 92.

über die guten Winkel des Mondes:

Von der besonderen Felderstellung des Mondes abgesehen, die diesen Übergängen natürlich noch besondere Tendenzen gibt, zeigt sich vor allen Dingen eine Begünstigung des Erlebens in familiärer, persönlicher, interner Hinsicht. Nicht selten kommen Schwangerschaft und Geburt bei Frauen vor. Die Konjunktion ist nur dann einwandfrei günstig, wenn zwischen Mond und Jupiter in der Radixfigur oder auch im Solarhoroskop keine ungünstigen Winkelverbindungen bestehen.

über die schlechten Winkel des Mondes:

Störungen und Disharmonien auf internem persönlichen Gebiete, in den Beziehungen zur Familie, oftmals aber auch der sozialen und wirtschaftlichen Lage nicht angemessene Expansionsversuche. Auf familiärem und häuslichem Gebiet in Sonderfällen ungeordnete Beziehungen zu Frauen, Verschwendung.

über die guten Winkel des Merkur:

Fruchtbare Ideen je nach der Persönlichkeit und Lebensstellung auf wissenschaftlichem, literarischem oder kaufmännischem Gebiet, in der Regel mit Erfolgsaussichten wegen richtiger Beurteilung der Sachlage.

über die schlechten Winkel zum Merkur:

Dieser Übergang wird in der Regel nicht sehr wirksam sein, wenn nicht im Geburts- oder Solarhoroskop stärkere Momente für die größere Wirksamkeit des Überganges sprechen und dann entscheidet die Felderposition des Merkur und die Jupiterbedeutung des Geburtshoroskopes. Im allgemeinen etwas ungeordnete Gedankengänge und entsprechend Möglichkeiten von praktischen Nachteilen, oft übrigens auch gedankliche Trägheit, manchmal zeitlich falsch angesetzte Reisepläne. Der Übergang des laufenden Jupiter über den Merkurort kann als grundsätzlich günstig bezeichnet werden, aber naturgemäß können Konstellationen des Geburts- und Solarhoroskops ihm auch eine ungünstige Bedeutung geben.

über die guten Winkel der Venus:

In Geselligkeit und Gemeinschaft glücklicher Persönlichkeitseinsatz und dem folgend nicht selten Vorteile. Begünstigung des Verhältnisses zur Frau. Gesteigertes und harmonisches Erleben in der Liebe. Für Künstler vermutlich eine Zeit gesteigerter Phantasie und gelöster freier Tätigkeit. Die ästhetischen Wünsche nehmen zu. Das Bedürfnis nach Schönheit, Luxus und Genuß erfährt eine Steigerung und kann gewöhnlich auch befriedigt werden.

über die schlechten Winkel der Venus:

Gesteigerte Sinnlichkeit und Genußliebe führen leicht einmal zu Verschwendung, zu übertriebenem Aufwand. Es ergeben sich häufig Störungen in den erotischen Beziehungen und Disharmonien im Verhältnis zu Frauen.

über die guten Winkel des Mars:

Diese Übergänge sind ähnlich zu beurteilen wie die Marstransite zu den guten Jupiterwinkeln, nur wirken sie, von besonderen Umständen des Geburts- und Solarhoroskopes abgesehen, stärker. Der direkte Übergang des laufenden Jupiter über den Marsplatz der Geburt kann meist als günstig gelten und zeitigt oft wirtschaftlich-soziale Erfolge. Nur wenn zwischen Mars und Jupiter im Radix- oder im Solarhoroskop ungünstige Winkelverbindungen bestehen, muß der direkte Übergang als schlecht bezeichnet werden.

über die schlechten Winkel des Mars:
Impulsives Handeln führt leicht Konflikte, Störungen und Nachteile herbei, nicht selten wird auch eine gesundheitliche Störung akuter Natur auftreten. Überanstrengung.

über die guten Winkel des Jupiter:
Zeigen sich als günstig zu bezeichnende Wendungen seelischer und materieller Natur. Der Übergang über den eigenen Platz im Geburtshoroskop wird in den meisten Fällen stärkere Umstellungen zeitigen, einen längeren Lebensabschnitt beendigen, einen neuen einleiten. Das von der Umstellung besonders berührte Lebensgebiet ergibt sich dann aus der Felderstellung des Jupiter-Radix. Von größter Bedeutung ist der Übergang über den eigenen Platz, wenn Jupiter im ersten Felde steht oder maximal bedeutsam ist.

über die schlechten Winkel des Jupiter:
Hemmungen, Schwierigkeiten, Störungen, die nicht selten auch auf sozialem, beruflichem und wirtschaftlichem Gebiet fühlbar werden.

über die guten Winkel des Saturn:
Ohne genaue Kenntnis der Felderposition läßt sich eigentlich nichts Bindendes aussagen. Expansive Tendenzen werden auch hier beobachtet, und auch auf das beruflich-wirtschaftliche Tun wirkt der Übergang gewöhnlich fördernd ein, nicht selten im Zusammenhang mit familiären Verhältnissen. Festigende Tendenzen. Der direkte Jupiterübergang über den Radix-Saturn wird in der Regel als günstig zu bezeichnen sein, zumal wenn Jupiter und Saturn im Geburtshoroskop harmonische Aspekte bilden. Er kann aber auch ungünstig werden, wenn Saturn und Jupiter im Geburtshoroskop sich gegenseitig schlecht aspektieren, oder aber konstitutions- und krankheitsbezüglich sind.

über die schlechten Winkel des Saturn:
Schwierigkeiten, Hemmungen, je nach der Radixbedeutung von Jupiter und Saturn. Im besonderen Falle auch gesundheitliche Störungen, vor allem wohl des Stoffwechsels.

über die guten Winkel des Uranus:
Spontane Leistungssteigerung, verwertbare Intuitionen, nicht selten auch auf wirtschaftlichem Gebiet, unvermittelte Berührung mit ungewöhnlichen Menschengruppen infolge psychischer Aufnahmebereitschaft. Der direkte Jupiterübergang über den Uranus ist zumal dann günstig, wenn harmonische Aspekte zwischen beiden Planeten im Geburtshoroskop vorlagen. Im anderen Falle kann der Übergang sehr kritisch wirken.

über die schlechten Winkel des Uranus:

Spontane Sperrungen mit entsprechenden Konsequenzen, persönlichen Disharmonien, fehlerhafte Vorausschau, zeitlich falscher Ansatz in die Zukunft greifender Handlungen, in besonderen Fällen auch akute Erkrankungen und manchmal ein Hineinwagen in gefährliche Situationen.

über die guten Winkel des Neptun:

Die Wirkung dieser Übergänge tritt zum mindesten nach außen hin nur selten in die Erscheinung. Wie die Wirkungen tatsächlich beschaffen sind, ist überaus schwer zu sagen, — sie dürften die Phantasietätigkeit anregen und das Gefühl weiten und in Konsequenz religiösen und mystischen Bestrebungen näherbringen. Innewerden eigentümlicher Erlebniszusammenhänge. Im ganzen vermutlich nur bei seelisch stark entwickelten Persönlichkeiten in dieser Richtung wirksam. Sonst nach der Jupiter- und Neptunstellung im Geburtshoroskop zu beurteilen. Die Wirkung des direkten Überganges wird davon abhängen, ob das Geburtshoroskop harmonische oder disharmonische Winkelverbindungen zwischen Jupiter und Neptun aufweist.

über die schlechten Winkel des Neptun:

Wenn Neptun nicht besonders stark gestellt ist und zwischen Jupiter und Neptun keine schlechte Winkelbeziehung besteht, wird der Übergang wohl keine nennenswerte spezifische Wirkung auslösen. Besteht aber eine schlechte Verbindung im Geburtshoroskop, dann kann allerdings mit Schwierigkeiten gerechnet werden. Bei seelischen unausgeglichenen und gefährdeten Typen ergibt sich in der Regel eine größere Verführbarkeit und Beeinflußbarkeit, besonders dunklen antisozialen Kräften gegenüber. Die Gefahr, in „Schiebungen" verwickelt zu werden, ist größer als sonst. Bei gefestigten Typen mit schlechten Jupiter-Neptun-Aspekten im Radix kommen Selbsttäuschungen in Frage, die, wenn auch nicht immer, so doch auch nicht selten, die Gefahr mit sich bringen, Menschen und Dinge falsch einzuschätzen und dadurch Schaden zu erleiden.

Die Übergänge des laufenden Saturn

machen sich gewöhnlich ziemlich stark bemerkbar, zumal auch, weil sie lange anhalten. Die Wirkungen gehen stets auf Beschränkung und Abgrenzung. Die ungünstigen Übergänge kommen stärker, oder besser gesagt, greifbarer zur Geltung als die günstigen. Die günstigen Übergänge dürfen keinesfalls unterschätzt werden, sie haben große stabilisierende Bedeutung für das Seelenleben, treten aber in ihren Konsequenzen nach außen hin nicht so stark in die Erscheinung. Die inneren Umschichtungen, die mit den guten Übergängen zusammenhängen, gehen auf Begrenzung und Stabilisierung, nicht auf Expansion im eigentlichen Sinn. Diese günstige

Wirkung auf die innere Haltung des Menschen haben übrigens auch bei entsprechend entwickelten Individuen die schlechten Saturn-übergänge, wenn sie dann auch gewöhnlich von recht kritischen Nebenumständen begleitet werden. Die jeweilig verschiedene Dauer der Saturnübergänge ist wie bei den anderen Planeten von nicht zu unterschätzender Bedeutung für den eigentlichen Effekt. Schnelle Übergänge wirken erheblich schwächer als langsame. Sehr stark hervortretende Effekte kommen bei stationärem Saturn auf schlechten Winkeln des Geburtshoroskopes vor. Charakteristisch scheint auch die häufig verzögerte Saturnwirkung zu sein. Der eigentliche Effekt (besonders, wenn es sich um den ungünstigen handelt) tritt oft erst in der letzten Phase des Transits ein und wirkt dann noch verhältnismäßig lange nach, wenn auch kein genauer Übergang mehr vorhanden ist.

über die guten Winkel zum Aszendenten*):

In der Regel kaum fühlbare Effekte, wahrscheinlich Festigung im Psycho-Physischen. Der direkte Übergang über den Aszendenten muß als ungünstig bezeichnet werden, zum mindesten kommen selbst bei guten Aspekten an der Aszendentenstelle neben günstigen Wirkungen zugleich auch ungünstige vor.

über die schlechten Winkel zum Aszendenten*):

Besonders wirksam, wenn schon im Geburtshoroskop oder auch nur in der Solarfigur eine schlechte Verbindung zwischen Aszendent und Saturn bestand. Der direkte Übergang zeigt in der Regel den stärksten Effekt, der sich in psychischer Depression und in gesundheitlicher Störung meist von längerer Dauer zeigt. Aber auch sonst werden eigentümliche Dinge beim direkten Übergang beobachtet. Es ist, als ob die Folgen vergangenen Handelns in dieser Periode sich zusammendrängten und zu schwierigen Umstellungen nötigten, so daß auch auf beruflich-wirtschaftlichem Gebiete mitunter sehr schmerzliche Erfahrungen gemacht werden, dazu kommt, daß die seelische Haltung mit ihrer Depression eine gewisse Vereinsamung hervorruft und bei mangelndem Kontakt mit der Umwelt nur schwer Hilfe erlangt werden kann. Das vom Übergang betroffene Individuum hat, wie übrigens oft auch bei anderen Saturnübergängen das Gefühl, daß sich alles gegen ihn wendet oder von ihm fortstrebt, in Wirklichkeit ist es gewöhnlich die eigene seelische Haltung, die Hilfe verhindert. Bei starken Individuen macht sich die Depression in Erbitterung, Härte, verhaltenem Zorn und Neid bemerkbar.

Die Quadraturen des laufenden Saturn auf den Aszendenten wirken gewöhnlich nicht so stark wie die Konjunktion, zeitigen zwar auch Depressio-

---

*) Vgl. Anmerkung S. 92.

nen, Krankheit, haben aber häufig auch mit anderen Dingen zu tun. Das Feld über dem sich der laufende Saturn befindet, gibt das eigentliche Wirkungsgebiet ab. Sorgen, die aus der Verbindung mit verwandten Menschen entstehen, sind beim Übergang des Saturn über die vier Eckpunkte häufig zu beobachten (Erbbezüglichkeit der Eckfelder!).

über die guten Winkel des M. C.*):

Die Wirkung ist nicht allzu greifbar, läuft aber wohl auf Festigung, speziell in der äußeren Handlungsspäre, hinaus. Der direkte Übergang über das M. C. ist in der Regel als ungünstig zu bezeichnen und zeitigt Krisen, die aus dem äußeren Tun stammen. Nur bei ganz guten Winkelverbindungen der Planeten kann der direkte Übergang auch entgegengesetzte, also fördernde, weil stabilisierende und realisierende Effekte hervorbringen. Die Opposition zum M. C. wirkt als Konjunktion mit der Spitze des vierten Feldes und dürfte in der Regel Störungen interner und familiärer Natur bedingen, die meist mit Erkrankungen zusammenhängen. Todesfälle sind nicht selten, aber natürlich nicht prognostizierbar und kommen übrigens auch beim Saturnübergang über das M. C. häufig vor. Die Quadraturen zum M. C. sind weniger wirksam, üben aber doch meist einen nachteiligen Einfluß auf die äußere Tätigkeit aus.

über die guten Winkel der Sonne:

Festigung und Begrenzung der Auffassung, gewöhnlich ernste, aber nicht deprimierte Stimmung, die einer kontinuierlich festen Lebenshaltung förderlich sind. Infolgedessen ergibt sich oftmals günstig wirkender Anschluß an gereiftere ernste Persönlichkeiten. Wenn zwischen Sonne und Saturn im Geburtshoroskop ein Aspekt, sei es auch ein schlechter, vorliegt, wird das Individuum den Einfluß verhältnismäßig stark empfinden, wenn auch die Umwelt vielleicht keine greifbaren Wirkungen feststellen kann.

über die schlechten Winkel der Sonne:

Seelische Hemmung, Depression, verbunden mit Tendenz zur Eigensinnigkeit, infolgedessen häufig mangelhafter Kontakt mit der Umwelt und enttäuschtes Machtstreben, das in solchen Perioden ungesunde Formen annehmen kann. In der Folge weiter meist Konflikte, Kompetenzstreitigkeiten, Rivalitäten, Vereinsamung und häufig auch schädliche Wirkungen auf die soziale Lage. Sehr oft Krankheiten von längerer Dauer, die gewöhnlich vom Sonnenzeichen her zu beurteilen sind. Das Zeichen, in dem sich der laufende Saturn befindet, ist aber doch nicht bedeutungslos. Wie bei allen Saturntransiten ungünstigen Charakters, Neigung zu Gewichtsverlust, zu Erkältungen, zur Verlangsamung des Stoffwechsels und der Darmtätigkeit. Häufig wird unter diesem und ähnlichem deprimierenden Saturneinfluß Trost im Rausch gesucht — vielleicht mit Recht!

Die Konjunktion des laufenden Saturn mit der Radix-Sonne muß in der Regel als ungünstig bezeichnet werden, ja, sie ist es gewöhnlich in noch viel

---

*) Vgl. Anmerkung S. 92.

höherem Maße als die Quadraturen und Oppositionen. Im Ausnahmefall, wenn z. B. Saturn im Geburtshoroskop einen günstigen Winkel mit der Sonne bildet, und der laufende Jupiter, der im Radix gut mit Saturn und Sonne verbunden war, gleichfalls im günstigen Winkel zur Sonne steht, kann auch die Konjunktion von günstiger Bedeutung sein. Es richtet sich dann alles nach den Sonnen- und Saturnpositionen in der Geburtsfigur.

über die guten Winkel des Mondes:

Seelische Festigung, solides Verhalten und darum nicht selten Förderung auf familiärem und sozialem Gebiet, besonders dort, wo diese Haltung den Erfolg begünstigt. Gewöhnlich werden die Effekte nicht sehr greifbar zutage treten, weil irgendwie begrenzende Handlungen den Ausschlag geben. Stärkung allen Strebens, das auf Sparsamkeit, Einteilung, Festlegung hinausläuft.

über die schlechten Winkel des Mondes:

Nicht selten Krankheit, Erkältung, aber oft auch Sorgen, die sich aus ungünstigen Körperschicksalen verwandter Menschen ergeben. Der direkte Übergang des laufenden Saturn über den Mondplatz ist fast immer mit depressivem Erleben verbunden und wirkt manchmal sehr einschneidend.

über die guten Winkel des Merkur:

Stärkere Anpassung der Gedankentätigkeit an Erfahrung und Logik, daher nicht selten Förderung der beruflichen und äußeren Tätigkeit durch Sorgfältigkeit, Genauigkeit, Vorsicht, durch vertiefte gedankliche Arbeit. Für die praktische Tätigkeit dürfte der direkte Saturnübergang über den Merkur ungünstig zu bewerten sein, da er mehr verinnerlicht. Für geistiges und wissenschaftliches Arbeiten wird er aber eine Förderung bedeuten können.

über die schlechten Winkel des Merkur:

Anscheinend sehr wechselnde Wirkungen. Es liegt ein gewisser Druck auf der intellektuellen Sphäre, der psychische Depressionen auslöst, der aber doch für Arbeiten, die nicht unmittelbar praktischen Zwecken dienen, also z. B. für denkerische und wissenschaftliche Leistungen starken, wenn auch gelegentlich etwas unlustbetonten Anreiz bedingt. Für das praktische Tun ist die depressive Note ungünstig, gelegentlich wird zu vorsichtig und ängstlich vorgegangen und mangelnde Beweglichkeit des Denkens kann auch peinliche Irrtümer und Fehleinschätzungen verursachen. Im übrigen nach der Felderstellung des Merkur im Geburtshoroskop zu beurteilen.

über die guten Winkel der Venus:

Festigung in der Gefühlssphäre, sonst nach Venus- und Saturnbedeutung der Radixfigur. Die speziellen Wirkungen sind nicht sehr charakteristisch. Der direkte Übergang des Saturn über die Radix-Venus darf als ungünstig gelten.

über die, schlechten Winkel der Venus:

Wenn Venus oder Saturn krankheits- oder konstitutionsbezüglich sind, beobachtet man Nieren- und Sexualleiden, bei Frauen manchmal Störungen der Schwangerschaft und Menstruation. Die gesundheitlich ungünstige Wirkung dieser Übergänge macht sich bei Frauen in eigentümlich starker Weise fühlbar. Auch andere Krankheitstendenzen von Saturncharakter kommen sehr häufig vor. In seelischer Beziehung zeigen sich oftmals Abirrungen auf erotischem Gebiet und ausgesprochene Störungen bzw. Konflikte im erotischen Leben, oftmals von peinlichem Charakter. Das Verhältnis zur weiblichen Umwelt ist gestört.

über die guten Winkel des Mars:

Stabilisierende Einflüsse auf die Willenstätigkeit, die dadurch eine kontinuierliche Durchschlagskraft erhält. Entsprechend Erfolge, meist in Verbindung mit zäher Arbeit und gewöhnlich Anerkennung solcher Leistungen. Besonders bedeutsam natürlich auf entsprechenden Gebieten, aber auch auf denen, die durch die Mars- und Saturnstellung des Geburtshoroskopes angedeutet werden. Der direkte Übergang des laufenden Saturn über den Radix-Mars wird wohl immer kritische Effekte zeigen, wenn auch in besonders günstigen Fällen etwa bei gutem Mars-Saturn-Aspekt im Geburtshoroskop gleichzeitig gute Wirkungen ausgelöst werden könnten.

über die schlechten Winkel des Mars:

In der Regel gesundheitliche Attacken, auch Unfälle und Verletzungen, wahrscheinlich bedingt durch das persönliche Verhalten. Im übrigen Tendenz zu Konflikten, Verwickelungen in gefährliche Situationen, gereizte heftige Stimmung.

über die guten Winkel des Jupiter:

Anstrengungen, die auf Festigung der sozialen Lage hinauslaufen, im allgemeinen günstige Periode mit langsamen gleichmäßigen und ausgeglichenen Förderungen. Praktisch nur im Zusammenhang mit der Jupiter- und Saturnbedeutung des Geburtshoroskopes deutbar. Der direkte Übergang des laufenden Saturn über den Radix-Jupiter dürfte in seiner Wirkung abhängig sein von dem Verhältnis der beiden Planeten im Radixhoroskop.

über die schlechten Winkel des Jupiter:

Hemmungen und Störungen, die in der Regel nur aus der besonderen Felderstellung im Einzelfalle hervorgehen, nicht selten Konflikte mit der sozialen Umwelt oder mit sozialen Institutionen.

über die guten Winkel des Saturn:

In mancher Hinsicht Einleitung neuer Lebensabschnitte, Neuregelungen alter Verhältnisse, allgemeine Stabilisation, der spezielle Charakter ergibt sich aus der Saturnstellung des Geburtshoroskopes. Der direkte Übergang des Saturn über seinen eigenen Platz entspricht einer wichtigen Zeit seelischer Bilanz, gewisse Auffassungen sind ausgereift und bestimmen den Eingang in eine neue Lebensperiode. Nicht selten ist damit auch ein äußerer Wechsel verbunden, aber notwendig ist dieser gewöhnlich nicht. Beim direkten Übergang ist natürlich zu beobachten, ob Saturn im Geburtshoroskop gut gestellt war, dann pflegt die Übergangsperiode verhältnismäßig reibungslos zu verlaufen, wenn auch Abgrenzungstendenzen mit ihren Schwierigkeiten unverkennbar sind. Bei schlechtem Saturnstand pflegt die Übergangsperiode mit schwierigen Schicksalen einherzugehen, wie sie für die schlechten Saturntransite über den eigenen Ort beschrieben werden. Die Felderstellung des Radix-Saturn ist gewöhnlich kennzeichnend für die Charakteristik des sich aus der inneren Wendung ergebenden Schicksals.

über die schlechten Winkel des Saturn:
Vielfach Krankheit und Todesfälle auf familiärem Gebiet, sonst Schwierigkeiten, die durch die Felderstellung des Radix-Saturn und durch das Feld, über dem der laufende Saturn sich befindet, charakterisiert werden. Im ganzen eine ungünstige Periode, die in der Regel die Folgen früher begangener Fehler und Irrtümer zur Auslösung bringt.

über die guten Winkel des Uranus:
Vertiefte Konzentration, der Erfolg der eigenen angestrengten Arbeit kann trotzdem spontan auftreten, genauere Hinweise sind nicht möglich, da das individuelle Horoskop entscheidet. Der direkte Übergang des laufenden Saturn über den Uranus-Radix wird in der Regel als ungünstig zu bezeichnen sein, zum mindesten wird das Erleben als kritisch empfunden, wenn auch bei guten Radixverhältnissen von Saturn und Uranus gleichzeitig günstige Wirkungen vorhanden sein mögen.

über die schlechten Winkel des Uranus:
In der Regel ernstere Depressionen, seelische Hemmung und Sperrung, als Folge davon nicht selten Konflikte, aber auch Unfälle, Verletzungen und Erkrankungen. Die Stellung des Uranus im Geburtshoroskop ist ausschlaggebend. Häufig Neigung zu übertriebener Kritik und zur Destruktion.

über die guten Winkel des Neptun:
Diese Aspekte werden selten greifbare Effekte zeitigen. Es ist auch schwer, anzugeben, was sie grundsätzlich bedeuten. Die Förderung liegt wohl vorwiegend auf seelisch-geistigem Gebiet, meist ohne charakteristische Auswirkung auf die äußere Tätigkeit und auf die Beziehungen zur Umwelt.

über die schlechten Winkel des Neptun:
Gelegentlich verwirrende Momente, in besonderen Fällen Psychosen, Neurosen, seelische Komplikationen, die das Verhältnis zur Umwelt ungünstig beeinflussen, häufig auch enttäuschte Illusionen in bezug auf Menschen der Umwelt, manchmal Gefahr, durch Beziehungen oder Verhalten in Verleumdungen hineingezogen zu werden. Die Konjunktion des laufenden Saturn mit dem Radix-Neptun ist grundsätzlich ungünstig.

Die Übergänge des laufenden Uranus

sind in der Regel von großer Wirksamkeit und erstrecken sich über eine längere Zeitdauer. In der seelisch-geistigen und in der körperlichen Sphäre lösen die Uranus-Transite recht beträchtliche Umwälzungen aus, und zwar in einer Weise, die sich sehr von den Wirkungsformen der Saturn-Transite unterscheidet. Es liegt tatsächlich etwas Überraschendes, ungemein Spontanes in der Wirkungsweise. Die lähmende Wirkung, die man bei Saturn-Transiten häufig beobachtet, ist hier nicht zu erkennen, im Gegenteil ergeben sich starke, ja überstarke Anreize und auch die äußerlich erkennbaren Zeichen der Umwälzung, der Veränderung sind selbst bei günstigen Uranus-Transiten recht greifbar und deutlich. Hier, wie bei allen Transiten, ist das Geschwindigkeitsmoment ziemlich ausschlaggebend. Zwar kehrt Uranus meist mehrmals auf dieselbe Aspektstelle zurück, aber die ganz starken Effekte treten auf, wenn Uranus auf dem Planetenwinkel stationär ist. Man muß allerdings bei der genauen zeitlichen Festlegung etwas Vorsicht und Zurückhaltung üben, der Orbis scheint besonders bei den direkten Übergängen über die als feststehend gedachten Planetenorte des Geburtshoroskopes sehr groß und dürfte bei Sonne und Mond z. B. und wahrscheinlich auch beim Aszendenten bis zu 5 Grad reichen.

über die guten Winkel des Aszendenten*):
Starke psychische Steigerung, in der Regel euphorische Periode, starke seelische Wachheit und ungewöhnliche Aufnahmefähigkeit, Neigung zu inneren Umstellungen, daher neue Interessengebiete und entsprechende Berührungen in der menschlichen Umwelt; wirkt besonders stark natürlich, wenn bereits im Geburtshoroskop im Aspekt zum Aszendenten und nach der besonderen Uranusbedeutung, wie sie aus der Felderstellung des Uranus-Radix hervorgeht. Wesentlich für die nähere Kennzeichnung der vom Transit beeinflußten Lebensgebiete ist aber auch das Radixfeld, über dem sich der laufende Uranus gerade befindet. Der direkte Übergang kann bei günstigen Planetenaspekten an dieser Stelle auch als günstig bezeichnet werden. In der Regel machen sich aber auch dann noch einige kritische Nebenwirkungen bemerkbar.

über die schlechten Winkel des Aszendenten*):
Nervosität, Reizbarkeit, seelische Spannung und Sperrung, nicht selten wohl auch bedingt durch rein körperliche Vorgänge, Tendenz zu Unfällen, besonders, wenn das Geburtshoroskop allgemeine Disposition dafür verrät.

---

*) Vgl. Anmerkung S. 92.

Neigung zu übereilten Entschlüssen und Handlungen nach einseitigen Einfällen, Stimmungen, oder auch als bloße Reaktion auf quälende Reize. In der Folge oft Konflikte, plötzliche Entfremdungen in der menschlichen Umgebung, Veränderungen zu falscher Zeit am falschen Ort. Die umwälzende Tendenz macht sich besonders beim Übergang des Uranus über den Aszendenten oder auch über starkstehende Planeten im ersten Felde bemerkbar.

über die Winkel des M. C.*):

Sextil und Trigon dürften wohl nur wirksam sein, wenn schon das Geburtshoroskop eine (möglichst exakte) Winkelbeziehung zwischen Uranus und M. C. aufweist und äußern sich dann in wertvollen Einfällen, welche die berufliche und äußere Tätigkeit betreffen und zu neuen menschlichen oder sachlichen Beziehungen führen. Auch in diesem Fall ist der Orbis nicht zu eng zu nehmen und Vorsicht in der zeitlichen Fixierung geboten. Wesentlicher ist natürlich der direkte Übergang über das M. C., der fast immer stärkere Veränderungen in der seelischen Einstellung und in der äußeren Lebenssphäre bedingt, Veränderungen, deren Lust- oder Unlustcharakter ziemlich abhängig ist von den Planetenwinkeln, die sich in dieser Region befinden, nicht selten ergeben sich auch größere Veränderungen auf familiärer Grundlage, indem Familienmitglieder von derartigen, sei es günstigen oder ungünstigen Einflüssen betroffen werden. Nicht ganz selten kommt auch Krankheits- oder Todesfall in der Familie in Betracht, das gilt für den Übergang des laufenden Uranus über das J. C. im erhöhten Maße. Die Quadrate zum M. C. dürften nur dann wirksam sein, wenn das Geburtshoroskop schon ungünstige Winkel zwischen M. C. und Uranus aufweist.

über die guten Winkel der Sonne:

Förderung der Macht- und Geltungswünsche durch erhöhte geistige Spannkraft und Aufnahmebereitschaft, je nach dem Sonnenstande im Geburtshoroskop und nach der individuellen Uranusbedeutung zu beurteilen. Oftmals auch nur Förderung in der geistigen Sphäre, meist dann verbunden mit persönlichen Berührungen aus bisher wenig beachteten Geisteskreisen. Der direkte Uranusübergang über die Geburtssonne wird gelegentlich auch einmal günstige Effekte zeitigen, ist aber doch generell als kritisch zu bezeichnen.

über die schlechten Winkel der Sonne:

Unzeitgemäße Einfälle, unvorsichtiges Handeln mit Konfliktgefahren und Störungen in der Macht-, Geltungs- und Tätigkeitssphäre, nicht selten Erkrankung, meist auf nervöser Grundlage, Unfälle, Verletzungen. Da der Sonnenort erbbezügliche Bedeutung aufweist, kommen überdies auch Störungen aus dem Familienkreise in Betracht, Krankheits- und Todesfall in dieser Sphäre sind nicht selten. Bei Frauen kennzeichnet der Uranusübergang über die Sonne oftmals ernste Krisen im Verhältnis zum männlichen Partner.

---

*) Vgl. Anmerkung S. 92.

über die guten Winkel des Mondes:

Erhöhte psychische Empfänglichkeit mit Tendenz zur Veränderung in der Lebensführung und überhaupt zur Veränderung und zu Reisen, eigentümliche Erlebnisse auf seelischem Gebiet. Der direkte Uranusübergang über den Mond muß in der Regel als ungünstig bezeichnet werden, vielleicht kommen aber bei guten Mond-Uranus-Winkeln im Geburtshoroskop in der Krise günstige Nebeneffekte oder d u r c h die Krise günstige Endeffekte in Betracht. Aber mit Sicherheit kann auch darauf nicht gerechnet werden.

über die schlechten Winkel des Mondes:

Nervosität, seelische Überreizung, Unruhe, Spannung, Neigung zur Neurose, Psychose, für den Mann gewöhnlich Gefahren, welche das häusliche Leben betreffen, manchmal Neigung zu seelischen Eruptionen, die vor allem das Verhältnis zur Frau gefährden und überhaupt Konflikte, die sich aus dem Kontakt mit der Familie und Frau ergeben; auch gesundheitlich ergeben sich häufig länger anhaltende ernste Störungen, meist (nicht immer) auf nervöser Grundlage. Das gestörte seelische Gleichgewicht führt mancherlei Mißgeschick herbei.

über die guten Winkel des Merkur:

Intuitionen und Erfindungen, oftmals starke Umstellung und Neuordnung in den intellektuellen Auffassungen und gewöhnlich auch äußerer Fortschritt im Zusammenhang mit der seelischen Situation. Nicht selten Tendenz zu Reisen. Der direkte Übergang des Uranus über den Merkur wird bei guter Winkelverbindung zwischen beiden Planeten im Geburtshoroskop günstig zu deuten sein, kann auch bei fehlender Verbindung im Geburtshoroskop durch besondere Solar- oder Transitumstände gute Bedeutung haben, wird aber bei schlechten Radixwinkeln zwischen Uranus und Merkur ausgesprochen ungünstige Wirkungen zeitigen.

über die schlechten Winkel des Merkur:

Nervöse Spannung und Sperrung, die sich besonders im Gebiete der intellektuellen Tätigkeit fühlbar macht und Irrtümer, Fehlhandlungen bzw. deren peinliche Konsequenzen auslöst. Unzeitgemäße Einfälle und in besonderen Fällen auch Tendenz zu Unfall und Verletzung, bedingt durch seelische Sperrung. Die persönliche Haltung ruft auch sonst häufig Konflikte hervor.

über die guten Winkel der Venus:

Steigerung des Gefühls, Anregung der Erotik und des Geselligkeitstriebes mit Neigung zum Eingehen ungewöhnlicher, reizvoller Beziehungen. Der künstlerisch aktive Mensch wird starke Anregungen empfangen, die seiner eigenen Einstellung entsprechen. Der direkte Übergang des Uranus über die Venus des Geburtshoroskopes wird, wenn nicht schlechte Winkel zwischen beiden Planeten im Geburtshoroskop vorliegen, die günstigen Effekte auslösen, nicht ohne allerlei kritische Nebenwirkungen zu zeitigen.

über die schlechten Winkel der Venus:

Ungeordnete starke Gefühlsimpulse, die sich besonders auf erotischem

117

Gebiete in sehr unglücklicher Weise fühlbar machen können, nicht selten Eingang romantischer oder gar zweifelhafter Beziehungen, Tendenz zu erotischen und sexuellen Entgleisungen, zu Konflikten im Liebesleben, wobei besonders Eifersucht oder Untreue im Spiele zu sein pflegt. Unter besonderen Umständen und im Horoskop der Frau treten bei diesen Transiten oftmals gesundheitliche Störungen auf, die gewöhnlich mit Nieren- oder Sexualsystem zu tun haben.

über die guten Winkel des Mars:
Starkes Streben nach freiem, unabhängigem Handeln, meist zur rechten Zeit und daher von Erfolg begleitet. Der direkte Uranusübergang über den Mars hat fast immer kritische Nebenwirkungen, selbst in jenen seltenen Fällen, in denen er grundsätzlich gute Wirkung ausübt. In der Mehrzahl der Fälle wird er als ungünstig zu bezeichnen sein. Technische Interessen.

über die schlechten Winkel des Mars:
Unvorsichtiges Handeln, übertriebene und übereilte Selbständigkeits- und Freiheitsbestrebungen, Neigung zu spontan einsetzenden Erkrankungen und besonders zu Verletzungen und Unfällen. Starke Neigung zu Konflikten.

über die guten Winkel des Jupiter:
Diese Übergänge sind sehr stark abhängig von der Bedeutung des Jupiterfelderstandes. Die allgemeine Wirkung tritt wohl nur in den seltensten Fällen, etwa, wenn Jupiter maximal bedeutsam mit gutem Uranusaspekt im Geburtshoroskop steht, hervor. Dann handelt es sich in der Regel um intuitives Erfassen kommender Entwicklungen und entsprechende Erfolge, oder auch um besondere Anregungen und Schöpfungen auf geistigem Gebiet. Der direkte Übergang wird in der Regel mehr günstige als ungünstige Effekte auslösen, es sei denn, Jupiter und Uranus bildeten im Geburtshoroskop einen schlechten Winkel oder seien konstitutions- und krankheitsbezüglich.

über die schlechten Winkel des Jupiter:
Auch hier sind die Verhältnisse des Geburtshoroskopes entscheidend. Die allgemeine Wirkung dürfte in unzeitgemäßen Handlungen und daraus entspringendem Mißgeschick liegen, sofern nicht durch die Jupiter- und Uranusstellung im Geburtshoroskop bedingt ein gesundheitlich nachteiliger Effekt ausgelöst wird.

über die guten Winkel des Saturn:
Sehr abhängig von den Verhältnissen im Geburtshoroskop. Allgemein betrachtet, starke Konzentration unter geistig gehobenem Aspekt. Der direkte Übergang wird im allgemeinen als ungünstig zu bezeichnen sein und selbst dort, wo durch besondere Umstände des Geburtshoroskopes eine gute Allgemeinwirkung erwartet werden kann, ungünstige Nebenwirkungen zeitigen.

über die schlechten Winkel des Saturn:
Gewöhnlich sehr kritische Periode, ernste Zwischenfälle, auch gesundheitliche Störungen. Zerstörerische Tendenzen. In manchen Fällen Neigung zu Gewalttätigkeiten.

über die guten Winkel des Uranus:

Beginn neuer Lebensabschnitte unter günstigen Verhältnissen, soweit nicht andere Transite störend und hemmend eingreifen. Geistige Umstellung und neue menschliche und sachliche Beziehungen.

über die schlechten Winkel des Uranus:

Psychische Sperrung, Reizbarkeit, Fehlhandlungen, gesundheitliche Störungen, gewöhnlich auf nervöser Grundlage, aber auch Neigung zum Unfall, allerlei Verwicklungen und Krisen, manchmal auch Krankheits- und Todesfall in der Familie. In das erste Quadrat nach der Geburt, das sich um das 21. Jahr bildet, fallen die Krisen der Entwicklungsjahre mit ihrem Leichtsinn und ihren Gefahren.

über die guten Winkel des Neptun:

Konkretes habe ich hier nie beobachten können, ist hier wahrscheinlich auch nur selten zu beobachten. Wenn überhaupt, so wirken sich diese Übergänge auf geistig seelischem Gebiet ohne sonderliche Neigung zur Beeinflussung der äußeren Verhältnisse aus.

über die schlechten Winkel des Neptun:

Tendenz zu Selbsttäuschungen, oftmals auch Neigung zu ungesunder seelischer Entwicklung und aus diesem Grunde Gefahr durch schädliche Beeinflussungen. Der direkte Übergang des laufenden Uranus über den Neptun wird wohl nur in seltenen Fällen als günstig bezeichnet werden können. Im übrigen entscheidet natürlich der Felderstand von Uranus und Neptun im Geburtshoroskop.

Die Übergänge des laufenden Neptun

sind bisher nicht hinlänglich untersucht und es ist auch nicht so leicht, eine allgemeine Formel zu finden. In den meisten Fällen spielt sich die Wirkung des Neptunüberganges in einer Sphäre ab, die, dem Bewußtsein oft entzogen, überhaupt wenig Neigung zeigt, das äußere Dasein eindeutig zu beeinflussen. Nur gelegentlich, in krassen Fällen, die meist mit ungünstigen Neptuntransiten zusammenfallen, ergeben sich äußere Erscheinungen, die einen immer noch recht vagen Rückschluß auf die eigentümliche Neptunwirkung gestatten. Wirksam sind eigentlich nur die direkten Übergänge und die Aspektbildungen, die schon im Geburtshoroskop vorgezeichnet sind, vielleicht noch die Aspekte zu Sonne und Mond bzw. zum Aszendenten. Sonst ist mehr auf die wiederkehrenden Konstellationen zu achten. Wenn z. B. der Radix-Neptun ein Trigon mit der Radix-Venus bildet, so wird, wenn die laufenden Planeten Venus und Neptun in eine entsprechende Aspektverbindung treten, der vom Geburtshoroskop her zu vermutende Effekt zu erwarten sein, besonders aber dann, wenn auch das Solarhoroskop eine Wiederholung des Aspektes in irgendeiner Form brachte.

über die Winkel des Aszendenten *):

Wirksam ist wohl nur die Konjunktion, es sei denn, daß das Geburtshoroskop keine Aspektverbindung zwischen Aszendent und Neptun aufweist, wo dann auch die anderen Winkelverbindungen Bedeutung erlangen könnten. Man beobachtet gesteigerte Sensibilität, schweifende Phantasietätigkeit, die leicht einen etwas weltflüchtigen Charakter annimmt und in Fragen des praktischen Lebens Verwirrung hervorrufen kann. Religiöse Tendenzen mit entsprechenden menschlichen Beziehungen sind nicht selten. Bei schlechtem Neptunstande im Geburtshoroskop und bei ungünstigen Aspekten am Aszendentenort treten aber auch bedenklichere Erscheinungen auf, moralische Verwirrung kann sich geltend machen und Entgleisungen sind nicht selten. Anderenfalls kommen aber auch arge Selbsttäuschungen in Betracht, die Sphäre des Unbewußten und Halbbewußten scheint stark aufgewühlt, wovon meist auch das Traumleben Zeugnis ablegt. Es kommt natürlich beim direkten Übergang, der hier hauptsächlich in Frage kommt, auch noch Körperliches in Frage, zumal wenn Neptun konstitutions- oder krankheitsbezüglich im Geburtshoroskop ist. In der Regel Neurosen und Psychosen, manchmal auch rein organische Störungen.

über die Winkel des M. C.*):

Wichtige Einflüsse habe ich nicht beobachtet, es sei den, daß kräftige Aspekte in dieser Region lagen, die dann den Ausschlag gaben. Wenn überhaupt, dann scheint nur Konjunktion und Opposition in Frage zu kommen, die übrigen Winkel zeitigten nie greifbare Beobachtungen. Dieser Übergang kann ganz gut vernachlässigt werden, wenn im Solarhoroskop nicht durch besondere Konstellationen weiterer Nachdruck verliehen wird, wenn etwa der Mond oder ein anderer Planet in enger Konjunktion oder in einem wiederkehrenden Aspekt über dem Radix-C. M. steht.

über die guten Winkel zur Sonne:

Erhöhte Sensibilität, gesteigerte Aufnahmebereitschaft, entsprechende Beziehungen und Berührungen im menschlichen Kreise. Sonst nur nach den besonderen Umständen zu beurteilen; der direkte Übergang des Neptun über die Sonne weist recht gemischte Wirkungen auf, die nicht nur nach der vorhandenen Grundaspektierung zwischen Neptun und Sonne zu beurteilen sind, sondern auch nach dem Neptun- und Sonnenstand im Geburtshoroskop. Bei konstitutions- oder krankheitsbezüglicher Bedeutung von Neptun und Sonne können Erkrankungen auftreten und manchmal handelt es sich auch um Krankheits- oder Todesfälle verwandter Menschen, wegen der Erbbezüglichkeit der Sonnenposition.

---

*) Vgl. Anmerkung S. 92.

über die schlechten Winkel der Sonne:

Verwirrung, ungesunde Exaltierung mit seelischen, gelegentlich auch mit moralischen Gefahren, im anderen Falle Schwächung des Wirklichkeitssinnes und entsprechende Gefahren in der menschlichen Umgebung, Selbsttäuschung und Gefahr des Getäuschtwerdens, ungünstige Beeinflussung durch andere. Auf gesundheitliche Gebiete: Neurosen. Diese Übergänge wirken besonders ungünstig, wenn die Sonne im Geburtshoroskop bereits einen (möglichst exakten und stark stehenden) Winkel zwischen Neptun und Sonne aufweist.

über die guten Winkel des Mondes:

Gesteigerte Sensibilität und eigentümliche seelische Erfahrungen, erhöhte Einfühlungskraft; stark wird der direkte Übergang wirken, aber günstig nur, wenn guter Grundaspekt zwischen Mond und Neptun vorhanden war, sonst kommen ungünstige Wirkungen in Betracht.

über die schlechten Winkel des Mondes:

Ungünstige Beeinflussung des seelischen Gleichgewichts durch unkontrollierbare Antriebe und Strömungen, starke Suggestibilität, besonders unerwünschten Einflüssen gegenüber, Verwickelungen im menschlichen Verkehr. Auch in der Erotik zeitigen diese Übergänge recht ungünstige Momente. Selbsttäuschungen, gelegentlich auch moralisch niederziehende Verbindungen und Ähnliches. Erhöhte Neigung zu seelischen Dissoziationen und Neigung zu Neurose.

über die guten Winkel des Merkur:

Mit Ausnahme der Konjunktion schwach wirksam, wenn nicht entsprechender Grundaspekt vorhanden, sonst Steigerung des Instinktes, des Fingerspitzengefühls, entsprechend den Felderstellungen im Geburtshoroskop. Der direkte Übergang ist auch nur gut, wenn Merkur und Neptun im Geburtshoroskop einen günstigen Winkel aufweisen.

über die schlechten Winkel des Merkur:

Bei moralisch gut entwickelten Persönlichkeiten ergibt sich eine Schwächung des Wirklichkeitssinnes, die zu Fehlschätzungen im praktischen Leben und im menschlichen Verkehr führt und die Gefahr des Betrogenwerdens oder der Verwicklung in peinliche Dinge begünstigt. Man beobachtet auch größere Vergeßlichkeit. Neurose. Bei moralisch unentwickelten und gefährdeten Menschen ergibt sich häufig eine besonders starke Neigung zu Lüge, Betrug, Intrige usw. Sonst je nach der Merkur- und Neptunstellung im Horoskop zu urteilen.

über die guten Winkel der Venus:

Steigerung der erotischen Phantasie mit euphorischem Einschlag, bei künstlerisch entwickelten Personen von entsprechender ästhetischer Bedeutung, romantische Neigungen und Beziehungen. Der direkte Übergang wirkt stark, aber nicht immer günstig.

über die schlechten Winkel der Venus:

Ungesunde Phantasieeinwirkung auf das erotische Empfinden und als Konsequenz Verführbarkeit und Suggestibilität in diesen Dingen. Zweifelhafte erotische Beziehungen. Überhaupt Störungen im Verkehr mit dem anderen Geschlecht, Eifersucht, aber auch Untreue.

über die guten Winkel des Mars:

Eine spezifische Wirkung wird selten deutlich, wenn überhaupt, so wirkt sich dieser Übergang nur hinsichtlich der Neptun- und Marsstellung im Geburtshoroskop aus. Der direkte Übergang ist auch dann als ungünstig zu bezeichnen, wenn Mars und Neptun im Grundhoroskop im harmonischen Winkel verbunden sind. Zum mindesten werden dann neben einigen günstigen Effekten auch recht störende empfunden.

über die schlechten Winkel des Mars:

Unzufriedene wühlende Stimmungen, Neurosegefahr, bei moralisch gefährdeten Typen erhöhte Tendenz zu Entgleisungen.

über die guten Winkel des Jupiter:

Nur in besonderen Fällen wirksam und dann in der Richtung der von Neptun und Jupiter im Geburtshoroskop bezeichneten Lebensgebiete. Wenig spezifische Wirkung nach außen. Vermutlich Anregung und Steigerung religiöser oder gar mystischer Phantasie. Der direkte Übergang ist eher als günstig zu bezeichnen, wenn Jupiter und Neptun im Geburtshoroskop keinen schlechten Aspekt bilden.

über die schlechten Winkel des Jupiter:

Bei gefährdeten Typen sozial ungünstige Einflüsse, sonst nach der Neptun- und Jupiterposition im Geburtshoroskop wirksam und in der Regel auch nur dann, wenn zwischen Jupiter und Neptun ein schlechter Aspekt im Geburtshoroskop vorliegt.

über die guten Winkel des Saturn:

Wenig handgreifliche Wirkung, wohl nur in seltenen Fällen wirksam, wenn etwa Neptun und Saturn im Geburtshoroskop durch gute Winkel verbunden stark stehen und dann nach den Felderstellungen zu beurteilen.

über die schlechten Winkel des Saturn:

Mit Ausnahme des direkten Überganges werden die schlechten Neptuntransite zum Saturn wohl nur bei vorhandenen schlechten Aspekten beider Planeten im Geburtshoroskop deutliche Wirkungen auslösen. Diese gehen oft in der Richtung psychischer und neurotischer Störungen, können übrigens auch im Kontakt mit der menschlichen Umwelt schlechte Erfahrungen machen lassen, es ergibt sich die Gefahr des Betrogenwerdens und von Intrigen, entweder durch die eigene seelische Haltung oder durch die getroffene Wahl beim Eingang menschlicher Beziehungen.

über die guten Winkel des Uranus:

Eine Wirkung, die irgendwie auf die Urbedeutung der Planeten Neptun und Uranus zurückführbar wäre, habe ich nie beobachtet, aber auch keine andere, irgendwie hervortretende. Bei schlechten Aspekten zwischen Neptun und Uranus im Horoskop oder bei konstitutions- und krankheitsbezüglicher Bedeutung dieser beiden Planeten in der Geburtsfigur wird aber auch der direkte Übergang als ungünstig aufzufassen sein und vor allem die Entwicklung neurotischer Symptome begünstigen.

über die schlechten Winkel des Uranus:

Mit Ausnahme der Konjunktion nur wirksam bei ungünstigem Grundaspekt beider Planeten im Geburtshoroskop, dann Verwirrungen, Täuschungen und Selbsttäuschungen, Neurose.

über die guten Winkel des Neptun:

Dieser Transit kommt selten vor, ist im besten Falle nur zweimal im Leben wirksam, beim Sextil beobachtet man nicht selten Realisierung erotischer Regungen, aber die lange Dauer des Aspektes kann den Beobachter leicht täuschen, da sich inzwischen natürlich auch viele andere Übergänge bilden.

über die schlechten Winkel des Neptun:

Auch dieser Transit kommt nur zweimal im Leben in Betracht. Bei der Quadratur beobachtet man ungünstige Effekte, die von der Felderstellung des Neptun im Geburtshoroskop her zu beurteilen sind und besonders dann, wenn der Radix-Neptun schlecht aspektiert war. Wer die Opposition des laufenden Neptun zum eigenen Ort erlebt, ist 84 Jahre alt und dürfte kaum noch Wesentliches davon verspüren. Aus den gleichen Gründen wie auf S. 83 dargelegt wurden hier die Übergänge des laufenden Pluto nicht berücksichtigt.

2. Wiederkehrende Konstellationen

Wir messen den w i e d e r k e h r e n d e n Konstellationen einen recht beträchtlichen Wert zu. Man kann unterscheiden

a) Wiederkehr von Planetenwinkeln aus dem Geburtshoroskop,

b) Wiederkehr von Planetenwinkeln aus dem Solarhoroskop.

Wo a und b vereint vorliegen, hat man es mit der stärksten Form der wiederkehrenden Konstellationen zu tun, dabei ist es nicht einmal notwendig, daß das Mittelglied, das Solarhoroskop eine totale Wiederkehr aufweist, es genügt da auch durchaus die partielle. Dem eigentümlichen Rhythmus zufolge, den man in der Aufeinanderfolge dieser Verhältnisse beobachtet, ist es sogar wahrscheinlich, daß eine totale Wiederkehr im Solarhoroskop Auslösung in einer nur partiellen Wiederkehr in den Transiten findet, während die nur partielle Wiederkehr im Solarhoroskop gewöhnlich durch totale Wiederkehr im aktuellen Gestirngebilde ausgelöst wird, doch gibt es Ausnahmen.

Die totale Wiederkehr des Planetenwinkels aus dem Geburtshoroskop im aktuellen Gestirnstand ist entschieden von viel größerer Wirksamkeit als die Wiederkehr eines Solaraspektes, der im

Geburtshoroskop nicht vorgezeichnet war. Die Wiederkehr von Solaraspekten, oder auch jene von Solar-Radix-Winkeln ist dennoch nicht belanglos – sie pflegt aber meist nur als verstärkendes Moment in einer Reihe primär wirksamer Konstellationen zu fungieren. Der Grad der Wirksamkeit einer totalen Wiederkehr aus der Radixfigur im aktuellen Gestirnbilde hängt von der Radixbedeutung und Stärke des Aspektes ab, ferner von der Frage, ob im Solarhoroskop partielle oder totale Wiederkehr vorlag, und endlich von der Empfindlichkeit der betroffenen Tierkreisstelle für das Geburtshoroskop. W i e d e r k e h r a u f e m p f i n d l i c h e n R a d i x punkten ist von großer Bedeutung und kann dem ganzen Charakter der Konstellation eine etwas veränderte Bedeutung geben. Angenommen, die im Radix-Horoskop vorhandene Konjunktion von Saturn und Uranus kehrt als Opposition der beiden Planeten im aktuellen Gestirnstand wieder, so ist die Bedeutungsfrage damit noch nicht ganz entschieden. Fällt sie auf „günstige" Winkelstellen des Geburtshoroskopes, so werden neben den kritischen Momenten bestimmt auch einige günstige zur Geltung kommen, stehen Saturn und Uranus aber laufend auf einer schlechten Aspektachse, so ist die Wirkung stärker, eindeutiger, d. h. in diesem Falle ungünstiger. Wahrscheinlich verhält es sich ganz ähnlich mit den wiederkehrenden günstigen Konstellationen. Die Wiederkehr eines Trigons von Saturn und Jupiter aus dem Geburtshoroskop im aktuellen Gestirnbilde dürfte wesentlich beeinträchtigt werden, wenn Saturn oder Jupiter laufend schlechte Winkel zu starken empfindlichen Radixpunkten im Transit bilden. Zweifelhaft scheint die Sache bei der Konjunktion eines laufenden Saturn, Mars oder Uranus mit Aszendent, Sonne, Mond, maximal-bedeutsamem Planet oder sonst empfindlichem Punkt. In der Regel wird man aber auch dann noch gute Wirkungen beobachten, es sei denn, daß der im Transit Konjunktion bildende Planet im Geburtshoroskop im schlechten Winkel zur betreffenden Stelle stand. Hierzu ein Beispiel:

Radix	Laufend	Transit
♄ △ ♃	♄ △ ♃	♄ lfd. ♂ ☉ Rad
♄ △ ☉	(tot. Wiederkehr)	♃ lfd. △ ☉ Rad

(oder ♃ △ ☉)

voraussichtlich günstiger Effekt!

Dagegen:

Radix	Laufend	Transit
♄ △ ♃	♄ △ ♃	♄ lfd. ☌ ☉ Rad
♄ □ ☉	(tot. Wiederkehr)	♃ lfd. △ ☉ Rad

wahrscheinlich überwiegen ungünstige Wirkungen!

Die spezielle Bedeutung der wiederkehrenden Konstellation richtete sich nach der Bedeutung des Wurzelaspektes, bzw. nach derjenigen im Solarhoroskop, wenn Wiederkehr nach dem Solar in Frage kommt. Besondere Beachtung darf man den wiederkehrenden Aspekten zwischen Saturn-Uranus und Neptun beimessen, sie pflegen starke Entwicklungs- und Schicksalsschübe zu begleiten. Wesentlich für die Wiederkehr ist nicht allein der genaue Uraspekt, sondern jeder diesem gleichsinnige Winkel. Es kann also Trigon für Konjunktion (seltener auch für Sextil) und Quadratur für Opposition oder Konjunktion treten, ähnlich wie bei der partiellen Wiederkehr in Solarhoroskop und Transiten und wie bei der totalen Wiederkehr des Radixaspektes im Solarhoroskop.

Einige Anhaltspunkte für die Deutung wiederkehrender Konstellationen im aktuellen Gestirnbilde kann man auch aus den Deutungshinweisen für die Transite entnehmen, den Hauptausschlag bildet aber, wie schon bemerkt, die Bedeutung im Geburts- oder Solarhoroskop.

Die Wiederkehr von Aspekten kleiner schneller Planeten ist gewöhnlich nur dann von größerer Wirkung, wenn sie auch im Solarhoroskop, partiell oder total gegeben ist, sonst aber sind gewöhnlich nur geringfügigere Effekte zu beobachten.

Beispiele

Einzelbeispiele zur Deutung
a) Konzeption, Schwangerschaft und Geburt

Diesen biologisch wichtigen Ereignissen und Zuständen müssen wir größere Aufmerksamkeit widmen, in der Regel sehen wir recht markante Gestirnungen, die uns einen tiefen Einblick in die astromechanische Korrespondenz biologischer Vorgänge gewähren. Prognostisch wird es wohl nur in besonders markanten Fällen möglich, einigermaßen sichere Vermutungen zu wagen.

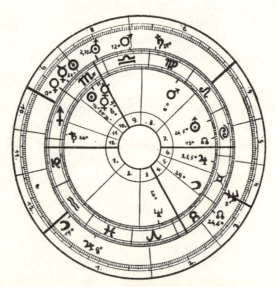

Abb. 6   Solarjahr 1891.

B e i s p i e l 1: N. N. geboren am 9. November 1870. 11 Uhr vorm. 47° n. B. 0 Uhr 46 Min. ö. L.

126

Im Geburtshoroskop steht der Mond im fünften Solarfelde traditionell also bezogen auf Konzeption, Schwangerschaft, Geburt und
Beziehung zur eigenen Nachkommenschaft. Wenn eine Besetzung
des fünften Radixfeldes durch Planeten oder gar durch den von
Grund aus erbbezüglichen Mond vorliegt, so pflegt sich das Geschehen in Solarhoroskop und laufenden Konstellationen recht deutlich abzuzeichnen, während beim Fehlen solcher Geburtspositionen
meist weniger ausgesprochene, d. h. sofort deutlich durchschaubare
Solargestirnungen vorliegen.

Das Solarhoroskop für K o n z e p t i o n und Schwangerschaft
zeigt uns nun den Herrn des fünften Radixfeldes, den Mond, im
ersten Solarfelde in enger Konjunktion mit dem Solaraszendenten.
Der Solar-Jupiter steht gleichfalls im ersten Solarfelde und im
Trigon zu den maximalbedeutsamen Planeten des Geburtshoroskopes, zu Venus und zu Merkur-Radix, schließlich noch im Sextil
zum Radixaszendenten.

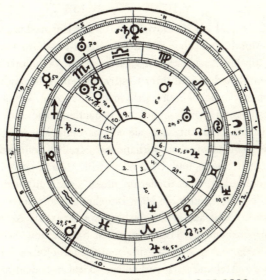

Abb. 7   Solar 8.11.1892

Das Solarhoroskop der G e b u r t zeigt uns den Solarmond, der
Herr des fünften Radixfeldes ist, nochmals im ersten Solarfelde,

hier im Trigon zur Sonne im zehnten Radixfelde, über dem siebenten Felde des Geburtshoroskopes. In diesem Solarhoroskop sehen
wir weiter eine sehr kräftige Besetzung des fünften generationsbezüglichen Solarfeldes durch Venus, Saturn, Uranus und Sonne.
Der maximalbedeutsame Planet des Geburtshoroskopes, Venus,
steht im fünften Solarfelde und wiederholt durch sein Sextil zum
Solar-Merkur die alte Verbindung des Geburtshoroskopes. Nicht
unwesentlich mag ferner der Stand des Jupiter-Solar im elften Solarfelde sein, da ja das elfte Feld als dem fünften gegenüberliegend,
sowohl traditionell, als auch nach den bisherigen Feststellungen
einer freilich nicht ganz ausreichenden Empirie, weitläufigere Beziehungen zum Generationsprozeß haben soll. In diesem Solarhoroskop wiederholt sich außerdem im Trigon zwischen Saturn-
Solar und Neptun-Solar, das alte Saturn-Neptun-Trigon aus dem
Geburtshoroskop.

M. C. 25° ♐	☉ 26,5° ♏	☊ 8° ♏	♀ 18° ♎
Asz. 19° ♓	☽ 15° ♏	♄ 9° ♎	♂ 5° ♓
	♅ 10° ♊	♃ 15,7° ♈	☿ 18° ♐

Die Geburt fand am 18. November 1892, 2 Uhr nachm., statt. Der
laufende Mond ging über die Sonne des Radixhoroskopes, eine
Stellung, die als Austausch der „Lichter" im Verhältnis zwischen
verwandten Menschen und ihrer Gestirnung häufig beobachtet wird.
Die laufende Sonne befindet sich im Trigon zum Uranus-Radix,
eine Konstellation von sekundärer Bedeutung, die nur dadurch
charakteristisch erscheint, daß sie als partielle Wiederkehr eines
bereits im Geburtshoroskop vorhandenen, freilich sehr weiten Trigons zwischen Sonne und Uranus auftritt. Die Tagesstände von
Venus und Merkur sind wiederum durch Sextil miteinander verbunden, wiederholen also die alten Beziehungen aus der Radixfigur
(Konjunktion) und aus dem Solarhoroskop (Sextil). Auch das bei
der Geburt vorhandene Trigon zwischen Saturn und Neptun, das
sich im Solarhoroskop schon recht genau wiederholte, ist hier in fast
exakter Winkelstellung noch vorhanden. Nicht unbedeutsam scheint
die Tatsache, daß der laufende Mars ein recht exaktes Trigon zum
M. C. und ein ebenso genaues Sextil zum Aszendenten bildet – im
Radix sehen wir Mars Sextil zum M. C. und im Trigon zum Aszendenten. Wir finden bei der Prüfung der Konstellationen der laufen-

den Planeten am Geburtstage eine Reihe charakteristischer wiederkehrender Verhältnisse aus dem Geburts- und Solarhoroskop.

B e i s p i e l 2: N. N., geboren am 20. März 1874, 2 Uhr 30 Min., nachm., in 51° n. B., 0 Uhr 57 Min. ö. L.

Das Geburtshoroskop weist keine Besetzung des fünften Feldes auf, und dementsprechend ist die Solarfigur zwar markant, aber hinsichtlich ihrer Bedeutung für den Generationsprozeß nicht so klar

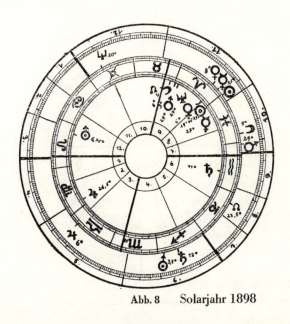

Abb. 8   Solarjahr 1898

durchschaubar. Eine maximalbedeutsame Mondstellung im zehnten Solarfelde befindet sich über dem siebenten des Radixhoroskopes. Dieser Solarmond steht bemerkenswerterweise in Konjunktion mit dem Solar-Mars und bildet damit die Wiederkehr des alten Konjunktionsverhältnisses zwischen Mond und Mars der Radixfigur, und zwar so, daß die Solarkonjunktion in einem Sextil zur Radixkonjunktion steht. Ferner weist der Solarmond wie der Solar-Mars eine Quadratur zum Uranus-Solar auf, dadurch ist eine Wiederholung der Quadraturen von Mars, Mond einerseits, Uranus andererseits im Geburtshoroskop gegeben. Das Geburtshoroskop enthält weiter eine ziemlich weite Quadratur zwischen Mond und Saturn und das Solarhoroskop weist ein ähnliches Verhältnis zwischen Mond-Solar und Saturn-Solar auf. Wir sehen also eine fast perfekte Wiederkehr der gesamten Mondgestirnung des Geburtshoroskopes im Solarhoroskop.

Dazu kommt nun die Besetzung des fünften Solarfeldes durch Jupiter, die Besetzung des elften Solarfeldes durch Sonne, Merkur und Venus, welche auf ihren Tierkreisort im Geburtshoroskop zurück-

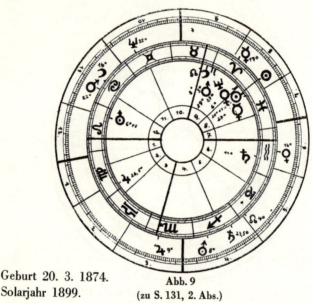

Geburt 20. 3. 1874.
Solarjahr 1899.

Abb. 9
(zu S. 131, 2. Abs.)

kehrt. Endlich mag auch der Stand des Solaraszendenten über dem elften Radixfelde im Sextil zur generationsbezüglichen Mondkonstellation im Geburtshoroskop bedeutsam für die biologischen Vorgänge dieses Jahres sein.

Trotzdem die für das Geburtshoroskop als kritisch zu bezeichnende Mondgestirnung im Solarhoroskop wiederkehrt, ist doch hervorzuheben, daß die an ihr beteiligten Planeten in vorwiegend günstigen Winkeln zu den Radixstellungen sich befinden. So steht der Solar-Uranus im Trigon zum eigenen Platz und vor allem wieder im Trigon zur Venus-Radix, wie übrigens auch zur Solar-Venus. Partielle wie totale Wiederkehr der ursprünglichen, traditionell günstigen Uranus-Venus-Verbindung tritt im Solarhoroskop ein. Auch die Mond-Mars-Position der Solarfigur hat nur günstige Winkel zu den Elementen des Geburtshoroskopes wie übrigens auch zum Solaraszendenten.

Im Solarhoroskop d e r   G e b u r t finden wir nicht so markante Übereinstimmungen, obwohl auch hier manches Interessante zu beachten ist. Der Solaraszendent, der im K o n z e p t i o n s Solarhoroskop im Trigon zu Mond und Mars-Solar und im Sextil zu Mond und Mars-Radix stand, befindet sich im Solarhoroskop der G e b u r t wiederum im Trigon zu Mond- und Mars-Radix. Ferner kehrt die Konjunktion von Mond- und Mars-Radix jetzt zum dritten Male als Konjunktion von Mond- und Mars-Solar wieder. Die Stellung von Mond- und Mars-Solar im elften Solarfelde betont die Vorgänge in der Generationssphäre und vielleicht ist es nicht uncharakteristisch, daß der aufsteigende Mondknoten, der im Radixhoroskop durch seine enge Konjunktion mit dem M. C. so etwas wie maximalbedeutsam ist, im Solarhoroskop der Geburt im fünften Felde steht.

M. C. 6° ♍	☉ 2° ♍	♃ 5° ♏
Asz. 17° ♏	☽ 1° ♉	♂ 12° ♎
	♆ 27° ♊	♀ 26° ♌
	☊ 4° ♐	☿ 22° ♌
	♄ 17° ♐	☊ 25° ♐

Die Geburt fand am 25. August 1899 statt. Die laufende Sonne bildete ein Trigon zum Mond-Radix, während der laufende Mond fast genau mit der Mondstellung des Geburtshoroskopes übereinstimmte. Der laufende Uranus stand in dieser Zeit wieder im Trigon zum eigenen Platz im Geburtshoroskop und im Trigon zur Venus-Radix, während der laufende Merkur über den Aszendenten der Geburt ging. Zum Vergleich die Umstände der zweiten Konzeption.

Der Solar-Aszendent steht wiederum in Berührung mit der Mondgestirnung im Geburtshoroskop, nämlich in Opposition mit Mond, Mars und Neptun-Radix. Das fünfte Solarfeld ist durch Merkur, Sonne und Jupiter deutlich betont. Jupiter steht zudem auf der Radix-Venus und im Trigon zum Uranus-Radix. Der Solar-Mond befindet sich hier gleichfalls im Eckfelde, im siebenten Solarfeld

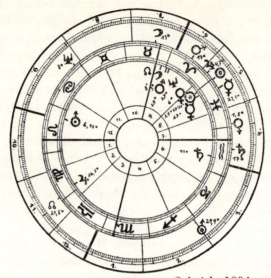

Abb. 10   Solarjahr 1904

Das Solarhoroskop einer zweiten Konzeption
(zu S. 131, letzter Absatz)

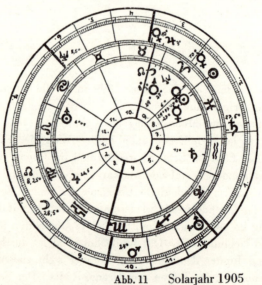

Abb. 11   Solarjahr 1905

Das Solarhoroskop der zweiten Geburt

über dem zehnten des Geburtshoroskopes. Ob die Tatsache, daß hier eine Umkehrung des Mondverhältnisses im Solarhoroskop der ersten Konzeption stattfindet, wo nämlich der Solarmond im zehnten Solarfelde und über dem siebenten Radixfelde stand, einen Zusammenhang offenbart, möge dahingestellt bleiben, ebenso die Frage, ob der Stand des Solarmondes auf dem Sonnenplatz der späteren Geburt bedeutungsvoll für die astromechanische Korrespondenz der biologischen Generationsprozesse sein könnte.

Das Solarhoroskop der G e b u r t zeigt wiederum die Verbindung von Aszendent und Mond-Radix durch ein Trigon. Einigermaßen charakteristisch erscheint ferner die Tatsache, daß der Solar-Jupiter auf dem Mond-Radix, der Solar-Mond auf dem Jupiter-Radix steht, ein Reziprokverhältnis, das für Generationsprozesse ohne weiteres Bedeutung haben kann, wenn man die traditionelle Auffassung der Mond-Jupiter-Verbindungen als stichhaltig betrachtet.

Die Geburt fand statt am 4. Mai 1905.

M. C. 26° ♎	☉ 13° 44′ ♉	♃ 13° 15′ ♉
Asz. 22° ♐	☽ 16° 30′ ♉	♂ 18° 58′ ♏
	♅ 6° 1′ ♋	♀ 2° 5′ ♉
	♠ 3° 58′ ♑	☿ 27° 28′ ♈
	♄ 1° 58′ ♓	☊ 5° 55′ ♍

Im Augenblick der Geburt standen Sonne und Jupiter wie im Solarhoroskop der K o n z e p t i o n zusammen, und Jupiter und Mond bildeten eine Konjunktion, die aus dem Reziprokverhältnis des Solarhoroskopes der G e b u r t verständlich erscheint.

b) Krankheit und Tod

B e i s p i e l 1: N. N., weiblich, geboren am 2. Juni 1890, 1 Uhr 30. Min. vorm. in 0 Uhr 54 Min. ö. L., 51° n. B., gest. am 9. Januar 1918, 10 Uhr 30 Min. vorm. an Influenza und Hirnhautentzündung.

Das G e b u r t s horoskop weist durch seine Besetzung des sechsten Feldes durch Saturn, des achten Feldes durch Mond und Mars gesundheitlich nachteilige Einflüsse auf, die den frühzeitigen Tod verständlich erscheinen lassen. Die Neigung zu Erkältungskrankheiten ist durch Saturn im sechsten Felde im Quadrat zu Mond, Mars und Neptun ausgedrückt, die Empfindlichkeit des Gehirnnervensystems ergibt sich nach traditioneller Auffassung aus der Position des Aszendenten im Widder und dem von Neptun, Saturn und Mars verletzten Merkur in den Zwillingen.

Das T o d e s s o l a r horoskop zeigt den Solaraszendenten in Opposition zum Geburtsaszendenten und in Quadratur zur Geburts-Venus, ein Aspekt, der schon im Geburtshoroskop vorhanden war. Der Solar-Saturn, der durch seinen entsprechenden Stand im sechsten Radixfeld krankheitsbezügliche Bedeutung aufweist, beherrscht

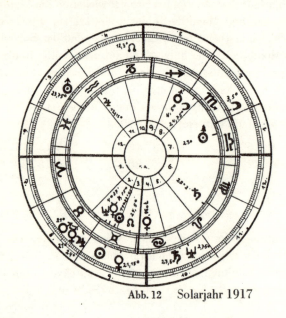

Abb. 12   Solarjahr 1917

durch seinen Stand im zehnten Solarfelde das Solarhoroskop, er steht in Quadratur mit dem starkgestellten Uranus im siebenten Radixfelde und wiederholt durch seine Konjunktion mit Neptun-Solar und durch seine Quadratur mit Mond-Solar die alten gesundheits- und lebensgefährdenden Aspekte.

Der Solar-Mars steht im achten Solarfelde, wie schon Radix-Mars im achten Radixfelde stand. Er bildet eine Opposition zu dem krankheitsbezüglichen Mond-Radix im achten Felde und eine Quadratur zu dem gleichfalls gesundheitsgefährdenden Stand von Saturn-Radix im sechsten Radixfelde, damit eine partielle Wiederkehr des alten

134

Verhältnisses bildend. Sein Verhältnis zu den Solarplaneten erscheint gleichfalls in vieler Hinsicht charakteristisch. Der Solar-Mars bildet eine Konjunktion mit dem Merkur-Solar als Wiederkehr des alten ungünstigen Winkelverhältnisses (Mars Opposition Merkur) im Radixhoroskop. Die Konjunktion zwischen Mars und Jupiter scheint auf den ersten Blick nichts Charakteristisches zu enthalten, sie muß aber doch von Belang sein, denn der laufende Jupiter bildet am Todestage eine Opposition mit Mars-Radix. Es ist anzunehmen, daß der Jupiterstand nahe an der Spitze des zwölften Radixfeldes einerseits dem Planeten Jupiter in diesem Horoskop eine ungünstige Bedeutung gibt und andererseits die Wirkung des günstigen Mars-Jupiter-Winkels im Radixhoroskop aufhebt.

Der Solar-Uranus bildet eine Quadratur zum Mond-Radix und eine Opposition zum Saturn-Radix, in Verbindung mit der bereits erwähnten Quadratur des Solar-Saturn zu Uranus-Radix ist damit ein Reziprok-Aspekt gegeben, der die ungünstige Wirkung noch verschärft. Das Solarhoroskop des Todesjahres ist in seiner Gesamtverfassung, wie durch seine Beziehungen zum Geburtshoroskop kritisch genug, um den eingetretenen Tod zu rechtfertigen und wenn auch, wie schon oft bemerkt, eine Todesprognose nicht möglich gewesen wäre, so hätte man prognostisch doch auf eine sehr ernste gesundheitliche Gefährdung schließen dürfen.

Planetenstände am 9. Januar 1918

☉ 18° ♑	♃ 2° ♊
☽ 4° ♐	♂ 29° 50' ♍
♅ 6° ♌	♀ 26° 45' ♒
⚷ 21° 47' ♒	☿ 5° 13' ♑
♄ 12° 50' ♌	

Am Todestage stand der laufende Mond wieder über dem achten Radixfelde und in Konjunktion mit dem krankheitsbezüglichen Mars im achten Felde. Dieser Aspekt ist hier um so bemerkenswerter, als es sich um eine Wiederkehr aus dem Solarhoroskop handelt, wo der Solar-Mars eine Opposition mit dem Radix-Monde bildete. Außerdem befand sich der laufende Mond in Opposition mit dem laufenden Jupiter, was dem schlechten Winkel des Solar-Jupiter zum Radix-Mond entspricht.

Der laufende Uranus steht, wie im Solarhoroskop, noch im Orbis der Quadratur zum Mond-Radix.

Der laufende Saturn bildet eine recht genaue Opposition zum Jupiter-Radix, was wiederum der Quadratur des Solar-Jupiter zum Saturn-Radix entspricht. Überdies befindet sich Saturn hier nahe an der Spitze des sechsten Geburtsfeldes.

Der laufende Jupiter steht in Opposition mit Mars-Radix entsprechend seiner Konjunktion mit Mars im Solarhoroskop.

Der laufende Mars bildet eine Quadratur zum M. C., der laufende Merkur weist Quadrat zum Aszendenten und Opposition zur Radix-Venus auf, die laufende Venus steht im Quadrat zum Mond-Radix.

Im Zusammenhang mit den Konstellationen des Geburts- und Solarhoroskopes ergeben sich aus den Konstellationen der laufenden Planeten und aus den Transiten starke Anhaltspunkte für das Verständnis des eingetretenen Schicksals.

B e i s p i e l 2: N. N., weiblich, geboren am 6. April 1883, 9 Uhr 15 Min. nachm. in 0 Uhr 49 Min. ö. L., 51° 20 Min. n. B., gestorben am 18. Oktober 1918 an Influenza und Lungenentzündung.

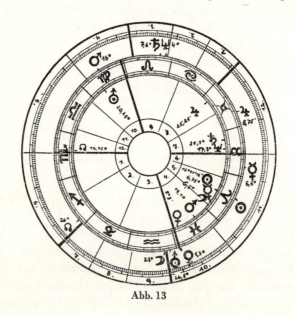

Abb. 13

Das Geburtshoroskop mit seinen dominanten Positionen von Saturn, Mars, Uranus und Neptun und mit seinem von Uranus und Mars verletzten Jupiter im achten Felde und im Tierkreiszeichen der Zwillinge macht die relativ kurze Lebensdauer und besonders auch die Lungenentzündung als Todesursache begreiflich.

Im Solarhoroskop finden wir den Solaraszendenten über dem achten Radixfeld in Konjunktion mit der krankheitsbezüglichen Jupiterstellung. Das sechste Solarfeld mit seinen nachteiligen Einflüssen auf Körper und Gesundheit steht über dem ersten Radixfelde. Der Solar-Uranus beherrscht durch seine Konjunktion mit dem Solar-M. C. das Solarhoroskop und w i e d e r h o l t die alte Uranusstellung im zehnten Geburtsfelde. Er weist dabei eine Quadratur mit dem Geburtssaturn auf.

Der Solar-Mars steht (wie im Radixhoroskop!) im vierten Solarfelde und in Konjunktion mit dem Uranus-Radix, bildet also eine partielle W i e d e r k e h r der schlechten Mars-Uranus-Winkel des Geburtshoroskopes. Die Quadratur zwischen Mars-Solar und Jupiter-Solar ist eine vollständige W i e d e r k e h r des alten krankheitsbezüglichen Mars-Jupiter-Winkels in der Radixfigur. Der Solar-Jupiter, der als Herr des achten Feldes aufzufassen ist, weil er im Geburtshoroskop dort stand, befindet sich an ungünstigem Ort im zwölften Solarfelde und in Quadratur zur maximalbedeutsamen Venus im Geburtshoroskop. Venus-Solar steht wiederum am eigenen Platz im Tierkreis. Nicht unwesentlich in diesem Zusammenhang ist auch die W i e d e r k e h r der Konjunktion zwischen Saturn und Neptun im Solarhoroskop, zumal die Konstellation im Geburtshoroskop gesundheitsgefährdende Einflüsse kennzeichnet.

Planetenstände am 18. Oktober 1918

☉ 24° ♎	☊ 24° ♒	♂ 12° ♐
☽ 4° ♈	♄ 25° 51' ♌	♀ 15° ♎
♆ 9° ♌	♃ 15° 30' ♋	☿ 26° ♎

Am Todestage befand sich der laufende Uranus im Quadrat zum Geburtssaturn und der laufende Saturn stand gleichfalls im Quadrat zum eigenen Platz. In der Opposition der laufenden Planeten Saturn und Uranus w i e d e r h o l t e sich die Quadratur des Solar-Uranus zum Saturn-Radix.

Der laufende Jupiter, der infolge der Radix-Jupiterstellung gesundheitlich ungünstige Bedeutung gewinnt, stand am Todestage im Quadrat zur Radix-Sonne, aber auch in Quadratur mit der laufenden Venus, ein Winkel, der dem Quadrat zwischen Solar-Jupiter und Venus-Radix entspricht. Die laufende Venus stand in Opposition zur Radix-Sonne. Der laufende Mond befand sich mit 4° Widder am e i g e n e n P l a t z im Geburtshoroskop.

Der Leser beachte die Mondknotenpositionen im Solar- und Radixhoroskop!

B e i s p i e l 3: Eduard VII., geboren am 9. November 1841, 10 Uhr 50 Min. vorm., gestorben am 6. Mai 1910.

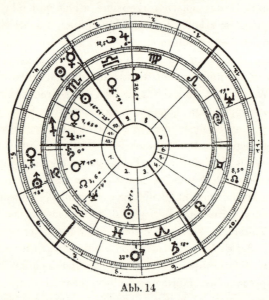

Abb. 14

Das Geburtshoroskop zeigt eine größere Anzahl gesundheitsgefährdender Konstellationen, die das erreichte Lebensalter ziemlich hoch erscheinen lassen. Die starkstehende Sonne im zehnten Felde mit ihrem Sextil zum Mars im ersten Felde und ihrem Trigon zum Uranus mag zur Begründung des verhältnismäßig hohen Lebensalters herangezogen werden, ausreichend ist sie nicht, vielleicht ist hier das glückliche Milieu ausschlaggebend.

Der Solaraszendent steht im achten Solarfeld in Opposition mit Neptun-Radix und im Quadrat mit der Sonne. Der Solar-Mars steht im achten Solarfelde in Konjunktion mit Uranus-Radix, in Opposition mit Mond-Radix und im Quadrat mit Saturn-Radix, ferner im Quadrat zum Geburtsaszendenten, d. h. in schlechten Winkeln zu zahlreichen lebenswichtigen Punkten des Geburtshoroskopes. Mars ist hier besonders bedeutsam, weil seine starke Stellung im ersten Geburtsfelde ihn selbst zu einem lebenswichtigen Faktor stempelt. Der Solar-Mars bildet ferner eine Quadratur mit Venus-Solar, die wegen des alten Quadratverhältnisses zwischen Venus und Mars im Geburtshoroskop besonders wichtig erscheint. Die Quadratur zwischen Solar-Mars und zwischen Solar-Venus fällt nun so, daß sie sowohl den Saturn-Radix, wie den Mond-Radix mit ungünstigen Winkeln angreift. Der Solar-Saturn seinerseits steht im Quadrat zum Uranus-Solar (wie in der Radixfigur) und in Opposition mit Mond-Solar, womit die Konstellation die schlechten Winkel zwischen Saturn, Mond und Uranus im Geburtshoroskop genau w i e d e r - h o l t , und zwar so, daß sie die schlechte Mars-Venus-Verbindung des Geburtshoroskopes angreift, wie schon die schlechte Mars-Venus-Konstellation des Solarhoroskopes die schlechte Saturn-Mond-Uranus-Konstellation im Geburtshoroskop verletzt! Das Reziprokverhältnis bezieht sich hier also nicht nur auf ein Planetenpaar, sondern auf zwei große Konstellationen, die insgesamt von fünf Planeten gebildet werden. Das Beispiel zeigt, wie ungemein verwickelt die Aufgaben sind, die uns die Analyse des Solarhoroskopes häufig stellt, und wie notwendig ganz sorgfältige Betrachtung aller in Frage kommender Faktoren ist. Genau besehen kehrt auch noch ein anderes Winkelverhältnis wieder, – die Konjunktion zwischen Mond und Jupiter im Solarhoroskop entspricht der Quadratur dieser beiden Planeten in der Geburtsfigur. Das Solarhoroskop zeigt eine derartige Fülle w i e d e r k e h r e n d e r Konstellationen auf empfindlichen Orten des Geburtshoroskopes, daß es den eingetretenen Tod durchaus rechtfertigt, wenn es auch, wie immer, prognostisch nur zu einer Voraussage sehr ernster gesundheitlicher Störungen gereicht hätte.

Planetenstände am 6. Mai 1910

☉ 15° ♉	☊ 25° ♑	♂ 3° ♋
☽ 7° ♈	♄ 29° ♈	♀ 29° ♓
♆ 17° ♋	♃ 6° ♎	☿ 5° ♊

Am Todestage stand die laufende Sonne in Opposition zum eigenen Ort und in Quadratur mit Neptun-Radix, womit eine partielle W i e d e r k e h r des alten Verhältnisses zwischen Sonne und Neptun im Geburtshoroskop gegeben ist. Der laufende Mond befand sich in Quadratur zum Saturn-Radix (eine Wiederkehr der schlechten Saturn-Mond-Winkel aus Radix und Solar), ferner in Opposition mit dem Jupiter-Radix als Wiederkehr der Mond-Jupiter-Verbindung in Radix und Solar, endlich in Quadratur mit dem laufenden Mars als Wiederkehr des gleichen Solar-Mond-Verhältnisses zum Mars-Radix.

Der laufende Neptun befand sich in Opposition mit Mars-Radix und in Quadratur mit Venus-Radix.

Der laufende Saturn stand nahe am I. C. des Geburtshoroskopes und in Quadratur zum laufenden Uranus entsprechend den Quadraturen zwischen Saturn und Uranus im Solar- und im Radixhoroskop. Der laufende Mars befand sich in Opposition zu Saturn-Radix, entsprechend seinem ungünstigen Verhältnis im Solarhoroskop, ferner in Quadratur mit dem Mond-Radix entsprechend der Quadratur des Solarmondes zum Geburts-Mars. Der laufende Mars stand aber auch noch in Quadratur mit Venus laufend, entsprechend den ungünstigen Winkeln der beiden Planeten im Radix- und Solarhoroskop. Die laufende Venus bildete eine Opposition zum Mond-Radix, entsprechend dem Verhältnis der Solar-Venus zum Geburts-Mond und ferner bildete die laufende Venus eine Quadratur zum Saturn-Radix, entsprechend der Konjunktion der Solar-Venus mit dem Geburts-Saturn.

Wir stellen die wichtigsten Momente noch einmal kurz zusammen:

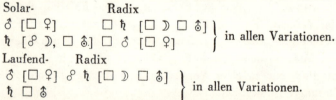

Geburtshoroskop, Solarhoroskop, laufende Planeten und Transite stehen hier in einem so engen inneren Zusammenhang, daß das Bedeutsame nur in diesem Zusammenhang, aber dann auch ungemein markant hervortritt.

Beispiel 4: Adolf von Hildebrand, geboren am 6. Oktober 1847, 4 Uhr 45 Min. nachm. in Marburg a. d. Lahn, gestorben am 18. Januar 1921 in Karlsruhe.

Das Geburtshoroskop zeigt eine verhältnismäßig normale Verfassung und rechtfertigt wohl die gleichfalls ziemlich lange Lebensdauer.

Der Solaraszendent steht, wie so häufig bei Erkrankung und Tod über dem achten Geburtsfelde, und zwar in Opposition mit dem

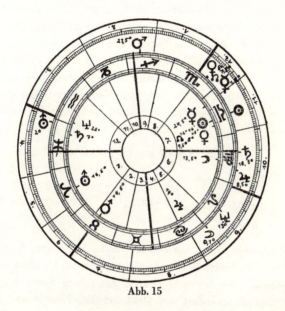

Abb. 15

Mars-Radix. Der Solar-Mars steht, die alte Felderstellung des Geburtshoroskopes wiederholend, im zweiten Solarfelde und seinerseits Quadrat zum Radixaszendenten bildend, so daß sich durch Aszendent-Solar Opposition Mars-Radix und Mars-Solar Quadrataszendent Radix ein charakteristisches Reziprokverhältnis ergibt. Dazu steht Mars-Solar in Quadratur mit Saturn-Solar, der seinerseits den Radixaszendenten durch Opposition verletzt, ein Verhältnis, das wohl besonders auch deshalb bedeutsam ist, weil Mars und Saturn im Geburtshoroskop, wenn auch durch Sextil verbunden waren. Saturn mit seiner Stellung im zehnten Solarfelde in Konjunktion mit Mond und Deszendent der Radixfigur ist maximalbedeutsam in die-

sem Solarhoroskop. Die Konjunktion des Solar-Saturn mit dem
Radix-Monde entspricht der ungünstigen Bedeutung des schlechten
Saturn-Mond-Winkels im Geburtshoroskop, und Saturn ist durch
seine Radixstellung im zwölften Felde bereits krankheitsbezüglich
determiniert.

Der Solar-Uranus steht im vierten Solarfelde in Konjunktion mit
der krankheitsbezüglichen Saturn-Neptun-Konstellation des Geburtshoroskopes, dazu in einer Opposition mit Jupiter-Radix, welche der
ungünstigen Jupiter-Uranus-Verbindung im Geburtshoroskop entspricht. Als weitere sekundäre Faktoren von nachteiliger Bedeutung
können die Stellungen von Merkur und Venus im zwölften Solarfelde gelten und vielleicht wirkt auch der Neptunstand im neunten
Solarfelde über dem sechsten des Geburtshoroskopes mit seiner
Quadratur zum Mars-Radix mit, weil Neptun im Geburtshoroskop
und Mars im Solarhoroskop krankheitsbezügliche Bedeutung aufweisen.

Planetenstände am 18. Januar 1921

☉ 28° ♑	♄ 24° 37' ♍	♀ 14° 26' ♓
☽ 13° ♉	♃ 18° 34' ♍	☿ 29° ♑
♆ 13° ♌	♂ 10° 14' ♓	☊ 2° 5' ♏
⚷ 3° 36' ♓		

Am Todestage finden wir den laufenden Mond über Mars-Radix
gehend und der laufende Neptun steht wieder im Quadrat zu dieser
Marsposition. Der laufende Uranus hat seinen Stand vom Solar
nicht wesentlich verändert und steht zwischen Neptun und Saturn-
Radix. Der laufende Saturn auf dem Deszendenten des Geburtshoroskopes bildete eine Quadratur mit dem Radix-M. C., während
der laufende Jupiter eine Opposition mit dem Aszendenten bildet,
den er sonst im günstigen 120°-Winkel bestrahlte. Der laufende
Mars steht in Konjunktion mit dem Saturn-Radix, wie er im Solar
eine Quadratur mit dem Solar-Saturn bildet und in Opposition mit
Mond-Radix, wie er im Solarhoroskop in Quadratur mit dem Mond-
Radix gestanden hatte. Auch die laufende Venus bildet eine Opposition mit dem Radix-Mond, die vielleicht mit der Quadratur
zwischen Mond und Venus im Solarhoroskop in Verbindung zu
bringen ist.

Die Solarfigur bot vorwiegend nachteilige Momente für die Beurteilung des Gesundheitszustandes, die den tödlichen Ausgang rechtfertigte, ohne ihn geradezu prognostizierbar zu machen. Die Konstellationen der laufenden Planeten erscheinen im Zusammenhang mit den Radix- und Solarpositionen charakteristisch, wenn auch nicht von so klarer Deutlichkeit, wie bei den vorangegangenen Beispielen.

B e i s p i e l 5: Rudolf Steiner, geboren am 27. Februar 1861, 11 Uhr nachm. in Kraljevic, gest. am 30. März 1925 in Dornach.

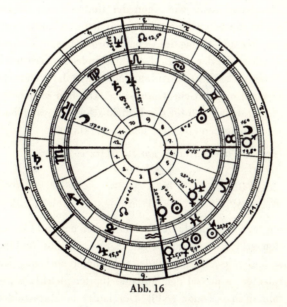

Abb. 16

Das Geburtshoroskop mit seinen kritischen Winkeln von Saturn im zehnten Felde und Uranus an der Spitze des achten Feldes auf Sonne, würde für die Lebensdauer bedenklich aussehen, wenn nicht Jupiter und Venus maximalbedeutsame Stellungen innehätten und dabei gute Winkel mit Mond bildeten.

Das Solarhoroskop zeigt den Aszendenten im achten Radixfelde, zwar in verhältnismäßig günstigen Winkeln mit den Planeten des Geburtshoroskopes, aber in Quadratur mit dem Solar-Uranus, der wegen des Radixstandes dieses Planeten im achten Felde als Herr des achten Feldes anzusprechen ist. Das sechste Solarfeld steht über

143

dem ersten des Geburtshoroskopes und ist von Saturn-Solar besetzt, der eine Konjunktion mit dem Radixaszendenten, Quadraturen mit Jupiter und Venus-Radix bildet und außerdem in Opposition mit Mars-Solar und Mars-Radix steht. Diese Saturn-Mars-Verbindung ist wegen des alten, wenn auch günstigen Saturn-Mars-Winkels im Geburtshoroskop bedeutsam.

Der Solar-Jupiter, der „als Geburtsgebieter" aufgefaßt werden kann, weil der Radix-Jupiter maximalbedeutsam ist, befindet sich im achten Solarfelde und in Quadratur mit dem Mond-Radix.

Der Solar-Mond steht, wie schon der Radix-Mond, im zwölften Solarfelde und in ungünstigen Winkeln zu den maximalbedeutsamen Planeten Jupiter und Venus des Geburtshoroskopes, in Konjunktion mit dem Mars-Solar, der wegen des Marsstandes im sechsten Radixfelde krankheitsbezügliche Bedeutung hat. Die Solar-Venus steht am eigenen Tierkreisort im Geburtshoroskop. Die hier vorliegende Solarfigur ist charakteristisch für den Eintritt schwerer gesundheitlicher Störungen und mag den eingetretenen Tod erklären.

Planetenstände am 30. März 1925

☉ 9° ♈	♋ 22° 30' ♓	♂ 4° ♊
☽ 19° ♊	♄ 13° 15' ♏	♀ 3° ♈
♅ 20° ♌	♃ 20° ♑	☿ 27° 30' ♈

Am Todestage steht der laufende Mond über dem achten Geburtsfelde in den schlechten Winkeln mit Sonne, Uranus und Saturn-Radix, der laufende Saturn befindet sich immer noch auf dem Geburtsaszendenten, während der laufende Jupiter gleichfalls noch im Quadrat zum Radix-Monde steht. Der laufende Mars bildet eine Quadratur zu Saturn-Radix, was besonders bedeutsam ist, weil Saturn-Solar und Mars-Solar eine Opposition auf einem lebensempfindlichen Punkte des Geburtshoroskopes bildeten und Mars und Saturn im Geburtshoroskop bereits durch Winkel verbunden waren, Mars überdies durch seine Stellung im sechsten Felde krankheitsbezügliche Bedeutung aufwies. In Verbindung mit dem Radix- und Solarhoroskop zeigen die Transite den Höhepunkt einer im Solarhoroskop deutlich gegebenen körperlichen Krise an.

B e i s p i e l 6: wbl. geboren am 19. September 1899 1 Uhr 30 Min. vorm. in 51° 20' n. Br., 0 Uhr 49 Min. ö. L.

Nach dauerndem Darmleiden in der Jugend ergab sich Anfang Februar 1925 eine akute Blinddarmentzündung, derzufolge am 3. Februar 1925 eine gutverlaufene Operation folgte. Das Geburtshoroskop zeigt diese Dispositionen mit Sonne in der Jungfrau und in schlechten Aspekten mit Saturn (fünftes Feld), Mond (achtes Feld!), Neptun (elftes Feld) sehr deutlich an.

Das Solarhoroskop zeigt ein durch Venus, Neptun und Mondknoten besetztes zwölftes Feld über dem Radixaszendenten. Der

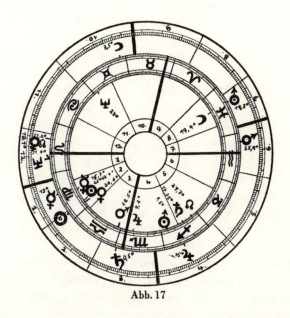

Abb. 17

Solaraszendent steht im Quadrat zum Uranus der Geburtsfigur, der Solar-Uranus auf dem Orte des krankheitsbezüglichen Radix-Mondes im achten Radixfelde. Der Solar-Mond, in dieser Geburtsfigur Herr des achten Feldes, weil dort anwesend, steht maximal bedeutsam im zehnten Solarfelde und in Opposition mit Uranus-Radix (Reziprokaspekt!) im Quadrat zum Solaraszendenten. Dazu kommt noch die Position des Solar-Mars im sechsten Solarfelde. Damit ist die Möglichkeit einer ernsteren Krankheit durch die Solarkonstellationen mit aller nur wünschenswerten Schärfe gekennzeichnet. Der gute Ausgang ist wohl darauf zurückzuführen, daß der schon im Geburtshoroskop maximalbedeutsame Jupiter im vierten Felde, auch im Solarhoroskop das vierte Feld in starker Stellung besetzt (Wiederkehr!) und schließlich mag auch die Abwesenheit von starken Saturneinflüssen mildernd gewirkt haben.

Die Krise fand ihren Höhepunkt am 3. Februar 1925.

Planetenstände:

☉ 13° ♒	♃ 11° ♑
☽ 6° ♊	♂ 28,5° ♈
♆ 21,5° ♌	♀ 24° ♑
☊ 19° 20′ ♓	☿ 23,5° ♑
♄ 14° ♏	

Der laufende Uranus steht wiederum g e n a u auf dem Radix-Monde, während der laufende Mond am Solarort die Solaropposition zum Uranus-Radix wiederholt (Reziproktransit). Sonne und Saturn stehen laufend, wie in der Geburtsfigur (nicht aber im Solar) im Quadrat zueinander, während der laufende Mars mit seiner krankheitsbezüglichen Bedeutung aus dem Solarhoroskop in genauer Opposition zum eigenen Platz steht. Jupiter, Venus und Merkur bilden aber laufend einige günstige Winkel zu den Radix-faktoren.

c) Todesfälle in der Familie
b z w. i n d e r m e n s c h l i c h n a h e s t e h e n d e n
U m g e b u n g

Diese Beispiele sollen nur zeigen, daß Zusammenhänge dieser Art bestehen und prognostisch bis zu einem gewissen Grade erfaßbar sind, sie sollen aber nicht dazu führen, Todesfälle mit Sicherheit vorauszusagen, sondern vielmehr zur Beschränkung der Prognose auf Krankheitseinflüsse in dieser Sphäre Anlaß geben.

Beispiel 1. N. N. weiblich, geboren am 9. November 1870, 11 Uhr vorm., 47° n. Br., 0 Uhr 46 Min. ö. L. Tod des Vaters in der Nacht vom 31. Januar zum 1. Februar 1874.

Das Geburtshoroskop läßt den verhältnismäßig frühzeitigen Tod des Vaters nicht ohne weiteres erklären. Das Solarhoroskop ist in vieler Beziehung charakteristisch.

Das Solar-I. C., das doch traditionell Beziehung zur väterlichen Erbmasse bzw. zum Vater aufweist, steht in Opposition mit Uranus-Radix und in Quadratur mit Neptun-Radix ohne eigentlich günstige

Winkel zu den Planeten des Geburtshoroskopes. Der Solar-Mars, der hier als Herr des achten Feldes, weil dort im Radix stehend, aufzufassen ist, steht in Konjunktion mit dem J. C.-Solar und der Solar-Saturn, der wegen seiner entsprechenden Stellung im zwölften Radixfelde als Herr dieses Feldes aufzufassen ist, steht im vierten Solarfelde in Opposition mit Uranus-Radix.

Der Solar-Jupiter befindet sich ferner im zwölften Solarfelde in Quadratur mit dem Saturn-Radix, was der Opposition zwischen

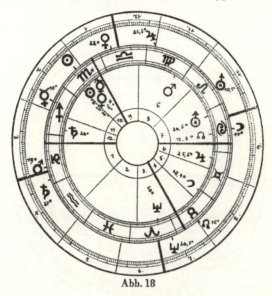

Abb. 18

Jupiter und Saturn im Geburtshoroskop entspricht und möglicherweise in den Zusammenhang hineingehört.

Planetenstände am 31. Januar 1874, 12 Uhr nachts

☉ 12° 30' ♒	♃ 1° 30' ♎
☽ 6° ♌	♂ 24° ♓
♅ 26° ♈	♀ 6° 30' ♒
☊ 8° 30' ♌	☿ 10° 30' ♒
♄ 6° ♒	

Am Todestage des Vaters befindet sich der laufende Mond im Quadrat zum I. C. des Geburtshoroskopes, ebenso wie die laufenden Planeten Saturn, Uranus und Venus. Der laufende Neptun steht wie im Solarhoroskop im Quadrat zum Uranus-Radix. Wesentlich erscheint aber vor allem die Konstellation des laufenden Mars als Herrn des achten Todesfeldes (weil im Geburtshoroskop dort anwesend), der laufende Mars steht in Quadratur mit Saturn-Radix, wie er im Solar in Konjunktion mit dem Saturn-Solar gestanden hatte.

Beispiel 2. N. N. männlich, geboren am 14. August 1890, 1 Uhr 45 Min. vorm., 51° n. Br., 0 Uhr 52 Min. ö. L.

Tod der Mutter am 23. Dezember 1925.

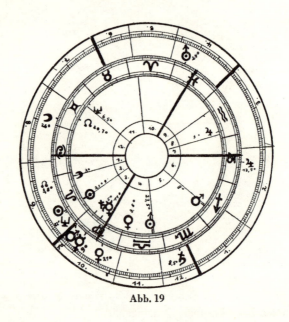

Abb. 19

Das Geburtshoroskop gibt uns wenig Anhaltspunkte für die Beziehung zur Mutter, die in solchen Fällen meist aus der Mondstellung des Geburtshoroskopes erfaßt wird.

Das Solarhoroskop zeigt uns den Solar-Mond in Quadratur mit dem Solar-Uranus, wie das Geburtshoroskop eine, wenn auch weite Quadratur zwischen Mond und Uranus aufwies. Der Solar-Mond befindet sich im achten Solarfelde.

Das Solar-M. C., das gewöhnlich auf die mütterliche Erbmasse bzw. auf die Mutter bezogen wird, befindet sich nahe am Saturn-

Radix und in Konjunktion mit Mars-Solar, der gleichfalls auf dem Saturn-Radix steht und so eine alte schlechte Winkelbeziehung aus dem Geburtshoroskop wiederholt. Auch die Quadratur des Solar-Mars zum Neptun-Radix stellt sich als eine Wiederholung einer alten ungünstigen Konstellation dar.

Der in den ungünstigen Winkelkomplex des Geburtshoroskops hineingerissene Merkur ist im Solar gleichfalls wieder beteiligt, indem er den alten Platz im Tierkreis besetzt, wo er ungünstige Winkel zu Saturn, Neptun und Mars-Radix bildet.

Am 17. Dezember 1925 erkrankte die Mutter, und zwar befanden sich an diesem Tage die laufenden Planeten Saturn und Mars in exakter Konjunktion, wie Solar-Mars in Konjunktion mit Saturn-Radix stand und wie zwischen Saturn und Mars im Geburtshoroskop bereits ein ungünstiger Winkel vorlag. (Durchgehende Wiederkehr!)

Planetenstände am 23. Dezember 1925

☉ 0° ♑	♃ 27° ♑
♅ 24° ♌	♂ 26° ♏
☊ 21,5° ♓	♀ 15° ♒
♄ 22° ♏	☿ 11° ♐

Am Todestage wird auch das dritte Glied der ungünstigen Radixgestirnung in die laufende Konfiguration einbezogen. Wir finden da den laufenden Saturn im Quadrat zum laufenden Neptun, wie Saturn-Radix Quadrat zu Neptun-Radix bildete. Der laufende Mars befand sich dann weiter noch in Quadratur mit dem laufenden Neptun, wie Mars-Radix in Opposition mit Neptun-Radix stand. Die Konjunktion der laufenden Planeten Saturn und Mars war noch, wenn auch mit weiterem Orbis (4°) vorhanden. Wir beobachten also eine sehr ausgesprochene Wiederkehr eines Komplexes von drei Planeten in der laufenden Konstellation. Schließlich stand auch der laufende Merkur in der Nähe des Mars-Radix, mit dem er im Geburtshoroskop wie in der Solarfigur Quadraturen bildete.

B e i s p i e l 3. N. N. weiblich, geboren 26. März 1909, 2 Uhr 30 Min. nachm. 51° 20′ n. Br., 0 Uhr 49 Min. ö. L.

Tod der Mutter am 17. Mai 1915.

Die ungünstige Bestrahlung des Mondes im zehnten Felde, wie ferner die starke Besetzung des achten Feldes im Geburtshoroskop

rechtfertigt, vom traditionellen Schema aus gesehen, den relativ
frühen Tod beider Eltern.

Im Solarhoroskop beim Tode der Mutter haben wir den Mond als
Herrn des zehnten Radixfeldes im achten Solarfelde in Quadratur
zum M. C.-Radix, in Opposition zum Uranus-Solar, wenn auch sonst
in einigen günstigen Winkeln. Das Solar-M. C., das gleichfalls auf
die Mutter bezogen wird, befindet sich im Quadrat zu Uranus und

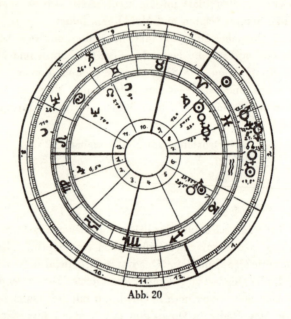

Abb. 20

Mars-Radix, da der Solar-Uranus das Radix-M. C. angreift, ist dieses Reziprokverhältnis wohl nicht belanglos. Als gravierende Momente sehen wir Mars und Jupiter-Solar in Konjunktion mit Merkur-Radix, der sich im achten Geburtsfelde befindet und in Quadratur mit Mond und Jupiter-Radix. Für den Jupiterteil dieser
Konstellation liegt hier eine partielle Wiederkehr alter Beziehungen
vor (Quadrat Mond, Konjunktion Merkur), auch Merkur-Solar
steht mit Mars und Jupiter-Solar verbunden am eigenen Platze im
Geburtshoroskop.

Die Transite und die Konstellationen der laufenden Planeten ergeben in diesem Falle nicht viel. Man kann überhaupt beobachten,

daß diese Faktorengruppen bei Ereignissen bzw. Zuständen, die nicht unmittelbar den Horoskopeigner selbst angehen, manchmal nur schwach beteiligt sind, während das Solarhoroskop gewöhnlich recht markante Konfigurationen darbietet. Charakteristisch, wenn eben auch nur im Zusammenhang mit der Solar- und Radix-konfiguration, ist wohl die Quadratur des laufenden Uranus zum Merkur-Radix im achten Felde.

Solarhoroskop 1919–1920

M. C. 12° ♎	♃ 7° ♋
Asz. 12° ♐	♂ 15,5° ♈
☽ 0° ♒	♀ 4° ♉
♅ 7° ♌	☿ 22° ♊
⚷ 29,75° ♒	☊ 7° ♐
♄ 22° ♌	

Planetenstände am 13. November 1919

☉ 20° ♏	♃ 17,5° ♌
☽ 5° ♌	♂ 20,5° ♍
♅ 11,5° ♌	♀ 4° ♎
⚷ 28° ♒	☿ 13° ♐
♄ 10° ♍	

Im Solarhoroskop beim Tode des Vaters, der am 13. November 1919 starb, sehen wir das I. C. auf dem Radix-Saturn und Mars-Solar in Konjunktion mit Saturn-Radix im vierten Solarfelde, das dem Vater entsprechen soll. Diese Konstellation ist eine partielle Wiederkehr der Quadratur zwischen Mars und Saturn im Geburts-horoskop.

Der Solar-Saturn steht auf dem Radixaszendenten und im achten Solarfelde, was bei der Beziehung des I. C. zum Saturn-Radix ver-ständlich wird.

Der laufende Saturn befindet sich am Todestage des Vaters im Quadrat zum Mond-Radix und in Opposition zum Merkur des Radixhoroskopes, der, im achten Felde stehend, Herr dieses Feldes ist, während der laufende Merkur wiederum, wie beim Tode der Mutter, eine Quadratur zum eigenen Platze im achten Felde bildet.

B e i s p i e l 4. N. N., geboren am 20. März 1874, 2 Uhr 30 Min. nachm., in 51° n. Br., 0 Uhr 57 Min. ö. L.

Tod des Gatten am 14. Januar 1929.

Das Solarhoroskop enthält die Wiederkehr des ungünstigen Radixwinkels zwischen Mond und Saturn an maximalbedeutsamer Stelle, und zwar so, daß nach den Auffassungen der Tradition Menschen der persönlichen Umgebung von diesem Aspekt betroffen werden müssen. Die Mondstellung im siebenten Solarfelde weist direkt auf den Lebenspartner hin. Weiter ergibt sich eine Konjunktion von Sonne und Uranus an der Spitze des achten Solarfeldes über dem achten des Radixhoroskopes. Da die Sonne bei der Frau in der Regel mit dem Idealtypus des Mannes zusammenhängt, ist auch diese Konstellation recht charakteristisch. Das Solarhoroskop

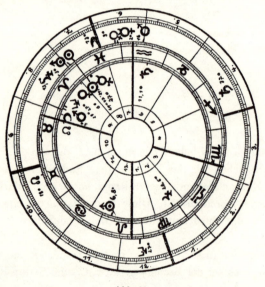

Abb. 21

zeigt einen auffälligen Mangel an günstigen Verbindungen und Stellungen, das vierte und siebente Solarfeld ist ungünstig besetzt und die übrigen Planeten stehen in ungünstigen Feldern. Auffällig erscheint auch die Wiederkehr der Stellung des aufsteigenden Mondknotens in Quadratur mit dem Solar-Mond im siebenten Solarfelde und mit dem Solar-Saturn im vierten Solarfelde.

Planetenstände am 14. Januar 1929

☉ 23,8° ♑		♃ 1,1° ♉
☽ 3,5° ✕		♂ 22,1° ♊
♅ 0,9° ♍		♀ 9,1° ✕
☊ 3,9° ♈		☿ 9,9° ♒
♄ 25,2° ♐		

Die Konstellationen am Todestage sind, wie so oft in Fällen, wo es sich um Schicksale anderer Menschen handelt, die uns berühren, nicht allzu markant, die Transite vor allem nicht sehr genau. Der laufende Saturn steht in Quadratur mit Merkur im achten Radixfelde und auch nicht weit von der Quadratur der Sonne im gleichen Felde entfernt. Er bildet weiter eine Quadratur zum Jupiter-Radix. Der laufende Merkur geht über den Saturn-Radix.

Wir untersuchen jetzt den gleichen Todesfall vom Horoskop der Tochter aus gesehen:

B e i s p i e l 5. N. N., weiblich, geboren am 4. Mai 1905, 10 Uhr 45 Min. nachm. in 0 Uhr 49 Min. ö. L., 51° 20 Min. n. Br.

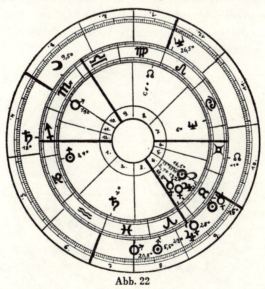

Abb. 22

Der Solaraszendent steht im achten Felde in Opposition mit Saturn-Radix, während der Saturn-Solar im vierten Solarfelde, das auf den Vater bzw. auf die väterliche Erbmasse Bezug hat, über

153

dem Aszendenten des Radixhoroskopes steht. Es liegt also ein Reziprokverhältnis vor. Das auf die väterliche Erbmasse bezügliche Solar-I. C. steht in Konjunktion mit dem Mars-Radix, der Solar-Mars, der bei solchen Verhältnissen sogleich zu untersuchen ist, befindet sich im achten Solarfelde und im Quadrat zum Radixaszendenten wie zum Solar-Saturn im vierten Solarfelde. Auch Uranus-Solar steht in Quadratur zum eigenen Ort im Geburtshoroskop im achten Solarfelde. Mit diesen Konstellationen ist das Jahresschicksal recht deutlich gekennzeichnet.

Am Todestage stand der laufende Mars in Opposition zum Aszendenten-Radix, wie schon der auf den Todesfall bezügliche Solar-Mars im achten Solarfelde eine Quadratur mit dem Radixaszendenten bildete. Auch der laufende Saturn befand sich in der Nähe des Geburtsaszendenten. Hier, wo direkte Verwandtschaft vorliegt, sind die Transite am Ereignistage schon bedeutend markanter.

d) Unfälle

Wir geben hier einen Unfall im Solarhoroskop wieder, der durch die psycho-physische Disposition bedingt ist. Andere, nicht psychisch oder körperlich bedingte Unfälle (Zufälle) halten wir nicht für erkennbar.

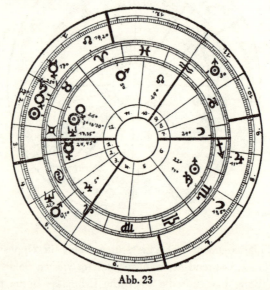

Abb. 23

B e i s p i e l 1. N. N., männlich, geboren 28. Mai 1896, 5 Uhr vorm., 51° 20 Min. n. B. und 0 Uhr 49 Min. ö. L.

Sturz beim Turnen mit doppeltem Kieferbruch.

Das Geburtshoroskop zeigt durch seine Besetzung der gewöhnlichen Zeichen eine gewisse Labilität an, die Unfälle zu begünstigen pflegt, aber auch die Position des Uranus im sechsten Felde haben wir häufig bei Unfallsneigung gefunden.

Der Solaraszendent steht auf dem Mars des Radixhoroskopes. Damit ist nun entweder eine akute Erkrankung oder ein Unfall bzw. eine Verletzung gekennzeichnet. Näheren Aufschluß ergibt in solchen Fällen erst die Solarposition des Mars in Verbindung mit den übrigen Konstellationen der Solarfigur. Der Solar-Mars befindet sich im fünften Solarfelde, und zwar in Konjunktion mit Jupiter-Radix, woraus sich eine gewisse Gefährdung durch den Bewegungstrieb bzw. durch den Sport ergibt, die deutlich Unfallscharakter zeigt, weil dieser Solar-Mars eine verhältnismäßig exakte Opposition zum Solar-Uranus aufweist. Die allgemeine Disposition zu Unfällen verstärkend, steht auch Merkur im Solar in Opposition mit Mond-Solar, wobei letzterer auf dem Saturnplatz der Radixfigur steht. Die alte, psychisch zu vorübergehenden Reaktionsstörungen beeinflussende Konstellation kehrt in den gleichen Feldern wieder.

Planetenstände am 15. November 1912

☉ 23° ♏	☊ 0° ♒	♂ 19,5° ♏
☽ 7° ♒	♄ 1° ♊	♀ 27° ♐
♆ 26° ♋	♃ 19° ♐	☿ 14,5° ♐

Am Unfallstage haben wir die laufende Sonne, wie aber vor allem auch den laufenden Mars, der hier unfallsbedingend im Solarhoroskop auftrat, auf der Uranusposition des Geburtshoroskopes. Es wiederholte sich da die schlechte Mars-Uranus-Verbindung aus dem Solarhoroskop.

e) Kriminalität

K. P., weiblich, geboren am 16. Juni 1908, 7 Uhr vorm. 51° n. Br. 0 Uhr 44 Min. ö. L., ermordete am 25. März 1929 einen Straßenhändler, den sie gleichfalls beraubte, oder (angeblich) vorher schon beraubt hatte.

Das Geburtshoroskop zeigt ausgesprochen pathologische Züge, hysterische Tendenz und gänzlich gestörtes geistiges Gleichgewicht).

Das Solarhoroskop des Tatjahres bringt einerseits eine Wiederholung der starken Besetzung des zwölften Feldes, die das Geburtshoroskop kennzeichnet, vor allem Mars w i e d e r k e h r e n d im zwölften Felde mit W i e d e r h o l u n g seiner schlechten Winkel zu Uranus, Mond, Merkur, Neptun und Venus. Merkur steht am alten Tierkreisplatz, bildet also wieder alle alten Winkel zu den Planeten des Geburtshoroskopes und wiederholt außerdem noch in

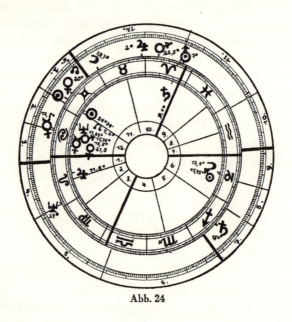

Abb. 24

seiner Quadratur zum Solar-Uranus das alte kritische Radixverhältnis (partielle und totale Wiederkehr!). Der Solar-Mond mit Quadrat zum Solar-Neptun wiederholt den schlechten Radixaspekt, der Solar-Uranus bildet in seiner Konjunktion mit Saturn-Radix eine partielle Wiederkehr. Saturn-Solar ist maximalbedeutsamer Planet des Geburtshoroskopes, wie schon Saturn im Geburtshoroskop an maximalbedeutsamer Stelle stand. Die große Zahl wiederkehrender Verhältnisse im Solarhoroskop zeigt, daß auch von astrologischem

Standpunkt aus mit einer verhängnisvollen Aktualisierung der disharmonischen Wesens- und Charaktereigentümlichkeiten gerechnet werden mußte.

Planetenstände am 25. März 1929

☉ 4,35° ♈	♅ 7,2° ♈	♂ 5,85° ♋
☽ 6,5° ♎	♄ 0,4° ♑	♀ 7,6° ♉
♆ 29° ♌	♃ 11,75° ♉	☿ 14° ♓

Am Tage der Tat stand der laufende Uranus gemeinsam mit der laufenden Sonne auf dem Saturn-Radix (Wiederkehr aus Radix- und Solarhoroskop!) und im Quadrat mit dem laufenden Mars (Wiederkehr aus Radix- und Solarhoroskop!). Der laufende Mond stand (wie im Geburtshoroskop) im schlechten Winkel zu Saturn-Radix, zu den laufenden Planeten Mars, Uranus und Saturn.

Zusammenstellung

Radix:	Solar:	lfde. Planeten:
♄ max. bed.	♄ sol. max. bed.	
5 Plan i. 12. F.	4 sol. Plan i. 12. F.	
♂ i. 12. F.	♂ sol. i. 12. F.	♂ lfd. über 12. F. Rad.
♂ ☍ ♅	♂ sol. □ ♅ Rad.	♂ lfd. □ ♅ lfd.
♂ ☍ ☽	♂ sol. □ ☽ Rad.	♂ lfd. □ ☽ lfd.
☽ ☍ ♆	☽ sol. □ ♆ sol.	☽ lfd. □ ♆ Rad.
☽ ☌ ♅	–	☽ lfd. ☍ ♅ lfd.
☽ □ ♄	–	☽ lfd. ☍ ♄ Rad.
		☽ lfd. □ ♄ lfd.
♅ □ ♄	♅ sol. ☌ ♄ Rad.	♅ lfd. ☌ ♄ Rad.
☿ ☌ ♂	☿ sol. ☌ ♂ Rad.	
☿ ☌ ♆	☿ sol. ☌ ♆ Rad.	
☿ ☍ ♅	☿ sol. ☍ ♅ Rad.	
☿ ☍ ☽	☿ sol. ☍ ☽ Rad.	

Es darf nicht verschwiegen werden, daß die Dinge auf kriminellem Gebiet durchaus nicht immer so einfach liegen, wie in diesem sehr markanten Falle, es gibt da gerade im Bereich der aktuellen Konstellationen seltsame und überraschende Auslösungen, vielfach ebenso merkwürdige Ausfälle. Motiv und Milieu scheinen sehr ausschlaggebend.

Die Wendepunkte eines Lebenslaufes im Spiegel des Solarhoroskopes und der Konstellationen der laufenden Planeten

Es wäre natürlich das Beste, die Bedeutung des Solarhoroskopes und der Konstellationen der laufenden Planeten an einer kontinuierlichen Reihe von Lebensjahren einer bestimmten Persönlichkeit zu studieren. Dieser Absicht stehen aber fast unüberwindliche Schwierigkeiten gegenüber. Bei öffentlich bekannten Persönlichkeiten ist nur der ganz an der Oberfläche liegende Teil des Lebens wirklich offenbar und astrologisch nachprüfbar, der andere astrologisch oft vielleicht bedeutsamere entzieht sich der Kontrolle des Außenstehenden. Nur ganz vereinzelte Lebensläufe sind von der Forschung so klargelegt, daß man den Versuch wagen könnte, Goethes Leben z. B. käme hier in Betracht, aber in diesem Falle sind die technischen Schwierigkeiten (Berechnung der Solarhoroskope usw.) recht erheblich und zwingen uns zum vorläufigen Verzicht. Die Lebensläufe von Menschen, die dem Verfasser nahestehen, können aus begreiflichen Gründen nicht Gegenstand so ausführlicher Veröffentlichungen sein. Ich bedauere das ganz außerordentlich, weil es sonst in viel weiterem Ausmaß möglich wäre, die Bedeutung unseres Gegenstandes in der Darstellung zu erschöpfen. Die im intimen Leben aufweisbaren Variationen sind tatsächlich so zahlreich und eigenartig, daß sie eine sehr breite Behandlung verdienen würden. Es bleibt dem Leser nichts anderes übrig, als aus allen angeführten Einzelbeispielen Gesichtspunkte für die Beurteilung des eigenen Materials zu gewinnen, auch dort, wo es sich um intimere Vorgänge handelt. Um dem angestrebten Ziele kontinuierlicher Vergleichung wenigstens einigermaßen näherzukommen, soll hier am Horoskope P. v. Hindenburgs das Wesentliche der Konstellationen entscheidend wichtiger Lebensjahre hervorgehoben werden.

Paul von Hindenburg, geboren am 2. Oktober 1847, 3 Uhr nachm. in Posen (vgl. sein Radixhoroskop im Bd. II, S. 87).

Das Jahr 1914 ließ Hindenburg aus dem begrenzten Rahmen einer normalen, wenn auch glänzenden Offizierslaufbahn heraustreten vor gewaltige Aufgaben, die ihm Gelegenheit boten, alle in langen Friedensjahren gereiften Kräfte zur vollen Entfaltung zu bringen. Aus dem Korpskommandeur a. D. wurde ein überlegener, siegreicher Feldherr und ein beliebter Volksmann.

Das Solarhoroskop ist ungemein charakteristisch! Im Geburtshoroskop standen Jupiter und Mond in enger Konjunktion maximal bedeutsam, die Solarfigur zeigt die entsprechenden Solarplaneten in einem der Konjunktion gleichwertigen Sextil und beide
Planeten ebenfalls an maximal-bedeutsamer Stelle des Solars im
zehnten und ersten Solarfelde, also mit durchaus positiver Bedeutung. Der Solar-Mond bildet in partieller Wiederkehr des alten
Aspektverhältnisses auch noch ein Trigon zum Jupiter-Radix und
ein vielleicht weniger wichtiges Trigon zum Radix-Saturn. Aber
auch Mars steht begreiflicherweise ungemein stark in der Solarfigur dieses den Krieg einleitenden Jahres. Die Bedeutung seiner

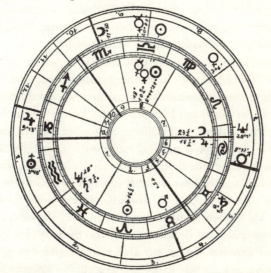

Abb. 25. Solarhoroskop 1913—1914 (berechnet auf Hannover)

Stellung ist allerdings zunächst nicht sogleich durchschaubar, Mars
bildet einen ungünstigen Winkel zur Radix-Sonne, aber dieses Verhältnis hat nicht viel auf sich, denn im Geburtshoroskop besteht
keine kritische Mars-Sonne-Verbindung. Die Opposition des Solar-
Mars zum Solar-Jupiter könnte schon ernster genommen werden,
weil Jupiter und Mars im Geburtshoroskop, wenn auch in einem
Winkel von entgegengesetzter, also günstiger Bedeutung, verbunden
waren. Da Jupiter jedoch im Geburts- wie im Solarhoroskop stärker steht als Mars, ist seiner Position größerer Wert beizumessen.

Die zunächst immer noch etwas kritisch erscheinende Marsstellung wird aber weiter wesentlich dadurch gemildert, daß sie mit dem anderen maximal bedeutsamen Planeten des Radix- und Solarhoroskopes mit dem Solar-Mond einen günstigen Winkel (in Wiederholung des alten harmonischen Verhältnisses zwischen Mond und Mars im Geburtshoroskop) bildet. Mars-Solar steht aber auch noch in günstiger Winkelbeziehung zum Radix-Saturn, wie schon Saturn und Mars im Geburtshoroskop durch Sextil verbunden waren. Endlich bildet Mars auch noch einen günstigen Winkel zum eigenen Platz im Geburtshoroskop. Die genaue Analyse der Marsposition zeigt, daß trotz gegenteiligen Ersteindruckes die günstigen Momente stark überwiegen. Man darf freilich nicht vergessen, mit wieviel seelischen Konflikten und Krisen der Sieg im Kampfe gegen eine vielfältige Übermacht erkauft werden muß.

Die Schlacht bei Tannenberg vom 26. bis 29. August 1914, deren glänzende Durchführung Hindenburgs Ruhm begründete, fand unter sehr charakteristischen Transiten und wiederkehrenden Konstellationen der laufenden Planeten statt. Wie im Geburtshoroskop bildeten Ende August und Anfang September Jupiter und Mars laufend ein Trigon miteinander, und zwar so, daß der laufende Jupiter über dem ersten Radixfelde stehend, ein Trigon zur Radix-Sonne bildete, während der laufende Mars auf dem Geburts-Sonnenort stand. Man erkennt hier deutlich, unter welchen Umständen ein sonst als kritisch zu bezeichnender direkter Marsübergang tatsächlich von günstiger Bedeutung ist. Die Stellung des laufenden Uranus im genauen Trigon zur Radix-Sonne gibt den genannten Konstellationen natürlich noch ein wesentlich stärkeres Gewicht, zumal im Geburtshoroskop bereits eine Winkelbeziehung zwischen Sonne und Uranus, wenn auch eine kritische, besteht.

Das Jahr 1914 bis 1915 befestigte Hindenburgs Ruf und Stellung durch große entscheidende Siege an der Ostfront, die durch ungewöhnliche charakterliche und geistige Führergaben erfochten wurden.

Auch in dieser Solarfigur steht Jupiter, wie im Wurzelhoroskop, an maximal bedeutsamer Stelle im zehnten Felde in ganz vorzüglichen Winkelbeziehungen zu den Planetenpositionen der Geburt, zu Sonne, Venus, Merkur und Uranus. Diese Winkel sind besonders wertvoll, weil sie schon im Geburtshoroskop, wenn auch in gegensinniger Weise, bestanden*). Neben Jupiter befindet sich auch der Solar-Uranus in gleich günstigen Winkeln unweit der Spitze des zehnten Solarfeldes über dem ersten des Geburtshoroskopes.

Die Mondposition muß in allen Solarhoroskopen Hindenburgs besondere Bedeutung haben, denn der Mond steht im Geburts-horoskop mit Jupiter gemeinsam an maximal bedeutsamer Stelle. In diesem Jahre befindet sich der Solar-Mond in partieller Wieder-kehr des alten glücklichen Winkelverhältnisses im guten Winkel

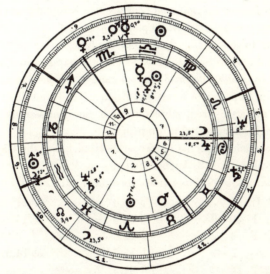

Abb. 26. Solarhoroskop 1914—1915 (berechnet auf Breslau)

zum anderen maximal bedeutsamen Planeten des Geburtshorosko-pes, zum Jupiter-Radix und auch im harmonischen Aspekt zum eigenen Geburtsort.

Die Solar-Venus steht im Trigon zur maximal bedeutsamen Mond-Jupiter-Stellung des Geburtshoroskopes auf dem M.-C.-Radix. Solaraszendent und Solar-M. C. weisen gleichfalls sehr günstige Winkel zur Sonne, zur Venus, zum Merkur und zum Uranus der

*) Vergl. S. 81 u. 88. Man darf vielleicht annehmen, daß die großen Erfolge H.s die endliche unglückliche Wendung nicht verhindern konnten, weil im Geburtshoroskop schlechte Winkel zwischen Sonne, Uranus und Jupiter vorlagen, so daß doch, im Rahmen des Ganzen gesehen, falsche Voraus-setzungen selbst günstig verlaufende Einzelkampfhandlungen bestimmten.

Geburtsfigur auf. Das Solarhoroskop steht in deutlicher Übereinstimmung mit dem tatsächlichen Verlauf des Geschehens.

Das sehr bewegte Kriegsjahr fand einen gewissen Höhepunkt in der „Winterschlacht in Masuren". In dieser Schlachtperiode standen die laufenden Planeten Mars und Uranus gemeinsam im Trigon zur Radix-Sonne, während der laufende Jupiter über den Radix-Saturn lief. Das ganze Jahr ist durch günstigen Uranuseinfluß auf Sonne, Venus und Merkur-Radix und durch gute Transite des laufenden Jupiter zur maximal bedeutsamen Konjunktion von Mond und Jupiter im Geburtshoroskop gekennzeichnet.

Die nun folgenden Solarhoroskope der Kriegsjahre 1916 bis 1918 zeigen nicht mehr so große Konstellationsstärke wie die vorangegangenen, was vielleicht dahin verstanden werden kann, daß der wesentliche Einsatz von Kraft und Können 1914 und 1915 erfolgte und die späteren Kriegsjahre nur noch eine Fortsetzung der eingeleiteten Tendenz mit sich brachten.

Das Solarjahr 1915 bis 1916 brachte Hindenburg die Übernahme der Heeresleitung (28. August 1916).

Solarhoroskop 1915 bis 1916 (berechnet auf Lötzen):

M. C. 20° ♉	☽ 26,8° ♋	♂ 27° ♋
11. F. 29° ♊	♅ 2,5° ♌	♀ 14° ♎
12. F. 4° ♌	☌ 12° ♒	☿ 4° ♏
Asz. 1° ♍	♄ 15,75° ♋	☊ 14,5° ♒
2. F. 16° ♍	♃ 21,5° ♓	
3. F. 16° ♎		

Zunächst galt es, die gewonnenen Vorteile gegen starke russische Angriffe zu sichern, was in aufreibenden Kämpfen ohne eigentliche Handlungsmöglichkeiten erfolgte.

Das Solarhoroskop zeigt auch nichts ausgesprochen Markantes, die Eckfelder sind nur schwach besetzt. Beachtenswert ist die Mond-Mars-Stellung nahe an der Spitze des siebenten Solarfeldes. Sie macht auf den ersten Blick einen kritischen Eindruck und gewiß hat sie die Bedeutung starker Spannungen. Die nähere Analyse zeigt allerdings, daß der erste Blick täuscht, daß die Konstellation im ganzen günstige Effekte auslösen mußte, wenn sie auch starke Spannungsmomente bedingte. Mond und Mars bilden im Geburtshoroskop einen günstigen Winkel, so daß die Konjunktion von

Mond und Mars im Solarhoroskop bei aller Spannung, die sie erzeugt, doch nicht eigentlich als ungünstig zu bezeichnen ist. Sie ist überdies wesentlich und stark, weil sie auf dem Mondplatz der Geburt stattfindet. Hinzu kommt noch ein anderes wichtiges Moment: das Trigon zwischen Jupiter und Mars (Wiederholung des alten günstigen Verhältnisses der beiden Planeten) und das Trigon zwischen Jupiter-Solar und Mond-Radix und Mond-Solar, das der Konjunktion zwischen Mond und Jupiter im Geburtshoroskop gleichwertig ist. Schlechte Winkelbildungen der Solarstellungen von Mond und Mars zum Radixhoroskop liegen nicht vor.

Ende 1916 übernahm Hindenburg die Oberste Heeresleitung unter sehr kritischen Umständen. Rumänien hatte den Krieg erklärt und die Lage war nach Hindenburgs eigenen Berichten sehr ernst, wenn auch nicht aussichtslos.

Die Haupthandlungen in dieser Position erfolgten allerdings erst im Herbst 1916, wo es zu einer Niederwerfung der rumänischen Streitkräfte kam.

Solarhoroskop 1916 bis 1917 (berechnet auf Pleß):

M. C. 9° ♌	☽ 10,5° ♐	♂ 16° ♏
11. F. 13° ♍	♅ 4,5° ♌	♀ 24° ♌
12. F. 9° ♎	♁ 16° ♒	☿ 15,5° ♎
Asz. 0° ♏	♄ 29° ♋	☊ 25° ♑
2. F. 27° ♏	♃ 3° ♉	
3. F. 1° ♑		

Die starke Besetzung der Eckfelder in dieser Solarfigur charakterisiert die positive Stellungnahme zu den Ereignissen, und trotz einiger disharmonischer Winkelbeziehungen ist doch die Gesamtveranlagung des Solarhoroskopes eine günstige. Wie im Geburtshoroskop steht der Solar-Jupiter maximal bedeutsam im siebenten Felde mit günstigen, wenn auch nicht sehr starken Winkeln zu Saturn und Neptun im Geburtshoroskop. Mars im ersten Felde des Solarhoroskopes steht zwar in Opposition zum eigenen Platz, aber in Wiederkehr alter Winkelverhältnisse im Trigon zu Mond und Jupiter-Radix, ist daher von überwiegend günstiger Bedeutung für die persönliche Stellungnahme in Kriegs- und Kampffragen. Im Verlauf der zwölf Monate dieses Solarjahres gelang es der Obersten Heeresleitung unter Hindenburg und Ludendorff, das sinkende Vertrauen wieder kraftvoll zu beleben und eine Anzahl siegreicher Kampfhandlungen zeugten für die richtige Beurteilung der militärischen Sachlage durch den Feldmarschall.

Das darauffolgende Solarjahr 1917 bis 1918 brachte zwar noch einmal eine glänzende Siegesserie im Frühjahr und Frühsommer 1918, aber der Endeffekt zeigte, daß der Kampf unter falschen Voraussetzungen politischer und militärischer Art angesetzt war, das Ende des Solarabschnittes brachte schon sehr ernste Schwierigkeiten.

Solarhoroskop 1917 bis 1918 (berechnet auf Kreuznach):

M. C.	0° ♏	☽ 2° ♉	♀ 19° ♏
11. F.	22° ♏	♆ 6,45° ♌	☿ 21° ♍
12. F.	10° ♐	☊ 20° ♒	☋ 5,5° ♑
Asz.	27° ♐	♄ 12° ♌	
2. F.	11° ♒	♃ 11,5° ♊	
3. F.	27° ♓	♂ 12° ♌	

Das Solarhoroskop zeigt teilweise günstige Winkelverbindungen, aber an sehr schwachen Stellen. Das Sextil zwischen Jupiter und Mars, das schon im Geburtshoroskop vorhanden war, findet im Solarhoroskop eine Wiederholung, und zwar mit gutem Aspekt beider Planeten auf die Positionen von Sonne, Venus und Uranus. Solange der laufende Jupiter im Zeichen Zwillinge diese Solarwinkel innehielt bzw. wiederholte, wurden beachtliche Anfangserfolge erzielt, mit dem Übergang des laufenden Jupiter in das Zeichen Krebs und mit der Erneuerung der ungünstigen Geburtswinkel zu Sonne, Venus, Uranus und Merkur vom eigenen Tierkreisplatz aus zeigte sich aber, daß die vorangegangenen Siege die Kampfkraft verbraucht hatten.

Das Jahr 1918 bis 1919 endlich brachte den tragischen Ausgang der so glücklich eingeleiteten Kämpfe.

Die Solarfigur ist durch außerordentliche Schwäche der Planetenposition in Solar- und über Radixfeldern gekennzeichnet, besonders schwerwiegend ist diese Tatsache für die im Geburtshoroskop maximal bedeutsamen Planeten Jupiter und Mond. Der Solar-Jupiter steht unweit vom eigenen Ort im Geburtshoroskop und in den alten schlechten Winkeln zu Uranus, Sonne, Venus und Merkur. Die Solarfigur wird eindeutig beherrscht von Mars, der im siebenten

Solarfelde auf dem Radix-M. C. stehend, schlechte Winkel zum Neptun-Radix und zu Saturn und Uranus des Solar-Horoskopes bildet, ohne eindeutig günstige Beziehungen aufzuweisen. Im Vergleich mit den Horoskopen der Erfolgsjahre wirkt diese Solarfigur ganz ausgesprochen ungünstig und schwach; man begreift die negative Wendung des Schicksals.

Am 26. Oktober 1918 nimmt General Ludendorff den Abschied. Jupiter steht jetzt im Quadrat zum Uranus-Radix und Saturn auf der Opposition zum Neptunort der Geburt, was um so wichtiger

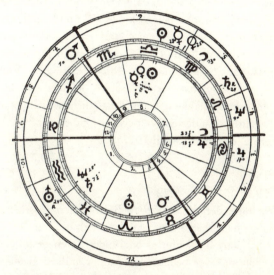

Abb. 27. Solarhoroskop 1918—1919 (berechnet auf Spaa)

erscheint, als Saturn und Neptun im Geburtshoroskop eine Konjunktion bilden, die, allgemein gesehen, teils günstige, teils ungünstige Wirkungen auszuüben pflegt, zu Zeiten schlechter Konstellationen, wie jetzt, jedenfalls aber von unglücklicher Bedeutung sein muß. In den beiden ersten Kriegsjahren stand der laufende Saturn noch im Trigon zu Neptun und Saturn-Radix.

Die offizielle Laufbahn Hindenburgs schien danach beendet, als im Jahre 1925 die Frage an ihn herantrat, ob er die Reichspräsidentenkandidatur annehmen solle oder nicht. Noch einmal stellte sich der 78jährige in den Dienst des Volkes.

Solarhoroskop 1924 bis 1925 (berechnet auf Hannover):

M. C. 10° ♋	☽ 24° ♏	♂ 26° ♒
11. F. 16° ♌	♅ 21,75° ♌	♀ 24° ♌
12. F. 15° ♍	♆ 18,75° ♓	☿ 21,5° ♍
Asz. 8° ♎	♄ 2° ♏	☋ 20,5° ♌
2. F. 2° ♏	♃ 14,5° ♐	
3. F. 3° ♐		

Der Solaraszendent steht in enger Konjunktion mit der Sonne, so den persönlichen Kräfteeinsatz charakterisierend, während der Solar-Jupiter im dritten Solarfelde in günstigen Winkeln zu Sonne, Venus, Merkur, Uranus des Geburtshoroskopes steht und ein Ergreifen der Macht begünstigt. Der Solarmond steht charakteristischerweise in Konjunktion mit dem Radix-C. M., im Trigon zu Jupiter und Mond der Geburtsfigur, freilich auch in einigen kritischen Winkelbeziehungen zu den Planeten der Solarfigur, woraus sich mancherlei Kampf und Schwierigkeiten in der persönlichen Stellungnahme zu der nun gänzlich veränderten Welt ergeben haben wird.

Planetenstände am 26. April 1925:

☉ 5,2° ♉	♆ 23,8° ♓	♂ 20,5° ♊
☽ 9° ♊	♄ 11,5° ♏	♀ 5,75° ♉
♅ 19,8° ♌	♃ 22,1° ♑	☿ 23,5° ♈

Am Wahltage, der die seelischen Beziehungen zwischen Hindenburg und dem deutschen Volke zum Ausdruck brachte, Beziehungen, die in der Eigenart Hindenburgs begründet waren, stand der im Geburtshoroskop maximal bedeutsame Jupiter laufend genau auf dem Aszendenten des Geburtshoroskopes, während Mond und Mars günstige Winkel zu Sonne, Venus, Merkur und Uranus-Radix bildeten. Die laufende Sonne stand, wie im Geburtshoroskop, in enger Konjunktion mit der laufenden Venus. Hinzu kam vermutlich das Trigon des laufenden Uranus zum Radix-Mond, da das Geburtshoroskop eine wenn auch schlechte Mond-Uranus-Verbindung und das Solarhoroskop ein Trigon zwischen Mond und Uranus aufweist.

Beispiel einer ausführlichen Solarhoroskopdeutung

Die folgende Solarhoroskopdeutung wurde im Jahre 1929 bei Kenntnis der allergröbsten Ereignisdaten durchgeführt. Die zahl-

166

reichen Einzelfeststellungen sind dann nachträglich an Hand von Aufzeichnungen der Horoskopeignerin geprüft, verifiziert bzw. negiert worden. Das Ergebnis dieser Prüfung ist in den Anmerkungen wiedergegeben. Das Beispiel soll nicht etwa Beweiszwecken dienen, sondern in erster Linie einen Begriff von den Prognosemöglichkeiten unseres Verfahrens vermitteln.

Es wurde mit Absicht ein Fall gewählt, der ein normales, nicht ungewöhnliches Erleben zum Gegenstand hat.

N. N., weiblich, geboren 25. August 1899, 12 Uhr 15 Min. nachm., 51° n. B., 0 Uhr 52 Min. ö. L.

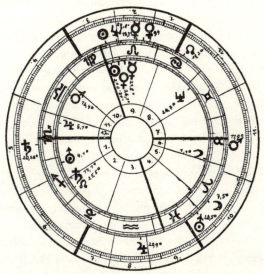

Abb. 28. Solarhoroskop 1926—1927

Der Solaraszendent steht im Trigon zum Radixaszendenten und über dem Ende des achten Feldes. Daraus ergibt sich zunächst eine vorwiegend als günstig zu beurteilende seelische Einstellung, vornehmlich in der unbewußten Lebenssphäre. Der Solaraszendent bildet keine ungünstigen Winkelverbindungen mit den Faktoren des Geburts- und Solarhoroskopes, und aus diesem Grunde wird man der Stellung über dem achten Radixfelde kein sehr großes Gewicht beilegen dürfen, wenn sie auch als eine kleine Schwächung des Organismus aufgefaßt werden kann. Zur Kontrolle berücksichtigen

167

wir die Aspektierung des Radixaszendenten durch die Solarfaktoren. und da zeigt sich dann allerdings Saturn-Solar auf dem Radixaszendenten mit einem Quadrat vom Solar-Jupiter*). Wir dürfen annehmen, daß die Konstitution demnach doch einigen Angriffen ausgesetzt sein wird, die vermutlich besonders in Erkältung bestehen werden. Saturn hat zwar in dieser Nativität keine spezifische Krankheitsbedeutung, aber die generelle Saturnbedeutung genügt, um eine gewisse Empfindlichkeit zu prognostizieren. Sie wird sich besonders dann geltend machen, wenn der laufende Saturn über dem Aszendenten steht und zumal auch, wenn der laufende Jupiter in Wiederholung seines Verhältnisses zum Solar-Saturn schlechte Winkel mit dem laufenden Saturn oder mit Saturn-Radix bildet. Bedrohliches ist aber nach der ganzen Anlage nicht anzunehmen, weil die im Geburtshoroskop krankheitsbezüglichen Faktoren nicht im Spiele sind.

Das fünfte Solarfeld liegt über dem Aszendenten – man darf daher vermuten, daß erotische Motive im Seelenhaushalt dieses Lebensjahres eine größere Rolle spielen werden. Untersucht man zur Kontrolle die Solarkonstellationen über dem fünften Radixfelde, so findet man den Solarmond daselbst im zehnten Solarfelde stehend. Daraus ließen sich vielleicht noch keine zwingenden Schlüsse ziehen, wenn nicht der Solarmond über dem fünften Radixfelde im Trigon zum starkstehenden, wenn nicht maximal bedeutsamen Radix-Uranus im ersten Felde stünde und außerdem eine auf das Gefühls- und Empfindungsleben einwirkende günstige Winkelverbindung mit der Solar-Venus zeigte, die hier besondere Bedeutung erlangt, weil es sich um einen wiederkehrenden Aspekt aus dem Geburtshoroskop handelt. Sucht man nach weiteren Anhaltspunkten, welche steigernd

---

*) Die Native hat sich im Laufe des Jahres mehrfach erkältet, und zwar charakteristischerweise im Anschluß an Geselligkeit und ähnliche Erlebnisse, was mit der Saturnposition im fünften Solarfelde in recht gutem Einklang steht, obwohl man sich kaum getrauen würde, so etwas mit nennenswerter Sicherheit vorauszusagen. Im unverbindlichen Gespräch wird man öfters solche Vermutungen äußern, die dann in der Regel Bestätigung finden. Das körperliche Allgemeinbefinden war in diesem Jahre nicht sehr gut, und infolge der Anstrengungen im Beruf und Geselligkeit machte sich ein etwas abgespanntes Aussehen bemerkbar. Das Schlafbedürfnis war ungewöhnlich groß.

und erregend auf die erotische Sphäre wirken könnten, so zeigt sich Mars im elften Solarfelde, über dem siebenten des Geburtshoroskopes stehend. Mars hat es an und für sich ungemein häufig mit dem erotischen Erleben zu tun, und hier scheint die Marsposition im elften Solarfelde als Wiederkehr der Marsstellung im elften Geburtsfelde besonders bedeutsam. Das Quadrat des Solar-Mars zur Solar-Venus kann diesen Eindruck nur verstärken, eine spezifische Wirkung des Aspektes ist jedoch nicht anzunehmen, weil das Geburtshoroskop keinen Mars-Venus-Winkel aufweist. Die Position der Solar-Venus ist ferner durch ein Trigon zum stark stehenden Uranus-Radix besonders betont, endlich aber noch durch die Wiederkehr der Konjunktion mit Merkur. Man darf annehmen, daß die Hauptaktualisierung dieses Aspekteffektes in eine Zeit fällt, in der Venus und Merkur wieder nahe beieinander stehen werden. Saturn-Solar im fünften Solarfeld zeigt dennoch einen gewissen seelischen Druck, der auf der erotischen Erlebenssphäre lastet.*)

Sehr beachtenswert in dieser Solarfigur ist die Tatsache, daß Uranus-Solar maximal bedeutsam ist, eine Stellung, die wir auch schon im Geburtshoroskop in annähernd gleicher Weise vorfinden. Das deutet an und für sich auf wichtige Entwicklungstendenzen, die wegen des ursprünglichen Uranuscharakters die Neigung haben werden, plötzlich und unerwartet greifbare Formen anzunehmen. Die Aspektierung des Solar-Uranus ist verhältnismäßig sehr günstig zu beurteilen, das Trigon zum eigenen Platz ist naturgemäß stärker als das Quadrat zum Neptun-Radix im achten Felde, es dürfte freilich erst dann zu stärkerer Wirksamkeit gelangen, wenn der laufende Uranus aus der Region des Neptunquadrates herausgetreten ist, und das Zeichen Widder besetzt. Bei solchen Uranusübergängen darf der Effekt nicht etwa an einem bestimmten Tage oder sonst in einem kürzeren Zeitraum erwartet werden, – die durch das Trigon zum eigenen Ort gekennzeichnete Entwicklungsphase erstreckt sich über viele Monate und wird im ganzen Solarjahre fühlbar sein. Der Orbis ist hier mit fünf Grad nicht zu hoch gegriffen. Uranus steht nun gewissermaßen als Herr des ersten Radixfeldes im zehnten Solar-

---

*) Die hier angedeuteten Momente kamen sehr stark und entscheidend zur Geltung, äußerlich und ganz allgemein gesehen, auch in günstiger Weise, aber ein stärkerer seelischer Druck machte sich in Verbindung damit doch fühlbar.

felde, wodurch zum Ausdruck gebracht ist, daß äußere berufliche Strebungen in dieser wichtigen Entwicklungsperiode zu überragendem Einfluß gelangen. Diese Auffassung wird auch gestützt durch die Mondstellung im zehnten Solarfelde. Der Radix-Mond ist gewissermaßen der Herr des sechsten Feldes im Geburtshoroskop und verstärkt damit die Bedeutung der erwähnten Tendenzen von Beruf und Arbeit. Wenn Uranus und Mond in dieser Verfassung im zehnten Solarfelde stehen, darf man ohne weiteres auf größere Veränderungen in der sozialen Sphäre mit beruflichem Charakter rechnen und man müßte auch annehmen, daß die Entwicklungsschübe, die das Geschehen bedingen, ziemlich plötzlich und unvermittelt zur Geltung kommen. Zu alledem kommt noch, daß das zweite Solarfeld durch Venus und Merkur in wiederkehrender Konjunktion besetzt ist, es tritt demgemäß auch das Erwerbsmotiv stärker hervor und mag noch dadurch an Kraft gewinnen, daß der Solar-Saturn als Herr des zweiten Radixfeldes auf dem Aszendenten des Geburtshoroskopes steht und einen günstigen Winkel zum Solaraszendenten bildet. Man darf hier abschließend sagen, daß die persönliche und seelische Einstellung auf dem Gebiete der Arbeit und des Berufes eine verhältnismäßig glückliche und fördernde sein wird. demgemäß Erfolge verspricht, wenn auch der Angriff des Solar-Saturn auf den Radix-Merkur größere geistige Anstrengung, Schwierigkeiten und möglicherweise in weiterer Folge einige Depressionen auslösen dürfte. Untersucht man noch zur Kontrolle die Solarkonstellationen über dem zehnten Radixfelde, dann ergibt sich durch die Lagerung des dritten Solarfeldes über dem Radix-M. C. gleich falls eine Tendenz zu intellektueller bzw. geistiger Arbeit.*)

Die übrigen Konstellationen des Solarhoroskopes scheinen nicht mehr von wesentlicher Bedeutung. Die Jupiterstellung am Ende des

---

*) Die Native ging in diesem Jahre zu regulärer Berufsarbeit über, die auch ihren Neigungen vollständig entsprach, obwohl mit der Umstellung mancherlei Anstrengung und Schwierigkeit verbunden war. Es handelt sich um eine selbständige intellektuelle und teilweise organisatorische Arbeit. Sehr charakteristisch ist die Tatsache, daß die beruflichen Tendenzen es waren, die auch umgestaltend auf die persönliche Lebenssituation (Liebe, Ehe) einwirkten. In besonders euphorischer „Prognosestimmung" hätte man diesen Zusammenhang der Dinge wohl auch prognostizieren dürfen.

achten und am Anfang des neunten Solarfeldes ist etwas ungewiß und findet auch in der Radixposition des Jupiters im zwölften Felde keine nähere Erklärung. In Verbindung mit der Position über dem dritten Solarfelde ergibt sich aber prognostisch die Möglichkeit, einer nicht näher definierbaren Betonung weltanschaulicher oder ähnlicher Tendenzen, die wegen der schlechten Winkel zu Aszendent und Merkur des Geburtshoroskopes mit einigen Spannungen und Konflikten verbunden sein dürfte*).

Die Mondknoten ergeben nichts Deutbares, sie stehen an recht belangloser Stelle, sowohl für das Solar- wie für das Radixhoroskop.

In der folgenden Besprechung der Transite soll nur das Wichtigste herausgehoben werden, die Aufzählung und Erläuterung aller geringfügigen Details würde einen unverhältnismäßig großen Raum beanspruchen, ohne neuen Demonstrationswert zu bieten.

Im September 1926 steht Saturn noch auf dem Radixaszendenten und auf dem Merkurquadrat und dürfte einen gewissen, nicht allzu schwer zu nehmenden seelischen Druck ausüben. Venus und Merkur bilden in schneller Folge Aspekte zu den eigenen Orten, zur Sonne, zum Monde und zum Jupiter, die auf kleinere Anregungen in der Alltagswelt schließen lassen**).

Im Oktober zeigt der Stand des laufenden Saturn über dem Aszendenten und über den Quadraten von Merkur und Venus-Radix noch eine gewisse Fortsetzung des allgemeinen seelischen Druckes, der schon für September angesagt worden ist. Der laufende Jupiter nähert sich aber jetzt mehr und mehr der Sextilstelle des Radix-Saturn, was von größerer Bedeutung ist, weil auch das Solarhoroskop dieses Verhältnis zeigt. Es ergeben sich demgemäß günstige Möglichkeiten für berufliche und wirtschaftliche Aktion, und da der

---

*) Wir konnten nach Ausarbeitung dieses Solarhoroskopes feststellen, daß die Native in diesem Jahre zum ersten Male Berührung mit Kreisen hatte, die sich lebhaft für Psychoanalyse und Individualpsychologie interessierten. Gemäß der durch das Geburtshoroskop gegebenen Veranlagung und auch infolge der Jugenderziehung bestand zunächst größere seelische Unsicherheit solchen Themen gegenüber und die vorhandene Abneigung mußte erst unter mancherlei seelischen Konflikten überwunden werden.

**) Diese Deutung entspricht ungefähr den tatsächlichen Verhältnissen, soweit sie bei ihrem unausgesprochenen Charakter heute noch verifiziert werden konnte.

laufende Jupiter über dem dritten Radixfelde steht, und der laufende Merkur in dieser Periode den Radixaszendenten passiert, ergeben sich auch Veränderungstendenzen[1]). Gegen Ende des Monats übt der laufende Saturn durch das exakte Quadrat auf die Radix-Venus wiederum einen stärkeren Druck aus, der wohl auch gesundheitlich etwas fühlbar werden dürfte, aber wegen mangelnder Radixverbindung zwischen beiden Planeten nichts ganz Bedeutendes auslösen kann[2]).

Zu Beginn des Monats November wird der ebengenannte Winkel des laufenden Saturn zur Radix-Venus noch fühlbar sein. Später neutralisieren sich die Verhältnisse, Venus und Merkurübergänge von untergeordneter Bedeutung bestimmen den kleinen Wechsel im Alltagsleben.

Im Dezember erreicht Saturn die Quadratstelle der Radix-Sonne, aber er befindet sich im schnellen Lauf und weder Radix- noch Solarhoroskop zeigen eine charakteristische Saturn-Sonne-Verbindung. Trotzdem Saturn vom Geburtshoroskop her nicht krankheitsbezüglich ist, darf man eine leichte Schwächung und Störung für diese Periode doch annehmen. Zu Beginn des Monats wirkt auch auf kurze Zeit der Übergang des im schnellen Lauf befindlichen Jupiter über die Opposition des Merkur-Radix im gewissen Maße störend, weil der Solar-Jupiter schon in der Merkur-Radixopposition stand[3]).

Im Januar 1927 geht der laufende Saturn über den Radix-Uranus, freilich in sehr schneller Bewegung, und da im Geburts- wie im Solarhoroskop keine Saturn-Uranus-Verbindung vorliegt, wird man diesem Übergang kein großes Gewicht beilegen dürfen, wenn er auch eine kurze seelische und körperliche Spannungs- und Druckperiode

---

[1]) In diese Periode fällt der Beginn der eigentlichen Berufstätigkeit.

[2]) In dieser Zeit war viel Arbeit zu leisten, die wegen der Neuartigkeit des Tätigkeitsfeldes mit mancherlei Schwierigkeiten verbunden war. Es machte sich aus diesem Grunde auch größere Müdigkeit bemerkbar.

[3]) In diese Periode fiel eine zwar nicht lang anhaltende, aber doch heftige Erkältung. — Die in der Fußnote *) S. 171 angedeuteten seelischen Erlebnisse kamen im Einklang mit der Solarhoroskopdeutung in dieser Zeit zur Geltung.

auslösen könnte[4]). Gegen Ende des Monats tritt der laufende Jupiter in das Sextil des Radix-Mondes, aber er bewegt sich verhältnismäßig schnell und da auch Solar- und Radix-Horoskop keine günstigen Jupiter-Mond-Winkel aufweisen, darf man die Wirkung dieses Überganges nicht sehr hoch einschätzen und vielmehr nur auf kleinere, verhältnismäßig belanglose Einflüsse auf die persönliche Sphäre der menschlichen Beziehungen schließen[5]).

Der Monat Februar ist zunächst durch die Quadratur des laufenden Jupiter zum Uranus-Radix charakterisiert, aber die Verhältnisse des Radix- und Solarhoroskops lassen nicht darauf schließen, daß dieser Übergang sehr fühlbar werden wird[6]). Bedeutend stärkere Wirkungen dürfte schon der Übergang des laufenden Jupiter über das Trigon zum eigenen Radixplatz auslösen, zumal dieser Übergang auch in größter Nähe des Radix-I. C. stattfindet. Es liegt also gleichzeitig auch die Wiederkehr der alten Winkelbeziehung zwischen Jupiter und I. C. vor. Man darf für diese Periode daher auf die Manifestationen eines bedeutsameren Entwicklungsschubes rechnen, zumal das Solarhoroskop in seiner Gesamtfiguration derartige Möglichkeiten andeutet. Dazu kommt, daß Venus und Merkur im mittleren und letzten Teil des Monats sich einander stark nähern. Man darf mit der Einleitung eines neuen Lebensabschnittes rechnen[7]). In der letzten Hälfte des Monats stehen Jupiter und Saturn laufend im Quadrat zueinander, wegen der Solarverhältnisse müßte man hier auf einige gesundheitliche Indispositionsmomente schließen. Die Quadratur des laufenden Mars zur Radix-Sonne in den letzten Februartagen wird kaum sehr ernst zu nehmen sein, da weder Geburts- noch Solarhoroskop eine Mars-Sonne-Verbindung zeigen[8]).

---

4) Die Wirkung dieses Überganges ist heute nicht mehr deutlich zu verifizieren, jedenfalls lag nichts Bemerkenswertes vor.

5) Eine stärkere, wenn auch an sich nicht übermäßig hervortretende Neigung zu Geselligkeit war Ende Januar nachweisbar.

6) Dieser Jupiterübergang hat sich nicht besonders fühlbar gemacht.

7) Dieser Jupiterübergang kam sehr stark zur Geltung, insbesondere ergaben sich in den persönlichen Beziehungen tiefgreifende glückliche Wendungen, die tatsächlich einen neuen Lebensabschnitt einleiteten.

8) Sehr Bemerkenswertes trat hier nicht zutage, eine gewisse körperliche Ermüdung und Überanstrengung war durch große Arbeitshäufung gegeben.

Gegen Ende des Monats finden wir eine Quadratur des laufenden Jupiter zum Saturn-Radix. Infolge der entsprechenden Solarkonstellation müssen wir diesem Übergang etwas größere Bedeutung beimessen, vor allem in gesundheitlicher Beziehung, wenn auch vermutet werden darf, daß einige interne und persönliche Schwierigkeiten begleitend fühlbar werden. Allzu ernst ist diese Konstellation natürlich nicht aufzufassen, weil einerseits das Solarhoroskop nichts Bedrohliches erwarten läßt, weil ferner im Geburtshoroskop keine schlechten Winkel zwischen Jupiter und Saturn vorliegen und endlich, weil in dieser Periode auch der laufende Jupiter gemeinsam mit dem laufenden Merkur ein Trigon zum Radixaszendenten bildet[9]).

Um Mitte März bildet der laufende Mars ein Trigon zum Mars-Radix, das wir im Zusammenhang mit unseren Ausführungen in der allgemeinen Besprechung des Solarhoroskopes auf Aktivierung persönlicher und erotischer Beziehungen deuten könnten, zumal die laufende Venus in dieser Periode über dem fünften Radixfelde steht und günstige Winkel zum eigenen Ort im Geburtshoroskop hat.

Anfang April sind noch gleiche Einflüsse vorhanden wie Ende März, im weiteren Aprilverlauf zeigen sich nur noch kleinere, im ganzen eher begünstigende Momente, deren Alltagscharakter uns ein weiteres Eingehen verbietet.

Im Mai zeigt sich zunächst Ähnliches wie im April; erst gegen Ende des Monats dürfte der Stand des laufenden Saturn auf dem Radix-Uranus einen gewissen seelischen und körperlichen Druck ausüben, der aber, wie wir schon bei der Besprechung des gleichen Überganges im Januar 1927 erwähnten, nicht sehr ernst genommen werden darf[10]).

Im Juni liegt nichts sehr Markantes vor, die belangloseren Übergänge überwiegen, die Quadraturen des laufenden Mars und der laufenden Venus zu Mond und Jupiter des Geburtshoroskopes gehen

---

[9]) In diese Zeit fiel eine Art Grippeanfall mit heftiger, aber nur kurz anhaltender Mandelentzündung.

[10]) Bei diesem Übergang des laufenden Saturn machte sich infolge viel zu pessimistischer Auffassung beruflicher Angelegenheiten eine gewisse Depression geltend, die auch auf das körperliche Wohlbefinden übergriff, ohne allerdings nennenswerte Folgen zu zeitigen.

174

sehr schnell vorüber, für einen stärkeren Effekt fehlt es an einer entsprechenden Mondsituation im Geburts- und Solarhoroskop. Es mögen infolge dieser Übergänge immerhin kleinere Spannungs- und Erregungsmomente ausgelöst werden, die Körperliches und Seelisches betreffen, ohne wahrscheinlich greifbaren Ausdruck zu finden[11]).

Juli zeichnet sich durch eine starke Annäherung der laufenden Planeten Jupiter und Uranus an die Trigonstelle des Radix-Uranus aus, und gemäß der Solarhoroskopdeutung haben wir hier weitere Impulse und Wendungen in der Richtung des skizzierten Entwicklungsschubes zu erwarten, ohne daß zu vermuten ist, daß der Lauf der Dinge zu krasseren Ereignissen führt[12]). Im Anfang des Monats wirkt wohl noch der vom Juniende her vorhandene Quadrataspekt des laufenden Saturn zur Radix-Sonne, der seelische und körperliche Bedrücktheitsgefühle auslösen mag, ohne wirklich Ernstes zu zeitigen, weil Geburts- und Solarhoroskop keine schlechten Verbindungen zwischen Saturn und Sonne zeigen. Dem Übergang des laufenden Mars über die Positionen der Radix-Venus, des Radix-Merkur und der Radix-Sonne in der zweiten Julihälfte darf man auch keine größere Bedeutung zuerkennen. Man wird vielleicht mit Steigerung der allgemeinen Erregbarkeit, der motorischen Impulse rechnen, und vielleicht wird auch größerer Kraftverbrauch fühlbar[13]).

Im August wirken wohl noch die Einflüsse vom Juliende nach, wahrscheinlich in abgeschwächter Weise. Bis zu Beginn des neuen Solarhoroskopes zeigt sich kein neuer charakteristischer Einfluß mehr; unbedeutende Übergänge bestimmen die alleralltäglichsten Schwankungen des Lebensgefühles.

---

[11]) Die entsprechenden Effekte sind nicht mehr kontrollierbar.

[12]) Die Entwicklung verlief in dem hier angedeuteten Sinne.

[13]) Nachweisbar ist heute nur noch starke körperliche Abspannung, Nervosität und etwas Erregbarkeit.

Abschließende Betrachtungen

Im Rahmen des hier dargestellten Vergleichs- und Prognoseverfahrens bleiben noch viele ungelöste Probleme, und natürlich gilt das gleiche für alle hier nicht behandelten Methoden.

Im Solarhoroskop, in den Transiten und in den Konstellationen der laufenden Planeten ist sicher noch sehr viel enthalten, von dem wir heute noch keinen klaren Begriff haben. Die fortschreitenden Untersuchungen werden viele neue, interessante und bedeutsame Einzelheiten zutage fördern, aber wahrscheinlich auch weitere Zusammenhänge der Vergleichsgrundlagen untereinander ans Licht bringen. Es ist sehr wohl möglich, daß Geburts- und Solarhoroskop manche noch unbekannte, hoch empfindliche Punkte und Regionen besitzen, und vielleicht ergeben sich auch für die Transite und die Konstellationen der laufenden Planeten untereinander bislang unentdeckte Winkelarten. Die H a l b w i n k e l Keplers weisen schon auf solche Möglichkeiten hin, ich glaube aber nicht, daß sie, zumal in der Prognose, nennenswerte Bedeutung besitzen, jedenfalls habe ich bisher noch keinen Fall gesehen, der durch sie eine besonders glückliche Lösung gefunden hätte. Da das Geburtshoroskop den aktuellen Konstellationen übergeordnet ist, wäre es am Platze, die Keplerschen Halbwinkel zunächst einmal dort zu verifizieren, ehe man sie in den aktuellen Konstellationen, die natürlich schwächer wirken, nachweist. Die Krafftschen Untersuchungen lassen gleichfalls auf das Vorhandensein einer größeren Anzahl starkempfindlicher Winkelstellen schließen, aber es ist noch niemals der Versuch gemacht worden, diese sensitiven Winkelregionen am Einzelfall nachzuweisen. Da es in 70 bis 80 % aller Fälle ohne Schwierigkeiten und vor allem ohne Spitzfindigkeiten gelingt, die vorhandenen Wirklichkeitstendenzen mit dem von uns dargestellten Verfahren zwanglos und, wie ich glaube, überzeugend zu belegen, wird man den Krafft-schen Winkeln primäre Bedeutung wohl nicht beimessen können.

Im Vergleichsverfahren mit Solarhoroskop, Transiten und Konstellationen der laufenden Planeten liegen einige Probleme schon recht klar zutage und werden daher in absehbarer Zeit ihre Lösung finden können. So steht z. B. bei den Winkeln der Planeten im Solarhoroskop, wie bei denjenigen der aktuellen Planetenstände zu den Radixfaktoren, die Frage offen, ob ihre Bedeutung von gegensinnigen Winkeln im gleichen Bezugssystem beeinträchtigt wird. Beim einfachsten Falle, bei der Konjunktion, ist das sicher der Fall. Wenn z. B. im Geburtshoroskop ein Trigon zwischen Sonne und Jupiter vorliegt und das Solarhoroskop oder der aktuelle Planetenstand den Übergang des laufenden Jupiter über die Radix-Sonne zeigt, während gleichzeitig zwischen dem laufenden Jupiter und dem laufenden Saturn eine Quadratur vorliegt, so ist zweifellos mit einer erheblichen Beeinträchtigung der Bedeutung des Jupiter-Überganges zu rechnen, ganz besonders aber, wenn im Geburtshoroskop Jupiter und Saturn bereits einen ungünstigen Winkel bildeten. Dieser Spezialfall gibt aber gar keinen Aufschluß über das allgemeine Problem, das hier vorliegt, denn der laufende Saturn in unserem Beispiel bildet gleichzeitig eine Quadratur zur Radix-Sonne. Fraglich bleibt die Wirkung nur, wenn es sich um a n d e r e Winkelbeziehungen, nicht um die Konjunktion handelt. In unserem Beispiel sei angenommen, daß der laufende Jupiter ein Trigon zur Radix-Sonne bildet, aber gleichzeitig im Quadrat zum laufenden Saturn steht. Die Frage ist nun: Bleibt die Bedeutung des Jupiter-Trigons zur Radix-Sonne von den übrigen Jupiter-Winkeln im laufenden Planetenbilde unberührt oder nicht? Mit größter Bestimmtheit möchte ich eine Beeinträchtigung der üblichen Transitwirkung annehmen, wenn Jupiter und Saturn im Geburtshoroskop bereits ungünstige Winkel bilden. Wenn dies aber nicht der Fall war, so glaube ich trotzdem noch an eine gewisse, wenn auch minder schwere Beeinträchtigung, ohne dafür handgreifliche Beweise anführen zu können. Die Lösung dieser Frage ist übrigens auch nicht ganz gleichgültig für die astrologische Hypothese. Die Einflußtheorie würde eine solche Beeinträchtigung unbedingt voraussetzen, während jede andere, etwa die parallelistische, die Frage offen lassen und sie der empirischen Klärung anheim geben müßte.

Ein weiteres Problem liegt in der Frage, ob gewisse Punkte des S o l a rhoroskopes transitempfindlich sind. Beim Aszendenten und Mond des Solarhoroskopes scheint mir die Frage diskutabel, wenn auch ganz e i n w a n d f r e i e Belegfälle fehlen. Bei den übrigen Solarfaktoren habe ich dagegen niemals etwas gesehen, was die Möglichkeit einer Reaktion auf Transite vermuten ließe.

Inwieweit der eigenartige Rhythmus der Solarkonstellationen (Aszendent, Sonne, Mond, Uranus und Neptun) in den Feldern Bedeutung für längere Lebensperioden hat, wäre gleichfalls eingehend nachzuprüfen.

In den folgenden Ausführungen gebe ich nun meine Auffassung bezüglich anderer Vergleichs- und Prognoseverfahren wieder, deren mehr oder minder eingehende Prüfung mir ein Urteil oder, besser gesagt, eine Schätzung gestattet.

Das L u n a r h o r o s k o p , das in den Rahmen des natürlichen Prognoseverfahrens sehr gut passen würde, scheint mir tatsächlich engere Beziehungen zum Geschehen aufzuweisen. Mein Erfahrungsmaterial ist aber nicht groß genug, um die damit zusammenhängenden Fragen einer Klärung entgegenzuführen. Die Wirksamkeit der Lunarhoroskope hängt anscheinend von Faktoren ab, die wir zur Zeit nicht kennen. Man gewinnt den Eindruck, daß nur bei relativ starker Mondposition im Geburtshoroskop größere und verhältnismäßig kontinuierliche Übereinstimmung zwischen Geschehen und Lunarkonfiguration besteht. Dann aber scheint es, als ob das Lunarhoroskop einmal stärker, das andere Mal am gleichen Individuum schwächer in Einklang mit den Tatsachen und Vorgängen steht, ohne daß man bis jetzt einen stichhaltigen Grund für diesen Wechsel der Wirkungsintensität angeben könnte. Es besteht die Möglichkeit, daß die nur sehr angenäherte Genauigkeit der Berechnungsmethode, die man anwendet, wenn es an Zeit fehlt, der Lunarhoroskopforschung mit einer gewissen Ausschließlichkeit nachzugehen, Verschiebungen mit sich bringt, die das eine Mal stärker, das andere Mal schwächer den wahren Charakter der Lunarbeziehungen verschleiern. Das Lunarhoroskop würde, wie gesagt, in das von uns vorgezeichnete Vergleichs- und Prognoseverfahren hineinpassen und als Zwischenglied von Solarfigur und Konstellation der laufenden Planeten die Zeitbestimmung wesentlich erleichtern. Es wäre eine verdienstvolle Aufgabe, der Theorie und Praxis des Lunarhoroskopes in ihren Zusammenhängen mit den anderen Gliedern des natürlichen Prognosesystemes nachzugehen. Es besteht hier freilich eine Schwierigkeit, die auch bei der Solarhoroskopuntersuchung, wenn auch im geringeren Grade, vorhanden ist. Feinheiten und Intimitäten, die oftmals besonders tiefen Einblick in die astrologischen Zusammenhänge gestatten, und die gerade bei der Lunarprognose im Vordergrunde stehen würden, sind uns im besten Falle nur bei wenigen sehr nahestehenden Menschen zugänglich, und meist ist es uns nicht gestattet, sie zu publizieren. So fehlt es an dem erforderlichen Gedanken- und Erfahrungsaustausch.

Die technischen Voraussetzungen für die ausgedehnte Lunaruntersuchung sind verhältnismäßig einfach, wenn auch in der Anwendung mühsam und langwierig. Für die genaue Berechnung empfiehlt sich die Berücksichtigung der Ausführungen Fäh's „Verbesserte Bestimmung von Mondwerten aus astrologischen Ephemeriden" in Heft VIII, 1926, der Zeitschrift: Sterne und Mensch, die eine vorzügliche Tabelle enthalten. Bei der systematischen Untersuchung des Lunarhoroskopes wird es sich empfehlen, zunächst die Deutungsprinzipien des Solarhoroskopes in Anwendung zu bringen, später ergeben sich dann die notwendigen Korrekturen von selbst. Es hat den Anschein, als ob nur sehr starkstehende Konstellationen des Lunarhoroskopes fühlbare Wirkungen zeitigen.

In Analogie zum Solar- und Lunarhoroskop wären Horoskopberechnungen auf Grund der Planetenübergänge über ihren eigenen Platz denkbar und berechtigt. Die Verhältnisse liegen aber hier nicht so einfach wie dort. Solarhoroskop und Geburtshoroskop werden auf einer gemeinsamen Bezugsebene berechnet. Bei P l a n e t e n h o r o s k o p e n wäre dies nur ausnahmsweise der Fall, wenn nämlicher der Planetenübergang über den eigenen Platz in die Zeit fällt, in der auch die Sonne ihren eigenen Ort berührt. Wenn dagegen der laufende Planet zu irgendeiner anderen Zeit des Jahres von der Erde aus gesehen scheinbar über seinen eigenen Platz läuft, so steht er doch in dieser Zeit (heliozentrisch betrachtet) in einer ganz anderen Himmelssphäre und das dürfte dem Gedanken, Planetenhoroskope zu verwerten, entgegenstehen, bis ein Ausweg aus dieser Schwierigkeit gefunden ist. Beim Lunarhoroskop gilt im Grunde ähnliches, aber die große Erdbezüglichkeit des Mondes rechtfertigt hier die ausschließlich geozentrische Betrachtung. Erfahrungen mit Planetenhoroskopen liegen bisher, soviel ich weiß, nicht vor.

In den Bereich der Idee des natürlichen Prognose- und Vergleichsverfahrens fallen auch die N e u m o n d h o r o s k o p e und die S o n n e n f i n s t e r n i s s e. Das Neumondhoroskop scheint mir für die individuelle Prognose wenig brauchbar, da es ja nur für große Menschengruppen Gültigkeit besitzen kann. Es findet daher auch meist nur Anwendung in der politischen Astrologie – vielleicht mit Recht – sichere Anhaltpunkte zur Beurteilung dieser Frage habe ich nicht. Für das Individuum könnte das Neumondhoroskop nur die Beziehung zur allgemeinen Situation der Menschengruppe, in der er lebt, kennzeichnen. Hier ergäbe sich dann eine nicht unwesentliche Erweiterung der Vergleichsmöglichkeiten.

Was die Sonnenfinsternisse anbelangt, so begegnet man in der Literatur der Auffassung, daß sie nicht nur in der allgemeinen und politischen Astrologie von Bedeutung seien, sondern auch auf die Eizelpersönlichkeiten wirken. Man glaubt, daß die Sonnenfinsternis auf einem empfindlichen Punkte des Geburtshoroskopes Entwicklungskrisen körperlicher und seelischer Natur auslöst. Wenn man, wie ich mit anderen Autoren glaube, schon die Bedeutung der Sonnenfinsternis für die Prognose der Weltentwicklung stark anzweifeln darf, so sollte das Einzelhoroskop noch unempfindlicher gegenüber solchen Erscheinungen sein. Von verschiedenen Seiten wird viel Wert auf die Sonnenfinsternis auf dem Geburts-Sonnenort, also am Geburtstage bzw. im Solarhoroskop gelegt. Mir will scheinen, daß ihre Bedeutung nicht größer ist als die einer gewöhnlichen Konjunktion des Mondes mit der Sonne im Solarhoroskop, die oft starke Wirkungen mit sich bringt. Ähnliche Gesichtspunkte dürften wohl auch für die Mondfinsternis gelten. Das Erfahrungsmaterial auf diesem Gebiete ist sehr gering und sehr lückenhaft.

Als letztes Glied im natürlichen Verfahren haben wir das T a g e s - h o r o s k o p, mit dem bisher allerdings nur ganz vereinzelte Erfahrungen gemacht worden sind. Über seinen Wert läßt sich infolgedessen gar nichts Sicheres aussagen. Versuche mit dem Tageshoroskop erscheinen aber berechtigt und aussichtsvoll. Für die Berechnung der Tageshoroskope sei die Durchsicht der Ausführungen von Dr. Koch im Jahrgang IV und V der Zeitschrift „Sterne und Mensch" empfohlen.

Schließlich möchten wir diejenigen, die Zeit und Lust haben, sich mit Einzeluntersuchungen abzugeben, noch auf die A u g e n - b l i c k s h o r o s k o p e hinweisen. Die Berechnung solcher Horoskope in psychisch zugespitzten Situationen oder auch in akuten körperlichen Krisen ergibt ungemein interessante Zusammenhänge, die zwar praktisch für die Prognose unverwertbar sind, die aber für das Verständnis der Gestirneinwirkung große Bedeutung gewinnen können. In Verkennung hier vorliegender Zusammenhänge hat man ein System der Frage- und Stundenhoroskope konstruiert, das wahrsagerischen Bedürfnissen dient und praktisch wie theoretisch höchst anfechtbar ist. Hinter diesen Versuchen stehen aber allerdings sehr reale und aufschlußreiche Beziehungen. Wie oft beobachtet man, daß im Augenblick einer psychischen Krise oder Wendung der Tierkreisgrad des eigenen Aszendenten im Geburtshoroskop aufsteigt oder derjenige eines nahestehenden Menschen, der mit der psychischen Entwicklung in diesem Augenblick besonders eng verbunden ist! Es ergeben sich auch oft sehr eigentümliche Analogien mit dem jeweils aktuellen Solarhoroskop.

Es bedarf noch einiger Ausführungen über die sehr zahlreichen D i r e k t i o n s s y s t e m e. Man wird mir meine Auffassung von vielen Seiten sehr verübeln, und ich muß daher einige persönliche Bemerkungen vorausschicken. In den ersten Jahren meiner Beschäftigung mit astrologischen Dingen habe ich mich dauernd bemüht, die Direktionen in Einklang mit den Tatsachen zu bringen und hinter ihnen ein reales Prinzip zu entdecken. Es gibt wohl keine Direktionsart, die ich nicht längere Zeit hindurch selbst angewandt und nachgeprüft habe. Wenn ich also den Direktionen heute ohne jede Ausnahme sehr skeptisch gegenüberstehe, so ist das nicht die Folge eines voreingenommenen Standpunktes, sondern die Konsequenz ungezählter, stets enttäuschender Erfahrungen. Die Zahl der vorhandenen und gebräuchlichen Direktionsmethoden ist Legion, und was mit der einen nicht herauszubringen ist, läßt sich mit einer anderen sicherlich belegen. Die Vielfältigkeit der Direktionsmethoden ist an und für sich ein schwerwiegender Einwand gegen die Direktionsmethoden überhaupt. Die Tatsache, daß alljährlich neue Direktionssysteme erfunden werden, von denen Erfinder und Anhänger behaupten, sie seien die einzig wahren und brauchbaren, wird den Unbefangenen sehr bedenklich stimmen. Bei den Direktionen arbeitet man mit willkürlichen Annahmen, die im Grunde der Idee des Geburtshoroskopes entgegenstehen. Wer z. B. annimmt, daß die Einflüsse am zweiten Tage nach der Geburt die Geschicke des zweiten Lebensjahres bedingen, bewegt sich nicht nur auf einer gänzlich unbewiesenen, sondern auch auf einer durchaus unwahrscheinlichen Grundlage. Das Geburtshoroskop entspricht ja ursprünglich gar nicht irgendwelchen späteren Entwicklungen, sondern einer vorhandenen psychischen und physischen Konstitution, die erfahrungsgemäß im Leben diese oder jene Entwicklung zu nehmen pflegt. Auf diese Konstitutionsgrundlage wirken dann aktuelle Konstellationen in bestimmter Weise ein, aber eben nur so lange, wie sie vorhanden sind. Die Idee der Direktionen würde voraussetzen, daß die Einwirkung der aktuellen Konstellationen auf Körper und Seele in einem späteren berechenbaren Zeitpunkt ihre endgültige Auswirkung und Konsequenz besäße. Für diese Annahme fehlt jede Begründung, aber auch jede Analogie. Vor allem ist es sehr unwahrscheinlich, daß die aktuellen Konstellationen am 20. Lebenstage ihre Auswirkung im 20. Lebensjahre haben. Das würde bedeuten, daß die seelische Entwicklung am 20. Lebenstage den Grund legt für die seelische Situation im 20. Lebensjahr. Die ursächlichen Faktoren der menschlichen Seelen- und Schicksalsentwicklung reichen gewiß, wie z. B. die Psychoanalyse nachweist, sehr weit in das Jugendalter zurück, aber sie in die ersten zwei Lebensmonate zu verlegen, geht entschieden zu weit. Bisher konnte man die entscheidenden Ursachen immer im dritten bis sechsten Lebensjahre nachweisen. Vielleicht ergibt sich später auf psychologischem bzw. psychoanalytischem Boden die Möglichkeit einer gesunden und begreiflichen „Direktionslehre". Sie wird aber mit den heute üblichen Direktionssystemen nicht mehr gemeinsam haben als die Idee.

Wer bei der Verwendung der Sekundärdirektionen dagegen annimmt, eine Fiktion zu besitzen, die kommende spätere Konstellationen annähernd voraus zu berechnen gestattet, bewegt sich schon auf diskutierbarer Grundlage, aber er ist dann auch verpflichtet, nachzuweisen, daß und inwiefern die grundlegende Annahme berechtigt ist. Hans H. Schubert macht in seiner „Mitteilung neuer Periodizitäten beim Monde" (Sterne und Mensch, Jahrgang V, Heft 4) einen Ansatz in dieser Richtung, der aber gar nicht übersehen läßt, inwiefern die Hauptstücke der Direktionslehren sich damit rechtfertigen lassen. Die genannte Fiktion ist vor allem in Zeiten berechtigt gewesen, in denen genaue astronomische Unterlagen nur sehr schwer zugänglich waren; heute kann dieser Vorwand nicht mehr gelten, und es scheint daher geboten, sich mit den Konstellationen selbst, nicht aber mit den mathematischen Notbehelfen auseinanderzusetzen.

Was die Literatur bisher an Erfahrungen mit den einzelnen Direktionssystemen zur Sprache gebracht hat, ist nichts weniger als überzeugend. Überall ergeben sich Einzelmomente, die bei der großen Zahl der Direktionsmöglichkeiten wahrscheinlich zufällige sind, und es scheint jeder vernünftige Zusammenhang mit dem Deutungsverfahren beim Geburtshoroskop zu fehlen. So werden z. B. sehr häufig sogenannte Todesdirektionen angeführt zu Planeten, die vom Geburtshoroskop her gar nichts Krankheitsbezügliches kennzeichnen können. Im folgenden gebe ich eine kurze Darstellung der Erfahrungen, die ich mit einzelnen Direktionssystemen gemacht habe.

Der Schlüssel der P r i m ä r d i r e k t i o n e n : $1^0 = 1$ Jahr scheint recht willkürlich gewählt zu sein. Es werden dauernd Verbesserungsversuche in Vorschlag gebracht, die zeigen, daß man mit den Erfolgen nicht recht zufrieden ist. Die Zahl der versagenden Direktionen ist tatsächlich sehr groß, und man kennt kein Prinzip, aus dem die Versager erklärlich werden könnten. Wenn, wie dies in solchen Fällen oft geschieht, die Schuld für das Versagen im Solarhoroskop oder in den Transiten gesucht wird, so scheint mir das ganz ungerechtfertigt, denn es besteht gar kein aufweisbarer Zusammenhang zwischen den beiden Systemen. Wenn Solarhoroskop und Transite schließlich doch den Ausschlag geben sollten, so ist es doch richtiger, sich sofort und ausschließlich mit ihnen zu befassen. Bei den Primärdirektionen wie bei allen Primärdirektionsarten ist der Mangel eines vernünftigen Zusammenhanges mit dem Geburtshoroskop sehr fühlbar. Wenn es z. B. richtig ist, daß beim

Tode Häußers eine konverse Direktion des Aszendenten zur Saturn-opposition vorlag, so will das doch für die Direktionstheorie recht wenig besagen, weil Saturn in diesem Horoskop gar keine krank-heits- oder todbezügliche Bedeutung im eigentlichen Sinne hatte. Ein begreiflicher Zusammenhang wäre nur dann gegeben, wenn eine schlechte Direktion des Aszendenten zum Mars vorgelegen hätte, der, im achten Felde des Häußerschen Horoskopes stehend, deutlich krankheits- und todesbezüglich ist und auch im Solarhoroskop des Todesjahres wie in den aktuellen Konstellationen des Todestages zur Geltung kommt.

Was für die Primärdirektionen einnehmen könnte, ist das Be-kenntnis Choisnards zu ihnen. Choisnard ist der einzige Forscher, der über ausreichendes Material verfügen könnte und der gewohnt ist, bei der Bewertung seiner Ergebnisse kritisch zu verfahren. Aber auch die vorsichtige Stellungnahme dieses Forschers kann mich nicht von dem Wert der Primärdirektionen überzeugen, solange hin-reichende Untersuchungen fehlen und kein vernünftiger Zusammen-hang mit den Deutungsprinzipien des Geburtshoroskopes aufgewie-sen wird. Der im Verhältnis zur Zeiteinheit sehr große Orbis der Direktionen und die für den Direktionsschlüssel unzureichende Genauigkeit der Geburtsangabe bedingen unübersehbare Fehler-quellen bei der Bewertung dieser und anderer Direktionsmethoden. Meine Nachprüfungsversuche ergaben so ungewisse und vieldeutige Resultate, daß ich mich im Hinblick auf die naheliegenden wichtige-ren Aufgaben im Bereich der natürlichen Vergleichs- und Prognose-methoden ganz von der Verfolgung des vielleicht vorhandenen, aber sicherlich nur sehr schwachen und durch Mißverständnisse getrübten Wahrheitsgehaltes der Primärdirektionen zurückgezogen habe.

Die noch überschaubare Geschichte der Entstehung des Systems der S e k u n d ä r d i r e k t i o n e n zeigt deutlich das Bestreben, den oft komplizierten Rechnungsgang der Primärdirektionen zu ver-einfachen. Das System scheint seine Existenz demnach nicht vor-wiegend Erfahrungen, sondern vielmehr dem Streben nach techni-scher Bequemlichkeit zu verdanken. Das Vorliegen einer Legitima-tionshypothese, nach der die kleinere Zeiteinheit des Tages der größeren des Jahres gleichgesetzt wird, kann daran wohl nichts ändern. Die Erfahrungen mit den Sekundärdirektionen sind nicht besser als diejenigen mit den Primärdirektionen, ja nach der Auffassung der meisten Anhänger der Direktionen sogar noch schlechter. Für die Direktionen des Aszendenten fehlt es besonders bei den schnellaufsteigenden Tierkreiszeichen an hinreichender Genauigkeit der Geburtsangaben. Die Sekundärdirektionen der Sonne erwecken hin und wieder, aber durchaus nicht etwa konstant, den Eindruck, daß sie reale Zusammenhänge decken. Auch hier hat man für die Versager keine ausreichende Erklärung. Der Zusammenhang mit den Deutungsprinzipien des Geburtshoroskopes wird nicht gewahrt. So sahen wir z. B. einen Todesfall beim Übergang der progressiven Sonne über den Radix-Saturn, in der Geburtsfigur standen jedoch Sonne und Saturn im recht genauen Sextil zueinander, so daß der hierauf etwa zurückzuführende Effekt der notwendigen Radixdeutung widerspricht, zumal Saturn im zweiten Horoskopfelde stehend, keine Beziehung zu Krankheit oder Tod aufwies. In den Transiten, die ja die Sekundärdirektionen aus unerfindlichen Gründen bestätigen müssen, wenn ein Effekt eintreten soll, zeigte sich kein entsprechender Angriff auf Sonne und Saturn, während die in diesem Horoskop ungemein krankheitsbezügliche Opposition zwischen Jupiter und Mars sowohl im Solarhoroskop, als auch im Transit eine unverkennbar ausschlaggebende Rolle spielte.

Was die Monddirektionen in diesem System anbelangt, so konnte ich überzeugende Wirkungen niemals beobachten. Es wird immer davon gesprochen, daß der Stand des progressiven Mondes im Radixhoroskopfelde die betreffende Lebenssphäre in Bewegung setze. Wo so etwas scheinbar beobachtet werden konnte, fand sich stets die Anwesenheit eines größeren laufenden Planeten in der Sphäre des fraglichen Feldes. Es wäre doch wohl leicht eine kleine Statistik der Monddirektionen bei bestimmten Lebensschicksalen zusammenzustellen, wenn tatsächlich aufweisbare Zusammenhänge bestünden.

Man hat auch die Winkelbildung der progressiven Planeten untereinander berücksichtigt, wahrscheinlich, um die Deutungsmöglichkeiten zu vermehren. Bei der krassen und spitzen Bedeutung, die man den Direktionen im Gegensatz zu den einzelnen Transiten beizumessen pflegt, ist dieses Verfahren, mit den Deutungsprinzipien des Geburtshoroskopes verglichen, ganz und gar widersinnig. Wenn zwischen zwei Planeten keine Winkelbeziehung besteht, dann dürfte auch die progressive Aspektbildung dieser Planeten nichts Bemerkenswertes zur Auslösung bringen. Die Planeten, die im Geburtshoroskop im Aspekt zueinander stehen, bilden aber nur in ganz seltenen Fällen gleichsinnige Winkel im progressiven Planetenbilde.

Wenn es schon unverständlich ist, daß man die Auslösung der Direktionen von Solarhoroskop und Transiten abhängig macht, so kann man das Prinzip der I n g r e s s e , nach dem der Übergang der laufenden Planeten über die Progressivplätze wirksam sein soll, erst recht nicht begreifen. Die Ingresse vermehren die Deutungsmöglichkeiten selbstverständlich um ein Vielfaches, ohne daß praktische Erfahrungen das Recht zu einer so wilden Hypothesenbildung nur im geringsten begründen. Die Neigung, die Anzahl der Deutungselemente auch im Prognose- und Vergleichsverfahren ins Uferlose zu vermehren, anstatt die wenigen realen Faktoren zu ordnen und in einen faßbaren Zusammenhang mit der Geburtshoroskopdeutung zu bringen, macht jede Prüfung illusorisch. Anstatt die sehr zahlreichen Variationen, die schon in den wenigen natürlichen Faktoren gegeben sind, in alle Verzweigungen hinein zu verfolgen und damit die Zusammenhänge wirklich zu beherrschen lernen, türmt man eine Direktionsmethode auf die andere, und den Abschluß dieser unübersehbaren und unzusammenhängenden Reihe bilden dann doch wieder die natürlichen Faktoren, deren Eigenart nur in sehr groben Umrissen berücksichtigt wird.

Im Rahmen des Systems der Sekundärdirektionen hat man noch viele andere Erfindungen gemacht. Es fällt ja in der Tat nicht schwer, neue Direktionsmethoden zu ersinnen. So verschiebt man z. B. das ganze Horoskop, d. h. Planeten und Felderspitzen, mit dem Sonnenbogen (nach dem Schlüssel 1 Tag = 1 Jahr). Die Verschiebung erfolgt nach der in Frankreich üblichen Methode nach rückwärts, nach der deutschen Methode Wittes dagegen in der Reihenfolge der Tierkreiszeichen. So ist für alle Eventualitäten gesorgt und in dem Chaos der Möglichkeiten kann von einer Unterscheidung zwischen Zufall und Notwendigkeit keine Rede mehr sein. Man hält jedes Direktionssystem für ausreichend legitimiert, wenn es nur in zwei oder drei Fällen metagnostisch „verblüffende" Übereinstimmungen aufweist.

Die sogenannte P r o f e k t i o n s m e t h o d e verfährt ebenso willkürlich wie die Direktionsmethode. Eine Legitimationshypothese scheint hier überhaupt nicht zu bestehen. Man dirigiert mit dem Schlüssel 1 Tierkreiszeichen = 1 Jahr und mit dem anderen $^1/_{365}$ des Tierkreises = 1 Tag. Die Untersuchung der angeblichen Profektionseffekte hat mir niemals etwas gezeigt, was den Zufall außer Frage stellen könnte oder vermöge besonderer Eigentümlichkeiten echte Zusammenhänge vermuten ließe. In den letzten Jahren hat das Interesse an den Profektionen erheblich nachgelassen und ich kann mir daher ausführliche Belege und Betrachtungen ersparen, zumal die Literatur niemals ernste Beweisversuche vorgewiesen hat.

Die s y n o d i s c h e n L u n a t i o n e n gehören gleichfalls in den Rahmen der Direktionsmethoden, obwohl natürliche Vorgänge dabei zur Verwendung gelangen. Demnach werden Horoskope auf den gleichen Winkelabstand zwischen Sonne und Mond berechnet, jede der im Abstand von ca. 28 Tagen folgende Lunation gilt angeblich für ein Lebensjahr. Die wenigen Versuche, die ich vor vielen Jahren in dieser Richtung vornahm, brachten sehr enttäuschende Ergebnisse, so daß ich der Sache nicht weiter nachgegangen bin, zumal auch von anderer Seite keine dringlichen Empfehlungen dieses Verfahrens vorlagen.

Unter den vielen Neuerfindungen, die der astrologischen Prognose dienen sollen, ist besonders der Glahnsche L e b e n s k r e i s in breiteren Kreisen bekannt geworden. Es wird einmal gegen die Reihenfolge des Tierkreises dirigiert, und zwar nach dem Maßstab: 1 Feld = 8$^1/_3$ Jahr, dann wird aber der Aszendent auch in der Reihenfolge der Zeichen vorgeschoben mit dem Schlüssel: 1 Feld = 25 Jahre. Die zugrunde liegende Idee ist vielleicht nicht ganz unberechtigt: Das ganze Horoskop wird für die ganze Lebensdauer und für den ganzen Lebensinhalt gesetzt. Die Direktion gegen die Reihenfolge der Zeichen berücksichtigt auch manches wertvolle Erkenntnisgut der Astropsychologie, so z. B. die berechtigte Auffassung, daß der vierte Quadrant besonders frühzeitige Entwicklung auslöst usw. Andererseits geht es aber nicht an, nun jedes Horoskop schematisch auf eine Lebensdauer von 75 Jahren festzulegen und dementsprechende Raumverteilungen für die einzelnen Lebensjahre vorzunehmen. Solche Vergleichsversuche setzen die genaue Kennt-

187

nis des zu erreichenden Lebensalters voraus, nach diesem müßte dann so ein Direktionsschlüssel individuell berechnet werden. Das Glahnsche Schema bewährt sich in der Praxis nicht. Wenn man mit Glahn nicht nur die üblichen Horoskopfaktoren berücksichtigt, sondern auch die Antiszien, die Halbdistanzpunkte und das Erdhoroskop zur Auslösung gelangen läßt, fehlt jede Möglichkeit, Zufall von echten Zusammenhängen zu unterscheiden. Als Glahn sein System veröffentlichte, habe ich eine große Anzahl Horoskope damit durchgeprüft, meine anfänglich positive Einstellung konnte ich aber mit wachsender Erkenntnis des Zufallscharakters der Treffer nicht mehr aufrechterhalten. –

Ich möchte mich nicht vom Leser verabschieden, ohne auf einige praktische Konsequenzen aller Erfahrungen mit der astrologischen Prognose hinzuweisen. Der seelisch-geistig unentwickelte bzw. schwach entwickelte Mensch reagiert in der Regel sehr lebhaft und eindeutig auf alle Arten von Solar- und Transitkonstellationen. während man bei solchen Individuen oft die Erfahrung macht, daß das Geburtshoroskop nur wenig Anhaltspunkte für die allgemeine Lebensbeurteilung ergibt. Das entwickelte Individuum, das in einem weit höheren Maße alles zur Geltung bringt, was in ihm als Anlage schlummert und im Geburtshoroskop vorgezeichnet ist, trifft den Einflüssen der Solarhoroskope und den Transitkonstellationen gegenüber eine weit strengere Auswahl. Es reagiert mehr oder minder nur auf Einflüsse, die ihm w e s e n s g e m ä ß sind, also solche, die durch bestimmte Konstellationen im Geburtshoroskop angedeutet sind. Demgemäß finden wir, daß das entwickelte Individuum den einfachen Transiten und den gewöhnlichen Solarkonstellationen gegenüber viel unempfindlicher ist, dagegen aber stark auf wiederkehrende Konstellationen reagiert. Die Frage, wie weit das Geburtshoroskop Aufschluß über den zu erreichenden Entwicklungsgrad gibt, wäre an anderer Stelle ausführlicher zu behandeln. Es soll hier nur angedeutet werden, daß die Extreme astrologisch sehr wohl erfaßbar sind, d. h. daß das von Grund aus zu einer gewissen Primitivität veranlagte Individuum sich astrologisch im Geburtshoroskop verhältnismäßig stark unterscheidet von dem von Grund aus sehr entwicklungsfähigen Individuum, das in der Geburtsfigur meist starke Dominantenbildung aufweist.

Anhang

Tabellen zur Ermittlung der Solarfelder-
spitzen für beliebige Lebensjahre.

Die nachstehenden Tabellen liefern nur annähernd richtige Werte,
eignen sich jedoch vorzüglich zur Kontrolle der Richtigkeit aller
zur Beurteilung gelangenden Solarhoroskope und können auch zur
ungefähren Bestimmung der Solarhoroskopelemente kommender
oder vergangener Jahre, für die keine Ephemeriden zur Hand sind,
benützt werden. Erforderlich ist aber stets noch die Korrektur mit
der in Zeit oder Grade umgewandelten Längendifferenz zwischen
Geburts- und Anwesenheitsort am Geburtstage des fraglichen Solarjahres.

Tabelle 1*)

Jahrestag	Drehung in H	M	Jahrestag	Drehung in H	M	Jahrestag	Drehung in H	M	Jahrestag	Drehung in H	M	Jahrestag	Drehung in H	M
1	05	49	17	02	49	34	05	38	50	02	38	67	05	27
2	11	38	18	08	38	35	11	27	51	08	27	68	11	16
3	17	26	19	14	27	36	17	16	52	14	16	69	17	05
4	23	15	20	20	15	37	23	04	53	20	05	70	22	54
5	05	04	21	02	04	38	04	53	54	01	53	71	04	42
6	10	53	22	07	53	39	10	42	55	07	42	72	10	31
7	16	41	23	13	42	40	16	31	56	13	31	73	16	20
8	22	30	24	19	30	41	22	19	57	19	20	74	22	09
9	04	19	25	01	19	42	04	08	58	01	08	75	03	58
10	10	08	26	07	08	43	09	57	59	06	57	76	09	46
11	15	56	27	12	57	44	15	46	60	12	46	77	15	35
12	21	45	28	18	45	45	21	35	61	18	35	78	21	24
13	03	34	29	00	34	46	03	23	62	00	24	79	03	13
14	09	23	30	06	23	47	09	12	63	06	12	80	09	01
15	15	12	31	12	12	48	15	01	64	12	01	81	14	50
16	21	00	32	18	01	49	20	50	65	17	50	82	20	39
—	—	—	33	23	49	—	—	—	66	23	39	—	—	—

---

*) Die Tabellen entnahmen wir mit freundlichem Einverständnis des Ver-
fassers dem sehr lesenswerten Aufsatz: „Der Zyklus im Solarhoroskop" von
Rudolf Hermann, Leipzig (Sterne und Mensch, II. Jahrgang 1926, Heft 4, 5,
6 und 7).

In der Tabelle 1 ist zur Sternzeit zur Geburt (kulm. Punkt) die Sternzeit, die dem Lebensjahre entspricht, für das das Solarhoroskop berechnet werden soll, zu addieren.

Beispiel: Geburt am 16. II. 1896, 5 Uhr 36 Min. vorm. in Görlitz. Sternzeit zur Geburt 14 Uhr 20 Min. (M. C. 7 Grad Skorpion). Gesucht Solarhoroskop für das 34. Lebensjahr, also für 1929 bis 1930.

Man addiert die Sternzeit vom 33. Jahrestag der Tabelle (23 Uhr 49 Min.) zur Geburtssternzeit (14 Uhr 20 Min.). Der gefundene Wert 38 Uhr 9 Min. – 24 Uhr = 14 Uhr 9 Min.) ergibt die Sternzeit für den kulminierenden Punkt des Solarhoroskopes 1929 bis 1930. In einer Feldertabelle der entsprechenden geographischen Breite werden nun die Werte für die Felderspitzen gesucht. Bei 51 Grad n. B. ergibt sich für das M. C. 5 Grad Skorpion, für den Aszendenten 0,3 Steinbock. Wenn der Anwesenheitsort 20 Min. westlich vom Geburtsort liegt, so sind 20 Min. zu subtrahieren. Kulminierender Punkt des Solarhoroskopes ist dann 13 Uhr 49 Min. Das M. C. liegt in 29,5 Grad Waage, der Aszendent in 25 Grad Schütze. Liegt der Anwesenheitsort dagegen 20 Min. östlich vom Geburtsort, so sind 20 Min. zum K. P. des Solarhoroskopes zu addieren (14 Uhr 29 Min., M. C. = 10 Grad Skorpion, Aszendent 5 Grad Steinbock).

Bequemer, wenn auch etwas ungenauer, ist in vielen Fällen die Benutzung der Tabelle 2.

Hier ist nur die Kenntnis der Tierkreisstellung des zehnten Feldes des Geburtshoroskopes erforderlich. In der Rubrik zehntes Feld sucht man diejenige Stellung, die dem M. C. am nächsten kommt. In unserem Falle finden wir sie unter der Laufzahl 52 (6 Grad Skorpion) mit einer Differenz von einem Grade. Zur Laufzahl 52 zählen wir 33 hinzu (entsprechend dem 34. Solarjahr, das wir suchen) und haben nun unter der Laufzahl 85 das gesuchte Solar-M. C. (3 Grad Skorpion), zu dem wir allerdings noch die Differenz von 1 Grad, die beim Ausgangspunkt (Laufzahl 52) vorlag, zählen müssen. Wir finden als angenäherten Wert für das Solarhoroskop 1929 bis 1930 das M. C. in 4 Grad Skorpion. Korrekturen, die durch die westliche oder östliche Lage des Anwesenheitsortes gegenüber dem Geburtsorte notwendig werden sollten, müßten noch vorgenommen werden. Für

Tabelle 2

Lauf-zahl	10. Feld	1. Feld	Lauf-zahl	10. Feld	1. Feld	Lauf-zahl	10. Feld	1. Feld
1	27 ♊	28 ♍	34	25 ♊	26 ♍	67	22 ♊	24 ♍
2	24 ♍	29 ♏	35	21 ♍	27 ♏	68	18 ♍	25 ♏
3	22 ♐	10 ♓	36	20 ♐	4 ♓	69	17 ♐	28 ♒
4	18 ♓	19 ♋	37	15 ♓	17 ♋	70	12 ♓	14 ♋
5	17 ♊	20 ♍	38	14 ♊	18 ♍	71	12 ♊	16 ♍
6	12 ♍	21 ♏	39	9 ♍	19 ♏	72	6 ♍	17 ♏
7	12 ♐	17 ♒	40	9 ♐	12 ♒	73	7 ♐	8 ♒
8	6 ♓	10 ♋	41	3 ♓	8 ♋	74	0 ♓	5 ♋
9	7 ♊	13 ♍	42	4 ♊	10 ♍	75	2 ♊	9 ♍
10	0 ♍	13 ♏	43	27 ♌	11 ♏	76	24 ♌	9 ♏
11	1 ♐	28 ♑	44	29 ♏	25 ♑	77	26 ♏	21 ♑
12	24 ♒	0 ♋	45	21 ♒	27 ♊	78	18 ♒	24 ♊
13	26 ♉	5 ♍	46	23 ♉	3 ♍	79	21 ♉	1 ♍
14	18 ♌	5 ♏	47	16 ♌	4 ♏	80	13 ♌	2 ♏
15	20 ♏	14 ♑	48	18 ♏	12 ♑	81	15 ♏	9 ♑
16	13 ♒	19 ♊	49	10 ♒	16 ♊	82	7 ♒	13 ♊
17	15 ♉	27 ♌	50	12 ♉	25 ♌	83	10 ♉	23 ♌
18	7 ♌	28 ♎	51	5 ♌	26 ♎	84	2 ♌	24 ♎
19	9 ♏	3 ♑	52	6 ♏	0 ♑	85	3 ♏	27 ♐
20	2 ♒	6 ♊	53	29 ♑	2 ♊	86	26 ♑	28 ♉
21	3 ♉	19 ♌	54	0 ♉	17 ♌	87	28 ♈	15 ♌
22	26 ♋	20 ♎	55	24 ♋	18 ♎	88	21 ♋	16 ♎
23	27 ♎	22 ♐	56	24 ♎	20 ♐	89	21 ♎	18 ♐
24	21 ♑	19 ♉	57	18 ♑	14 ♉	90	16 ♑	9 ♉
25	21 ♈	11 ♌	58	18 ♈	9 ♌	91	16 ♈	8 ♌
26	16 ♋	12 ♎	59	13 ♋	10 ♎	92	11 ♋	8 ♎
27	15 ♎	13 ♐	60	12 ♎	11 ♐	93	9 ♎	9 ♐
28	10 ♑	27 ♈	61	8 ♑	21 ♈	94	6 ♑	15 ♈
29	9 ♈	3 ♌	62	6 ♈	1 ♌	95	4 ♈	29 ♋
30	5 ♋	4 ♎	63	3 ♋	2 ♎	96	0 ♋	0 ♎
31	3 ♎	5 ♐	64	0 ♎	3 ♐	97	27 ♍	1 ♐
32	0 ♑	1 ♈	65	28 ♐	24 ♓	98	25 ♐	17 ♓
33	27 ♓	25 ♋	66	24 ♓	23 ♋	99	21 ♓	21 ♋

je vier Minuten Differenz ist bei östlicher Länge vom Geburtsort 1 Grad zu addieren, bei westlicher Länge 1 Grad zu subtrahieren. Der Aszendent ist je nach dem Breitegrad des Anwesenheitsortes aus einer entsprechenden Feldertabelle zu entnehmen.

A n m e r k u n g : Da der Schluß der Tabelle mit Laufzahl 99 ein ganz will-kürlicher ist, darf man beim Gebrauch derselben nicht über 99 hinauskommen, da sich sonst falsche Resultate ergeben. B e i s p i e l : M. C. rad. = 12 ° Fische (Laufzahl 70) + 59 ergibt 129. Da nicht vorhanden, müssen wir das 12° Fische nächstgelegene M. C. 15 ° Fische (Laufzahl 37) zum Ausgangspunkt der Berech-nung nehmen: 37 + 59 = 96 (M. C. 0 ° Krebs) — 3⁰ = M. C. 27⁰ Zwillinge für das 60. Solarjahr.

Nachtrag

Um den Anfängern das Studium der Astrologie zu erleichtern, den Fortgeschrittenen dagegen eine schnellere Vervollkommnung des Wissens und eine größere Sicherheit in der Praxis zu vermitteln, wurde dieser Nachtrag geschaffen, der die Grundlagen für das Solarhoroskop, die Transite und aktuellen Konstellationen in ihrer Bedeutung für die Prognose nach den neuesten Erkenntnissen von Wissenschaft und Forschung in der Astrologie vermittelt.

Allgemeines zum Solarhoroskop und zur Prognose

Als Klöckler im Jahre 1929 den 3. Band seines „KURSUS DER ASTROLOGIE" veröffentlichte, nannte er im Vorwort zwei Gründe, die ihn trotz seiner Bedenken dazu bewogen hatten: den Mangel an ernstzunehmender Literatur auf diesem Gebiet einerseits, das ihm in vielen Zuschriften geäußerte Bedürfnis nach einer auf Erfahrung beruhenden Darstellung und Prüfung astrologischer Prognosemöglichkeiten andererseits. Diese Lücke wurde von seinem Buche nicht nur vorbildlich ausgefüllt, darüber hinaus ist dieser 3. Band das verläßlichste und verantwortungsbewußteste Handbuch für die astrologische Prognose geblieben. Die Klöckler eigene kluge Vorsicht, mit der er nur an der Erfahrung geprüfte Aussagen wiedergab und sich nicht der naheliegenden Versuchung spekulativer Theorien überließ, machte und macht den Hauptwert des Buches aus. Diese Art des empirisch-kritischen Arbeitens wurde mir von Freiherrn von Klöckler in persönlichem Kontakt vermittelt und hat sich in etwa zwanzigjährigen astrologischen Studien bewährt und fruchtbar erwiesen.

Wenn man die in diesem Buche niedergelegten Erfahrungen nicht als „Rezepte" anwendet – wovor der Verfasser selbst warnt –, sondern sie als Hinweise und Richtlinien betrachtet, wird vor allem der Lernende immer wieder erstaunt sein über die Feinheit der Aussagemöglichkeiten, die damals erstmalig auch schon differenzierte psychologische Sachverhalte einbezogen. Wie Klöckler in die Auslegung des Grundhoroskopes durch die zum Teil von Choisnard (Flambart) übernommene und von ihm dann ausgearbeitete Dominantenlehre erstmalig methodisch-strukturelle Gesichtspunkte einführte, so brachte auch seine Gestaltung der Prognose durch die Kombination von Solarhoroskop, Transiten und aktuellen Konstellationen die erste Möglichkeit zu prognostischen Aussagen, die nach ihrer individuellen Bedeutsamkeit geordnet waren. Während sonst die Literatur über astrologische Prognose fast nur aus einer Sammlung aphoristischer Einzeldeutungen bestand, wurde hier erstmals das Grundhoroskop zur Basis auch prognostischer Aussagen gemacht; etwa in dem Sinne, daß nicht „der" Übergang eines Planeten über einen anderen in abstracto gedeutet, sondern entscheidend daraufhin betrachtet und gewertet wurde, welche Funktion und Bedeutung, welchen Akzent die beiden Faktoren aus dem Grundhoroskop mitbrachten. Aussagen über das Radixhoroskop, die auf dem sogenannten Geburtsgebieter und ähnlichen, wenig beweglichen Elementen beruhten – Faktoren, die unter Umständen stundenlang an einem Tage gültig sind –, mußten naturgemäß viel verschwommener sein. Wie nun die Einführung der Dominantenlehre eine bis dahin nicht erreichte Erfassung der individuellen Hierarchie der Planetenkräfte im Einzelhoroskop ermöglichte, so wurden auch die prognostischen Methoden in völlig neuer Weise immer in Bezug gesehen mit der einmaligen Geburts- und Schicksalsthematik des Horoskopeigners. Bei Transiten und Solarkonstellationen wurde dementsprechend den „wiederkehrenden Konstellationen" – also eben den für das Individuum maßgeblichen Strukturelementen – entscheidender Wert beigelegt.

Dadurch wurde es recht eigentlich erst möglich, aus der Fülle der in einem Horoskop bzw. Solarhoroskop vorliegenden Transite und Solarkonstellationen diejenigen herauszugreifen, die für das Individuum zentral wichtig waren. Beschränkte man sich auf solche Aussagen, so waren diese gesichert und verläßlich im hier überhaupt möglichen Sinne. Zugleich hatte man eine Erklärung dafür, warum metagnostisch bei verschiedenen Menschen gewisse Konstellationen (die eben nicht zu dessen struktureignen gehörten) ohne Wirkung geblieben waren. So rundete sich durch die Kombination der Hilfshoroskope, Transite und aktuellen Konstellationen mit dem Radixhoroskop mehr und mehr das Bild eines individuellen Menschen, dessen Anlagen wie die Hauptthemen einer Symphonie immer wieder mitklangen. So wenig es in der Medizin „das" Magengeschwür, in der Psychotherapie „die" Hysterie gibt, sondern immer nur das Magengeschwür des Herrn X und die Hysterie der Frau Y, mit aller spezifisch einmaligen Vorgeschichte, so wenig gibt es (besser gesagt: sollte es geben) nach Klöckler „den" Übergang etwa des Uranus über die Sonne. Solche individuell-differenzierten Aussagen stellen natürlich viel erheblichere Ansprüche an das Können und Einfühlungsvermögen des Astrologen, woraus wahrscheinlich ein Teil der Ablehnung der Klöcklerschen Methode zu verstehen ist. Mit dieser Forderung nach einem umfassenden Verstehen des Menschen in all seinen Bezugsebenen werden aber auch an Stelle der Vielheit vager Aussagen gezieltere und persönlich wesentlichere Aussagen möglich.

Das Wesen aller Wissenschaft liegt u. a. darin, daß sie aus denkökonomischen Gründen Typisches auf ihrem Gebiete herausarbeitet und dann der Gefahr unterliegen kann, dieses Typische zu überschätzen. Natürlich reicht der Mensch immer und überall in großer Breite in typische Zusammenhänge hinein; zweifellos macht es aber gerade einen wesentlichen Teil seiner menschlichen Würde aus, darüber hinaus ein einmaliges Individuum zu sein. Auch die Astrologie muß mit Typischem arbeiten: Tierkreis und Planeten, zum Teil die Aspekte, sind zunächst allgemeingültige, in jedem Horoskop gegebene Faktoren. Ihre spezifische Ordnung, Wertigkeit, Hierarchie macht aber jenes einmalig Individuelle aus, die „Eigenformel", die unwiederholbare Lebensthematik eines Menschen, – all das, was nie in Regeln, Rezepten u. ä. eingefangen werden kann, was nur erfahren und erlebt werden kann im sich Vertiefen in die Gesetze eines einzelnen Menschen. Auch die moderne Tiefenpsychologie arbeitet so, daß sie sich in die gesamte detaillierte Vorgeschichte eines Menschen vertieft, den persönlichen genetischen Hintergründen einer Krankheit nachgeht, – und erst daraus gewinnt sie ihre helfenden Möglichkeiten. Wenn wir in der Astrologie über die bloße Deutung eines Horoskopes hinaus einen Menschen wirklich helfend beraten wollen, so ist die erste Aufgabe, neben und hinter allem Typischen, allgemein Gültigen, die Eigenformel dieses Menschen zu finden. Für diese Möglichkeit ist die Klöcklersche Methode besonders bedeutsam geworden. Hat man erst eine Vorstellung von der Eigengesetzlichkeit eines Menschen gewonnen, wird man sich bei allen weiteren Aussagen immer auf diese beziehen. In der Prognose wird jede aktuelle Konstellation dann zu einer Aufgabe, deren individuelle Art der Lösung man in den Gegebenheiten des Grundhoroskopes suchen muß. Astrologische Prognose bedeutet dann recht eigentlich das Aufzeigen einer Entwicklung, Entfaltung und möglichen Verarbeitung schicksalhafter Gegebenheiten einer Persönlichkeit. In solcher Auffassung liegt meines Erachtens die Berechtigung und der Sinn aller astrologischen Prognosen.

Jedes Charaktergefüge ist insofern elastisch-dynamisch, als es sich im aktuellen Lebensvollzug immer festigt, wandelt oder entwickelt. Im Grundhoroskop liegt die Tendenz zu bestimmten Verhaltensweisen und Verarbeitungsformen, die in entsprechenden Situationen immer wieder angesprochen und realisiert werden. Solche Situationen sind aber immer auch „Keimsituationen" für weitere Charakterentwicklungen und Schicksalsabläufe, da sie die Möglichkeit des Wählens und sich Entscheidens enthalten, ob man in der gewohnten eingespurten Weise leben und handeln soll, oder ob es möglicherweise reifer, echter und fruchtbarer wäre, eine neue Form zu finden. Die Tendenzen, Hintergründe und Möglichkeiten seines Verhaltens bewußter zu sehen, und damit die Möglichkeit zur Entscheidung fruchtbarer zu konstellieren, dazu kann die Astrologie wesentlich helfen, und das gerade mit der Prognose, da hier der aktuelle Vollzug besonders akzentuiert und greifbar erscheint.

Schon aus dem Grundhoroskop also kann man prognostizieren, insofern als man aus ihm „Keimsituationen" ablesen kann, in denen sich Charakter und Schicksal begegnen. Prognose im eigentlichen Sinne ist damit nicht so sehr wesentlich als vielmehr technisch anders und neu. Der Hauptunterschied liegt – so gesehen – in der Verschiebung des Schwerpunktes von der Situation auf deren Zeitpunkt.

Natürlich ist alles eigentliche Prognostizieren voller Gefahren, und Klöckler weist in seinem Vorwort schon darauf hin, daß der Anfänger sich lange Zeit möglichst auf metagnostische Überprüfung bereits vollzogener Schicksalsabläufe beschränken sollte, bevor er prognostische Aussagen wagt. Das kann auch heute noch nicht genug betont werden. Die Gefahren der Prognose liegen vor allem in zwei Punkten: Allzu oft bringt der Ratsuchende unklare und übersteigerte Erwartungsvorstellungen mit und will letztlich nur die Verantwortung für seine Entscheidungen abgenommen haben von den „Sternen" oder vom beratenden Astrologen. Und hier liegt zugleich die zweite Gefahr: daß nämlich der Astrologe sich seiner und der Grenzen der Astrologie nicht bewußt ist und jene Erwartungsvorstellungen des Ratsuchenden zu erfüllen versucht.

Wie sehen nun die echten Möglichkeiten der Prognose aus? Wie die Auslegung des Grundhoroskopes soll auch die Prognose nur Hilfestellung sein, dazu, daß der Ratsuchende sich selbst und sein in-der-Welt-Sein tiefer verstehen kann. Grundsätzlich sind etwa bei jedem Transit zwei Deutungsmöglichkeiten denkbar, die wir am allgemeinsten mit Bejahen oder Verneinen des durch ihn vermittelten Impulses bezeichnen können: „soll ich oder soll ich nicht?", wobei zunächst ganz offen bleibt, welche Haltung die „richtige" wäre. Die Astrologie ist hier in ganz ähnlicher Situation wie die Traumanalyse in der heutigen Tiefenpsychologie: dort wissen wir, daß Träume eine ganz entscheidende innere Stellungnahme zu unserer Eigenproblematik bedeuten; aber in den meisten Fällen ist das Traumorakel dunkel und vieldeutig wie alle Orakel. Welches ist die „richtige" Deutung? In der Psychotherapie lassen wir den Patienten durch seine Einfälle zu dem Thema selbst die Deutung finden, die ihn überzeugt, geben ihm vielleicht Hilfestellung, indem wir das Typische bestimmter Traumsymbole ihm anbieten. Genau so sollten wir in der astrologischen Prognose vorgehen, wenn wir verantwortlich arbeiten wollen. Wir sollten uns des Ratsuchenden innere und äußere Situation genauestens schildern lassen, dann aus dem Solar, den Transiten und wiederkehrenden Konstellationen ihm die astrologisch-kosmische Situation schildern, immer unter Berücksichtigung seines Radixhoroskopes und seiner daraus ersichtlichen oder vermutlichen Struktur. Aus dem Vergleich beider Situationen erst können wir in gemeinsamem Gespräch mit dem Ratsuchenden das erarbeiten, was gemäß seiner inneren und äußeren Konstellation sinnvollst zu tun oder zu lassen wäre. Astrologische Prognose soll also weder dem Ratsuchenden Verantwortung abnehmen, noch soll sie Machtwünsche des Ratgebenden sich ausleben lassen: sie soll eine Möglichkeit sein, Menschen in Not oder Krisen zu helfen, daß sie diese besser verstehen, einordnen und überwinden können (denn an solchen Punkten pflegt ja der Ratsuchende vor allem zu kommen), oder, anders ausgedrückt, dem Menschen zu helfen, in Einklang mit sich und den überpersönlichen Mächten zu kommen, deren Willen sich unter anderm auch in den kosmischen Vorgängen und ihrer astrologischen Spiegelung ausdrückt.

Es gehört zu den Zukunftsaufgaben, die Menschen hierüber auf-zuklären, damit sie keine falschen Erwartungen mehr an die Astro-logie und die Astrologen herantragen, und daß selbstverständlich die Astrologen ihre Aufgabe ernster und echter verwirklichen im oben beschriebenen Sinne. Solange sollte man in jeder einzelnen Beratung erst klären, welche Erwartungen der Ratsuchende mit-bringt, und was man selbst zu geben vermag. Dann allerdings kann astrologischer Beratung – auch der prognostischen! – eine sehr wich-tige und fruchtbare Rolle zukommen.

Noch einen Punkt möchte ich kurz streifen: wenn man astro-logische Prognosebücher liest (und in gewissen Grenzen trifft das auch für den vorliegenden Band zu), so fällt einem auf, wie sehr man da auf das Erfassen von Ereignisdaten eingestellt ist (Todes-solare, Schwangerschaftssolare usf.), – das menschliche Bedürfnis nach Gewißheiten und Berechenbarkeit der Zukunft verführt wohl immer wieder so leicht dazu. Zeitliche Fixierung von Ereignissen kann aber meines Erachtens gar nicht der Sinn und Wert astro-logischer Prognosenaussagen sein. Wie die Vieldeutigkeit der Kon-stellationen eindeutig umrissene Ereignisse schwerlich zu erkennen erlaubt – was jeder Erfahrene zugeben wird – so werden anderer-seits Schicksale wie Konzeption, Ehescheidung, auch Todesfälle häufig von den Betroffenen ganz unterschiedlich erlebt. Letzteres ist eigentlich nur ein weiterer Schritt auf dem von Klöckler vor-gezeichneten Weg einer individuelleren Schicksalserfassung. So liegt der Sinn der Prognose darin, dem Menschen die Möglichkeiten aufzuzeigen, sich selbst und sein Schicksal im oben angedeuteten Sinne zu gestalten.

Es ist etwas anderes, jemandem zu sagen, er dürfe keinesfalls dieses oder jenes tun, weil etwa sein Saturn ein Quadrat zur Sonne bilde usf., als ihm zu zeigen, er müsse aller Wahrscheinlichkeit nach mit einer Zeit rechnen, in welcher er wählen müsse, ob er es wagen wolle, sich gegen auftretende innere und äußere Schwierigkeiten zu behaupten und durchzusetzen, oder aus der Einsicht in innere und äußere Grenzen einen echten Verzicht, ein sich Beschränken zu leben. Auf diese Wahl müssen wir den anderen hinweisen und ihm die selbstverantwortliche Freiheit aufzeigen, so oder so sich verhalten zu können. Aus der Einsicht in innere Möglichkeit und äußere Ge-

gebenheit kann dann erst ein reifer Entschluß vom Ratsuchenden selbst gefaßt werden – dies allerdings oft um Vieles klarer, als es ohne die Spiegelung in den astrologischen Verhältnissen möglich gewesen wäre.

Wenn Klöckler in seinem 3. Band die Direktionen als ihm zu spekulativ ausgelassen hat, so ist ihm daraus kein Vorwurf zu machen, auch wenn man anderer Ansicht ist, etwa in dem Sinne, daß ja von einer bestimmten Sicht aus das ganze astrologische Lehrgebäude als Spekulation gesehen werden kann (und gesehen worden ist). Meiner Erfahrung nach sind die Direktionen durchaus ernstzunehmende weitere Ergänzungen der Prognose, und ich habe wachsend den Eindruck bekommen, daß wichtige Entwicklungsvorgänge und mit solchen gewöhnlich verbundene Ereignisse immer m e h r f a c h determiniert sind und sich dann auch in den Direktionen anzeigen, – daß dagegen oft greifbare Wirkungen ausbleiben, wenn nur eine Determination vorliegt (also etwa ein Transit, der nicht durch Solar oder Direktion bestätigt wird).

Die Prognose ist ein unendlich reizvolles Forschungsgebiet, für das Klöckler uns grundlegende Erkenntnisse vermittelt hat und das, recht ausgeübt, uns an letzte Fragen nach dem Menschen, seiner Freiheit und seiner Abhängigkeit heranbringt.   Fritz Riemann

Aus der Praxis einer langjährigen Solarprognostik

Die kritisch forschende Arbeit mit der Methode der Klöcklerschen Theorie über die Solarhoroskopie lieferte zahlreiches Beweismaterial für die Richtigkeit der Klöcklerschen Thesen, wenn auch eine kleine Einschränkung gemacht werden muß, die übrigens Klöckler in Diskussionen selbst stets zugab und die am Schluß dieser Ausführungen näher erörtert werden soll.

Um erfolgreich Solarhoroskope auswerten zu können, muß selbstverständlich die Vorbedingung einer sorgfältig durchgeführten Analyse des Geburtshoroskopes erfüllt sein, da nur die genaue Kenntnis der überhaupt gegebenen Entwicklungsmöglichkeiten des Horoskopeigners es ermöglicht, mit der richtigen Fragestellung an das Solarhoroskop heranzugehen; und diese richtige Fragestellung ist es, die am Beginn jeder prognostischen Arbeit zu stehen hat, die Anspruch erhebt auf wissenschaftliche Fundierung, d. h. auf der Erkenntnis beruht, daß das Wesen eines Menschen und sein Schicksal eine untrennbare Einheit sind, wobei das eine aus dem anderen folgt.

Immer aber, wenn diese Voraussetzung einer exakten Charakteranalyse des Horoskopeigners gegeben ist, wird die Auswertung des Jahreshoroskopes bei richtiger Aufschlüsselung interessante Aussagen gestatten, die sich bestätigen. Bei entsprechender astropsychologischer Vorbildung lassen sich stets zutreffende Prognosen machen, sei es bezüglich jener subtilsten Veränderungen, denen jeder Mensch dauernd unterworfen ist (wie Schwankungen der Entwicklungskurve, Schwerpunktverlagerungen der Interessengebiete, feinster Nuancierungen der Gefühlserlebnisse bis zum Wechsel der Stimmungskomponenten, Geschmacksrichtungen, soweit solche Schwankungen von mehr als ephemerer Dauer sind), sei es bezüglich einschneidender Entwicklungsschübe oder sichtbarster und spürbarster Schicksalswendungen. So interessant auch alle diese Arbeiten sind, so ist es doch angezeigt, für Demonstrationszwecke sich auf bestimmte Fälle zu beschränken, deren greifbare Tatsächlichkeit sie als besonders geeignet erscheinen läßt, da dann unabhängig von der eventuell subjektiven Wertung und Beurteilung des Bearbeiters eine klare Nachprüfbarkeit der Handlungen und Geschehnisse möglich ist. Es sollen darum nur Fälle der astrologischen Prognosepraxis zur Darstellung kommen, die besonders markante Schicksalswendungen aufzeigen, deren Eintritt zumindest mit einer monatsgenauen Terminangabe zu belegen ist, es werden also Solarkonstellationen ausgewählt, die „Ereignis- resp. Katastrophencharakter" tragen, wobei aber nochmals nachdrücklichst betont wird, daß die Forschungsergebnisse die Richtigkeit und Anwendbarkeit der Solartheorie in viel weiterem Umfang bestätigen, daß Solarprognosen also auch für die ruhigeren, kontinuierlicher verlaufenden Lebensjahre, die ja erfreulicherweise im Durchschnittsverlauf menschlicher Schicksale weit überwiegen, aufschlußreich und interessant sind.

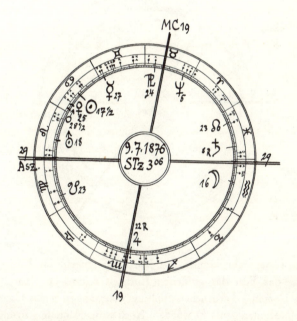

1. Beispiel: Solarhoroskop des Todesjahres der Horoskopeignerin.

Das Radixhoroskop zeigt zwei Dominanten: Saturn im 7. Feld und Jupiter im 4. Feld. Fernerhin eine starke Betonung des fixen Kreuzes durch Aszendentenzeichen Löwe und M. C. sowie fünf Planetenstellungen in den Zeichen Skorpion (Maximalplanet

Jupiter), Wassermann (Mond) und Stier, wodurch hinlänglich die Eigenart des Konstitutionstyps gekennzeichnet ist als kreislaufempfindlich.

Der Schicksalsverlauf des Lebens der Horoskopeignerin in überblickender Zusammenschau ergibt eine volle Bestätigung des aus dem Horoskop nach astrologischer Tradition zu Erwartenden: eine heitere, sorglose Kindheit, eine sehr feste Ehebindung, die zeitweise sehr schwierig und belastend war, und dann ein schönes, harmonisches Alter, in den letzten Jahren getrübt nur durch gesundheitliche Beschwerden (hohen Blutdruck, Herzbeschwerden). Noch im

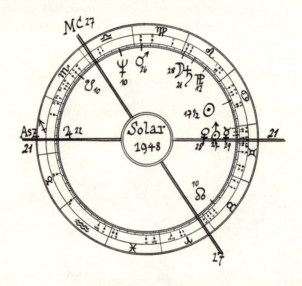

letzten Lebensjahr konnte die Horoskopeignerin im Kreise ihrer Kinder das Fest der goldenen Hochzeit feiern, bei dem ihr und ihrem in seiner beruflichen Stellung sehr angesehenen Gatten lebhafte Ovationen gemacht wurden. Noch einige Monate schwingt nach dieser vollen Erfüllung ihres Strebens das Leben aus, dann stirbt sie an einem Schlaganfall innerhalb weniger Stunden im Februar 1949.

Die Solarkonstellation 48 zeigt ein für solchen guten Alterstod typisches Bild. Der Maximalplanet Jupiter steht wiederum maximal am Solaraszendenten, Symbol der Harmonie und Fülle, die in diescm Schicksal Ursprung und Ende kennzeichneten. Der Solarmond steht in Nähe des Solarsaturn am Radixaszendenten im Trigonaspekt zum Solarjupiter im 8. Solarfeld, der Solarmondknoten (aus dem 8. Radixfeld) beherrscht das 4. Feld. Alle anderen Planeten stehen im III. Quadranten, somit die strukturelle Eigenart des Geburtsbildes umkehrend; die Planetenhäufung im IV. Quadranten des Radixhoroskops hatte sich als eine maßvolle, aber doch deutlich spürbare Egozentrizität der Persönlichkeit ausgewirkt, die mit durchaus geistigen Mitteln der Diplomatie, mit schweigendem Wissen eine gewisse Distanz zwischen sich und der Öffentlichkeit zu schaffen wußte, sich klug und sparsam einengend auf ihren kleinen Kreis der Familie, d. h. des 4. Feldes. Diese Beschränkung mag für den nicht übermäßig vitalen Typ lebenserhaltend gewirkt haben. Jetzt aber, im Todessolar, ist die Wandlung angezeigt, bereit zur Hingabe nach der erlebten Auflösung aller Dissonanzen, Ehekrisen, Entfremdungen: Am Ziel des Weges schmilzt die Verkapselung des Ich, die Auflösung vollzieht sich, vollzieht sich jupiterhaft, leicht, wohl fast schmerzlos. Das letzte Bild, das das schwindende Bewußtsein aufnahm, war die sorgende Liebe ihrer Töchter, die mit beruflich gegebener Sachkenntnis die Pflege bis zum letzten Atemzug leiteten. Wie klar entspricht dieses letzte Umwelterlebnis dem Symbolwert in der Eigenart der Planetenhäufung des 7. Solarfeldes.

Es sei noch darauf aufmerksam gemacht, daß die weite MarsSonne-Konjunktion des Radixhoroskops im Todessolar sich insofern wiederholt, als der Solarmars mit seinem Solaraszendentenquadrat in Konjunktion mit der Sonne der Primärdirektion steht, aspektiert im Quadratschein von der Solarkonjunktion Merkur-Venus-Uranus auf dem Platz des Radixmerkur. Die Mond-Uranus-Opposition des Radixhoroskops wiederholt sich gleichfalls in der Konjunktion des Solarmondes mit dem Uranus der Primärdirektion.

Primärdirektionen:	MC 27° Krebs
	Aszendent 20° Wage
Sekundärdirektionen:	Sonne 27° Jungfrau
	Mond 15° Wage
	Merkur 23° Wage
	Venus 11° Löwe
	Mars 14° Jungfrau
	Uranus 22° Löwe

2. Beispiel: Solarkonstellation für Tod durch Bombenterror.

Es sei hier einmal eines der interessanten Beispiele gegeben, an denen aufgezeigt werden kann, daß auch ein nach menschlichem Ermessen unverschuldetes Geschick im Horoskop angezeigt ist. Zwar zeigt das Radixbild eine strukturelle Einseitigkeit in der Überbesetzung des III. Quadranten und damit auch eine charakterlich

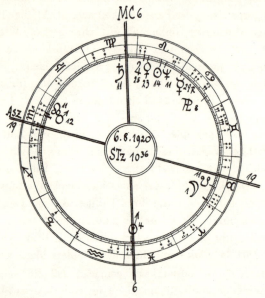

gegebene Neigung, sich der Umwelt und ihren Einflüssen in ungewöhnlichem Maße auszusetzen, Objekt zu sein, das Schicksal zu erleiden, statt es handelnd selbst zu gestalten, doch wäre selbst bei Einbeziehung der dissonanten Sonne/Neptun/Mars/Mondknoten-Verbindung in die Auswertung wohl eine Katastrophe eines Ausmaßes, wie es hier vorliegt, kaum voraussagbar.

Als schicksalhaft bedeutsam ist die frühe Trennung vom Vater durch die Scheidung der elterlichen Ehe zu erwähnen und eine recht langsame Entwicklung zur Persönlichkeit. Trotz einer lebhaften Beweglichkeit ging die Horoskopeignerin keine eigenen Wege, sondern lebte in der Welt der Mutter und der Traditionen ohne besonders spürbare Reibungen (Saturn am M.C.). Die auf die Meridianachse fallende Opposition Saturn/Uranus mit Aspektierung von

Mond und Mars ist zwar eine schwierige Dominante, doch findet man ähnliche Konstellationen in den Geburtsbildern besonders begabter Persönlichkeiten oftmals.

Das Solarhoroskop 44 zeigt eine Wiederholung der Saturnstellung, am Solar-M.C. im 8. Radixfeld eine dissonante Wiederholung der Mond/Uranus-Verbindung, in die Merkur und Mars (letzterer wieder aus dem XII. Feld) gleichfalls dissonant einbezogen sind. Pluto, Planet des VIII. Radixfeldes steht in Konjunktion

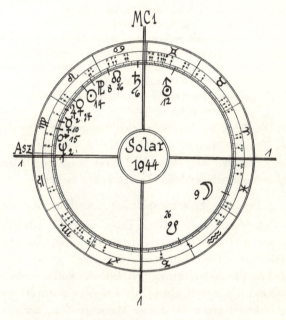

mit der Sonne, der Solaraszendent in Konjungtion mit dem Solarneptun im Quadrat des Radixpluto.

Der Primäraszendent dieses Lebensjahres fällt in die Doppelquadratur der maximalen Saturn/Uranus-Opposition des Radixbildes und wird dadurch besonders interessant, als am Todestage Mars/Sonne in Uranus-Opposition diese Grade des Zeichens Schütze besetzen, während der Mond über den Sonnenplatz und den laufenden Pluto transitiert.

Bei einem Bombenangriff am 4. XII. 1944 fand die Horoskopeignerin gemeinsam mit ihrer Mutter durch Verschüttung im Keller den Tod. Eine flammende Begegnung war ihr für diese Dezembei woche vorausgesagt worden.

Primäraszendent des Todesjahres: 6° Schütze
Primär-MC 2° Wage
Sekundär-Sonne 6° Jungfrau
Sekundär-Mond 19° Fische
Sekundär-Mars 26° Skorpion
Zu beachten: Wiederholung der Saturnstellung am Solar-MC
Wiederholung der Plutostellung (diesmal durch Sonnen-konjunktion verstärkt im 8. Feld)
Neptun am Solaraszendenten
Solarmond in Konjunktion mit Radix IC und Radix-Uranus
Sekundär-Mond im 4. Radixfeld Primär-MC fällt auf Solar-aszendent und Solar-Neptun, in den Quadrataspekt des Solar-Saturn und Radix-Pluto
Sekundär-Mars im 1. Radixfeld im Quadrat zu Venus und Jupiter des Radixbildes.

(Anm.: Die Betonung der dissonanten Stellung der Planeten Saturn, Uranus, Neptun, Pluto ist auffällig. Haben wir hier einen Hinweis auf die Richtigkeit der These, daß diese langsamen Planeten auf überindividuelle Schicksalseinflüsse schließen lassen?)

3. Beispiel: Solarkonstellation einer Ehescheidung.

Das Geburtsbild einer reichen Erbin zeigt die Tendenz zu Du-Erlebnissen und Du-Bindungen eigenartigen Gepräges (Pluto am Deszendenten). Die Mutterbeziehung trägt durchaus marsisch-saturnischen Charakter, wenngleich sich alle Auseinandersetzungen in sublimster Form vollziehen. Als Ehepartner wurde ein musisch und intellektuell gleich befähigter Mann gewählt, der aber, selbst mittellos und noch in der beruflichen Entwicklung begriffen, jahre-lang auf die Substanz der Ehepartnerin angewiesen blieb. Das Ehe-paar lebte im Hause der Mutter der Frau, das ganz von den Stim-mungsschwankungen des Mannes beherrscht wurde. Trotz aller gemeinsamen geistigen Interessen wuchs die Kühle dieser Ehe sich zu einer Entfremdung aus, die durch die Untreue des Mannes schließ-lich sich zu einer schweren Krise steigerte.

Das Solarhoroskop gibt in der Wiederholung der Plutodominante einen Hinweis auf die Geschehnisse. Die Sonne/Mars-Konjunktion im IV. Solarfeld illustriert die Atmosphäre des Heims, wobei der

Uranusaspekt die Plötzlichkeit und Impulsivität der Enthüllungen über eine anderweitige Gefühlsbindung des Mannes anzeigt, wie auch die Großzügigkeit und Opferfreudigkeit in materieller Hin-

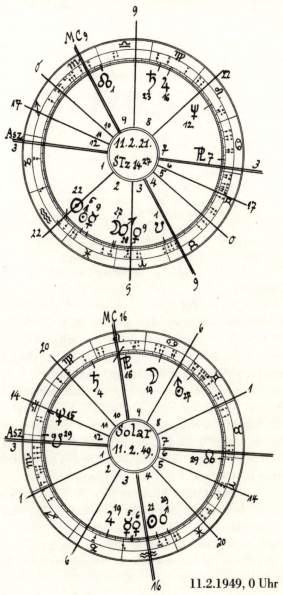

11.2.1949, 0 Uhr

sicht, die die Horoskopeignerin bei der Trennung nochmals diesem Mann gegenüber entwickelte. Die Solarkonstellation Merkur/ Venus III. im Quadrat zu Solaraszendent, der auf dem Radix M. C. liegt, verrät die langen, immer noch freundschaftlichen und in bestimmtem (Fische) Sinne sogar gefühlsbetonten Diskussionen, die als Begleiterscheinung vorhanden waren. Die Enttäuschung der sehr reizbaren Mutter spiegelt das Quadrat des Solaruranus zur Radix-Mond/Mars-Stellung. Die Entscheidung fiel in den Tagen der Saturn/Mars-Konjunktion im Zeichen Virgo auf der Jupiter-Saturn-Position des Radixbildes in Opposition zur Fischebesetzung Uranus/ Merkur.

Primärdirektionen:	MC 7° Schütze
	Aszendent 8° Wassermann
Sekundärdirektionen:	Sonne 20° Fische
	Mond 7° Widder
	Mars 20° Widder
	Venus 2° Stier
	Merkur 5° Fische
Tagestransit:	Sonne / Merkur Anfang Schütze
	Uranus am Deszendenten
	Mars-Saturn-Konjunktion 18° Jungfrau.

Schlußfolgerung:

An den gegebenen Beispielen ist zu ersehen, daß die Berechnung der Solardirektionen nach der Klöcklerschen Methode zu sehr treffenden Schlüssen und oftmals zu ganz präzisen Aussagen führen kann (am greifbarsten erwiesen in den beiden Todessolaren, die eine wirkliche Prognose ermöglichten, obgleich die Formulierung nur eingekleidet gegeben wurde). Diese Exaktheit wird besonders dann möglich sein, wenn durch gleichsinnige Primärdirektionen und Sekundärdirektionen einmalig schicksalhafte Ereignisse ganz klarer Sinngebung angezeigt werden, die dann an den Tagen der Transite der laufenden Planeten ihre Auslösung finden. Die beobachtende Forschung konnte feststellen, daß Katastrophensolare durchaus nicht immer Katastrophenjahre bringen, eben dann nicht, wenn obige Vorbedingungen nicht erfüllt sind. In solchen Fällen sind dann gewisse Verwickelungen, Überschneidungen sich widersprechender Tendenzen in der Charakterentwicklung und im Schicksalsverlauf zu sehen. So dürfte die astrologische Forschung vor weiteren umfangreichen Aufgaben stehen.

Neue Transitforschung

von Hans B e e r

Die traditionelle Lehre von den „Transiten" ist so leicht zu hand-
haben wie schwer zu begreifen. Im Vergleich zu den mannigfachen
Rechenarten der „Direktionen" ist ihre Anwendung wie ein Kinder-
spiel. Man bedarf nur des Geburtshoroskops und der Ephemeriden
zum Ablesen des jeweiligen Standes der Wandelsterne. Die Transit-
technik ist also besonders einfach.

Um so mehr Kopfzerbrechen verursacht das Gedankliche, die
astrologische Idee, welche den Transiten zugrunde liegt. Daß die
umlaufenden Gestirne je nach ihrer gegenseitigen Zodiakstellung
unterschiedliche Wirkung auf das Menschenschicksal haben, mag
man wohl hinnehmen. Zur Not findet man sich auch mit der
Wirksamkeit des Aszendentenpunktes ab, denn er läßt sich immerhin — wenn auch nicht eben sichtbar — mathematisch als eine Pro-
jektionslinie am Horizont ausmachen. Es mag sich also hierbei um
ein elektro-magnetisches Kraftfeld handeln, das seiner Natur nach
sich der Sicht entzieht.

Nun aber wird verlangt, daß die wirklich-wirksamen jetzigen
Planeten auf das Bild des G e b u r t s himmels zurückbezogen werden sollen. Zugegeben, daß diese Beziehung dem positivistischen
Weltbild unmöglich erscheint, so bestätigt doch die Erfahrung dieses
seltsame Phänomen wieder und wieder, wie man wieder und wieder
feststellen kann und wie auch die folgenden Beispiele es verdeutlichen werden: Die Astrologie ist vorerst eine Erfahrungswissenschaft, das Zustandekommen der von ihr festgestellten Wirkungen ist
vorerst rätselhaft und nur schwer erklärbar!

Immerhin soll ein Erklärungsversuch geboten werden. Dabei
muß betont werden, daß es sich bei diesem Versuch um eine Arbeitshypothese handelt und daß auch dann, wenn sie sich eines Tages
als unhaltbar herausstellen sollte, dennoch eine als unverrückbare

Tatsache bestehen bleibt: Die Wirkung der Transite über die Faktoren des Geburtshoroskops!

Johann Kepler formuliert den Grundgedanken der Transitlehre folgendermaßen:

> „Es ist nämlich die Beständigkeit des himmlischen Themas so groß und von solcher Dauer, daß es vor Lebensende nicht vergessen wird. Bei allen Planetentransiten über die bedeutenderen Orte des Horoskops wird jenes Vermögen erregt, gleich als wenn jene Orte nicht bloß Bilder wären, die die Seele von vergangenen Dingen bewahrt hat, sondern wirkliche Gestirne."

Freilich, so stolz die Wissenschaft auf den Astronomen Kepler ist, so gern übersieht sie ihn als Astrologen. Allein die neueste Forschung auf dem Gebiet der unsichtbaren Strahlen hat eine Erscheinung zu Ehren gebracht, welche an jene Keplersche „Erinnerung" gemahnt: die von den Okkultisten sogenannte „Aura". Seitdem die elektrische Aufladung der Lebewesen gerade im technokratischen Nordamerika anerkannt (weil mit Geräten gemessen!) wurde, klingt auch die Keplersche These von dem Fortleben des Geburtsbildes bis zum Tode gar nicht mehr so absurd.

Nun also ist es wohl zulässig zu denken, daß ein jeder sein Horoskop wie ein unsichtbares Lichtbild Zeit seines Lebens mit sich trägt. Ja, sogar die Lokalisierung eines solchen Bildes wäre danach durchaus möglich, um die sichtbare Ausstrahlung der Augen herum, an den heilmagnetisch, vielfach fühlbaren Fingerspitzen und um das für die Sympathie so bedeutsame Sonnengeflecht am Nabel. Dort also „lebt" das Geburtshoroskop.

Jetzt bedeutet es keinen Sprung mehr, sondern nur einen weiteren Schritt, anzunehmen, daß das persönliche Horoskop auf Transite reagiert. Man darf nur an die elektrische Induktion denken, um die Wirkung ganz natürlich zu finden, und zwar noch Jahrzehnte nach der Geburt, eben solange der Mensch lebt und daher „aufgeladen" ist.

Hier stehe als ein einfaches Beispiel solcher Wirkung der von P. Choisnard (Flambart) ermittelte Marstransit, den der französische Arzt Dr. René Allendy bestätigt hat. Danach stirbt der Mensch auffallend häufig beim Marstransit über die Zodiakstellung der Geburtssonne. Es ist so, als senke der gegenwärtige Mars den Todespfeil ins symbolisierte Sonnenherz.

Im folgenden einige Beispiele für die Wirksamkeit der Transite (also ohne Bezug auf das Solarhoroskop oder auf Direktionen usw.!):

1. Der Fall F. D. Roosevelt

April 1945. Inmitten des deutschen Zusammenbruches stürzte der personifizierte Angelpunkt des alliierten Angriffes, der Präsident der Vereinigten Staaten, leblos zusammen. Die Kunde davon erschütterte jene Millionen von Menschen, welche in dieses militärische Ringen verwickelt waren. Die Nachricht ließ im Augenblick die kriegerischen Geschehnisse an Bedeutung zurücktreten, so groß war die allgemeine Überraschtheit.

Betrachtet man das Ereignis mit den Augen des Transitforschers, so mindert sich die Sensation: eine astrologische Gesetzmäßigkeit

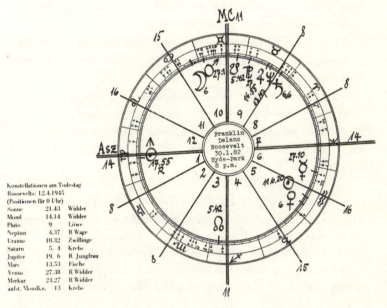

Konstellationen am Todestag Roosevelts: 12.4.1945 (Positionen für 0 Uhr)

Sonne	21.43	Widder
Mond	14.14	Widder
Pluto	9	Löwe
Neptun	4.37	R Wage
Uranus	10.32	Zwillinge
Saturn	5. 4	Krebs
Jupiter	19. 6	R Jungfrau
Mars	13.53	Fische
Venus	27.38	R Widder
Merkur	24.27	R Widder
aufst. Mondkn.	13	Krebs

gewinnt ihr Recht, der Zeitpunkt dieses Hinscheidens entspricht dem Regelwerk.

Gehen wir von dem Geburtshoroskop aus, so sehen wir zwei lebenswichtige Punkte gefährdet, den Aszendenten, die allgemeine Körperkonstitution sowie den Lebensbedeuter Sonne. Der Aszendent ist sogar doppelt unterminiert, durch das Marsquadrat und

211

durch die Uranuskonjunktion! Bei diesem Mann mußte also zeitlebens mit einem unerwarteten Ableben unter heftigen Umständen gerechnet werden.

Hinzu trat eine Tendenz zu einem chronischen Leiden, die Saturn indizierte. Er stand im „Todesfelde", also in Feld 8, und belastete von dort die Herzfunktionen, indem er die Sonne ungünstig beschien.

Vor diesem Geburtshimmel nun spielt sich die Tragödie des Mannes Roosevelt ab. 1945 wird die Bestirnung bedrohlich: drei Übeltäter schicken sich zur Untat an. Mars und Uranus geben die Alarmsignale wie bei der Geburt. Diesmal richtet Mars in Opposition seinen Todespfeil gegen den Asz.-Platz (Jungfrau 14 °), und am gleichen 12-4-45 wirft der plötzliche Uranus sein Anathema wider den selben Punkt. Damit zerren diese Himmelskräfte untereinander im bösen Quadrat, ganz wie bei der Geburt.

Als sei das des Unheils nicht genug, ereignet sich nun drittens (auf einen Grad genau) eine Saturnkonjunktion über dem Mondplatz der Geburt.

Bereits vor einem halben Jahrhundert hat der geniale Brite A. G. Trent, der Autor von „The Soul and the Stars", auf die Gefährlichkeit gerade dieses Saturn-Mond-Transits hingewiesen. Er bietet zahlreiche Beispiele, unter anderen das Ende der Zarin Katharina II. *).

Die Achillesferse des Falles Roosevelt ist der seit Anbeginn planetar geschwächte allgemeine Gesundheitszustand. Dann kamen die Kriegszeiten und mit ihnen astrologisch nicht erfaßbare Umstände: Sie brachten zu den Bürden des Präsidentenamtes weitere hinzu, vor allem das Ringen mit den eigenen Verbündeten. Als dann dies so mehrfach geschwächte Gefüge durch jene oben genannten Transite angegriffen wurde, da ist das Schicksal dieses Lebens entschieden!

Konstellationen:

R a d i x : Mars Qu. Asz./Uran. Konj. Asz./Sat. Qu. Sonne.

T r a n s i t : Mars Opp. Asz./Uran. Qu. Asz./Sat. Konj. Mond.

---

*) S. 210 der Addenda zu G. Wilde und J. Dodson, „A Treatise of Natal Astrology", Halifax 1894).

2. Der Fall Pierre Bourdan

Der jugendlich gestraffte Mann, der unter dem Namen „Bourdan"
ein Ministeramt und Weltruhm errang, hieß eigentlich Mayaud nach
seinem Vater, einem hohen Offizier, zugleich langjährigem Präsidenten der Astrologischen Gesellschaft Frankreichs. Der Sohn, bis
zum Kriegsausbruch ein Zeitungsreporter in London, stellte sich,
sobald die Heimat in Not war, spontan dem General de Gaulle zur
Verfügung. Er entwickelte sich zu einem der besten Rundfunk-
sprecher der Résistance.

Bei der Landung in der Normandie war er vorneweg. Er ward
Frontreporter. Als Paris befreit wurde, war er in der ersten Linie.
Dann, bei den Rückzugskämpfen, geriet er in deutsche Gefangen-
schaft. Doch er wagte die Flucht, und sie gelang.

Soviel von Pierre Bourdan, dem kleinen Franzosen, zu wissen, ist
bedeutsam für das, was im Jahre 1948 geschah. Seine Vorkämpfe

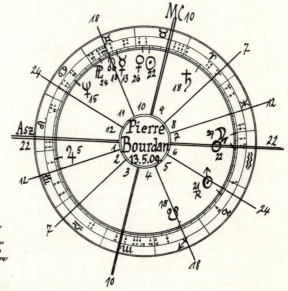

Konstellationen am Todestag
Pierre Bourdans: 13.7.1948
(Positionen für 0 Uhr)

Sonne	20 1/2	Krebs
Mond	14.21	Wage
Pluto	14	Löwe
Neptun	10.20	Wage
Uranus	27.48	Zwillinge
Saturn	21.34	Löwe
Jupiter	20.49	R Schütze
Mars	27.34	Jungfrau
Venus	24.50	R Zwillinge
Merkur	0.39	Krebs
aufst. Mondkn.	10.33	Stier

für ein neues Europa, seine Arbeit in Parlament und Presse
(„Figaro"), sein Einsatz für die Jugend (Ferienkolonien im
Schwarzwald) machten eine Ausspannung geraten. Er verbrachte
sie am Gestade des Mittelmeeres.

Der 13. Juli war ein stürmischer Tag, denn der gefürchtete Mistral wehte von Westen her. Macht nichts, unser Pierre muß auf die See hinaus, muß segeln. Schließlich gelingt es ihm, einen Segelfreund zu bewegen, ihn auf der schmalen Jacht mitzunehmen. Vergebens warnen die Fischer, die ihre braunen Segel einholen und die Kähne aufs Land schieben.

Höher und höher gehen die grün-weißen Wogenkämme. Frohgestimmt verlangt Pierre immer weiter hinaus. Der Sturm holt zu neuer Wucht aus, und das Schiffchen kentert. Pierre hält sich am Schiffsleib fest, die unsinkbaren Kissen unter den Achseln, überdies ein erprobter Schwimmer. Der Freund schwimmt zurück, Hilfe zu holen. Als er zurückkommt, ist Pierre verschwunden. Eine Woche später wirft die See ihr Opfer auf den Strand.

Soviel zu dem tragischen Begebnis, auf das die astrologischen Transite ein lehrreiches Schlaglicht werfen. Sehr zum Kummer seines astrologiebeflissenen Vaters hatte bei der Geburt (am 13. 5. 09) Mars die Lanze seines Quadrats auf den Sonnenball gezielt. Das mußte den Vater nachdenklich und vorsorglich stimmen, zumal eben der kühne Löwe am Horizonte stand, am Aszendenten. Zudem war das Quadrat scharf geschliffen, denn es traf aus dem 22. Grade des Wassermanns den 22. Grad des Stiers. Daß der so gestellte Mars durch seine Opposition den Aszendenten der Geburt verletzte, kam noch hinzu.

Freilich, was vermögen die Warnungen eines alten Vaters auszurichten gegen einen Sohn, dem die Sterndeutung wenig gilt, der aber gerade durch die Sterneneinflüsse tollkühn und unbelehrbar ward? So kam es, wie es kommen mußte! Bei der Katastrophe stand Saturn im Löwenzeichen, und ausgerechnet auch er im 22. Grade. Also löste Saturn den Geburtsmars ab und lähmte seinerseits im scharfen Quadrat den nun unsichtbaren Geburtsplatz der Sonne. Er wirkte damit lähmend auf den Herzmuskel ein, den Mars zeitlebens übermäßig angespannt hatte.

Zugleich aber widersetzte sich Saturn schärfstens dem Marsplatz der Geburt. Dreifach ist die Gradzahl 22 nun besetzt. Entscheidend mag hinzutreten, daß der umlaufende Saturn nun auch den Aszendentenpunkt durch Konjunktion in seinen Bann schlägt. Damit war es vorbei!

Konstellationen:

R a d i x : Mars Qu. Sonne/Mars Oppos. Asz.
T r a n s i t : Saturn Qu. Sonne/Saturn Konj. Asz./Saturn Oppos.
Mars.

E r g ä n z e n d e r   Z u s a t z   v o n   E r i c h   v o n
B e c k e r a t h : So überzeugend auch die Darstellung des vorliegenden Falles Bourdan ist, insbesondere des Übergangs des
laufenden Saturn über den Aszendenten bei 22 Löwe, der das
ganze Horoskop zu Fall gebracht hat, so wäre doch die Beurteilung der Todesursache unvollständig, wenn man die so deutliche
und überzeugende Mitwirkung der übrigen auslösenden Faktoren
nicht ebenfalls berücksichtigen wollte: Zunächst ist zu bemerken, daß in der bisherigen Ausgabe (2. Aufl., 1953) der Geburtstag zwar angegeben ist (13.5.09), nicht aber die genaue Zeit und
ebenso nicht der Ort. Wohl aber ist der Aszendent erwähnt, der
durch die Opposition des Mars aus 22 Wassermann verletzt sein
soll. Hiernach habe ich die hier wiedergegebene neue klar lesbare
Radixfigur gezeichnet.

Bei dem entscheidenden Transit des Saturn über den Radixaszendenten muß man aber auch, wie immer, das Quadrat des
radikalen Saturn zum radikalen Neptun berücksichtigen, weil ein
Tansitplanet ja immer seine Aspekte aus dem Radix mitbringt.
Dieser verwirrende Neptun steht nun am Todestage laufend in
Konj. mit dem lauf. Mond Mitte Wage und quadriert somit
seinen eigenen Radixplatz, verletzt ferner die radikale Saturnstellung und quadriert bereits den radikalen Uranus! Das sind
allein schon fatale Aspekte für einen Todestag!

Ferner steht die laufende Sonne bei 20 Krebs im Quadrat
zum rad. Saturn, ferner im Quadrat zum lauf. Mond und zum
lauf. Neptun, außerdem aber noch in Oppos. zum rad. Uranus!
Sehr wichtig ist noch, daß der bei 22 Löwe stehende lauf. Saturn den Aszendenten freilich niederschlägt, aber er verletzt
hierbei nicht nur den rad. Mars bei 22 Wassermann, sondern
auch noch den rad. Mond bei 29 Wassermann durch dessen
weiten Orbis und dessen Konj. mit dem rad. Mars!

Immer noch nicht genug: Der lauf. Jupiter bei 21 Schütze verbindet sich mit der Mondknotenachse und trifft auch noch den rad. Pluto bei 24 Zwillinge. Hinzu kommt, daß er außerdem in Oppos. zur lauf. Venus, zum lauf. Merkur und zum lauf. Uranus Ende Zwillinge steht! Diese drei letztgenannten Planeten transitieren den rad. Pluto und stehen in Oppos. zum lauf. Jupiter. Das Maß ist also bereits übervoll.

Ein sehr wichtiger Lehrsatz wird ferner bestätigt: Wenn der Herr (Zeichenherr) vom 8. Haus im 1. Haus steht, läßt die Tradition Selbstmord vermuten, oder aber der Native ist selbst schuld an seinem Tod. Diese letztere Version trifft hier zu! Jupiter, nach der klass. Lehre der Herr der Fische, steht „vernichtet" im 1. Haus und verletzt zudem den rad. Merkur. Der rad. Jupiter steht durch den weiten Orbis des rad. Mondes, der seinerseits eben dadurch auch noch mit dem rad. Mars verbunden ist, aber auch noch in Oppos. zu diesem Planetenpaar. Eben dieser in seiner Wirkung (kosmischer Zustand der klass. Lehre) recht ungünstige Jupiter dürfte der Anlaß zu bedenklichen Handlungen in Bezug auf die Angelegenheiten des Hauses sein, in dem er in der Radixfigur steht, und das ist das eigene, körperliche Ich! Man kann die erschreckende Wirkung dieses rad. Jupiter noch erweitern, wenn man sein Quadrat zur rad. Venus und damit, durch Aspektübertragung, auch noch zur rad. Sonne annimmt!

Diese rad. Figur des Pierre Bourdan ist eine der lehrreichsten überhaupt. Sie bietet Gelegenheit, das Phänomen der wiederkehrenden Konstellationen zu studieren (vgl. S. 123 ff), wie sie besonders am Todestage eines Nativen zu bemerken sind. Hierin liegt einer der stärksten Beweise für die Wahrheit der Astrologie, die man ja doch nur zu prüfen braucht! Auch im Falle Bourdan sind sinngemäße Aspektwiederholungen aus der Radixfigur am Todestage zu bemerken:

Radix	Todestag
Saturn Quadrat Neptun	rad. Saturn Oppos. lauf. Neptun u. lauf. Mond
Jupiter Quadrat Venus	Jupiter Oppos. Venus

Jupiter Quadrat Merkur   Jupiter Oppos. Merkur
Sonne Quadrat Mond   lauf. Sonne Quadrat lauf.
                           Mond

3. Der Fall Ivar Kreuger

Der Selbstmord von Ivar Kreuger zog weitere Freitodfälle
nach sich, er war das Signal für den allgemeinen Zusammenbruch
des bürgerlichen Börsensystems von 1932. In Deutschland löste
er den Zusammenbruch der Danatbank und das allgemeine Mora-
torium aus.

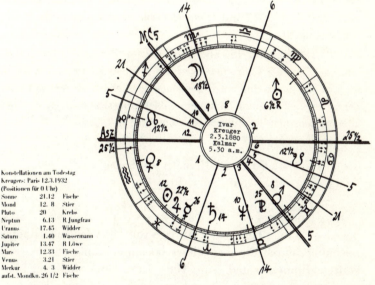

Konstellationen am Todestag
Kreugers: Paris 12.3.1932
(Positionen für 0 Uhr)

Sonne	21.12	Fische
Mond	12. 8	Stier
Pluto	20	Krebs
Neptun	6.13	R Jungfrau
Uranus	17.45	Widder
Saturn	1.40	Wassermann
Jupiter	13.47	R Löwe
Mars	12.33	Fische
Venus	3.21	Stier
Merkur	4. 3	Widder
aufst. Mondkn.	26 1/2	Fische

Welche wunden Punkte zeigte der Geburtshimmel vom 2. 3. 1880
in Kalmar (Schweden) zu jener Stunde, da der 20. Grad des Stein-
bocks sich als Aszendent erhob? Zugegeben, Saturn hält bei diesem
Großfinanzier das Geldfeld besetzt, doch tut das der Vitalität noch
keinen Abbruch, auch wenn Saturn dem Todeshaus opponiert steht.
Der Saturn gehört ja nicht zu den lebenswichtigen Faktoren des
Horoskops wie Sonne, Mond und Aszendent!

Unter diesen drei zeigen nun Sonne und Aszendent der Geburt sich als vital verletzt, und zwar Sonne gleich doppelt durch Mars und Uranus, der Aszendentpunkt aber ist der Wucht Saturns ausgesetzt. Das sind klare Unheilswinkel der drei Übeltäter wider immerhin zwei der Lebensbedeuter.

Was nun geschieht am Himmel des 12. 3. 1932, in dem Zeitpunkt also, da der bankrotte Geldmann Kreuger mit der Waffe spielt? Das Schaubild läßt es klar erkennen: Mars geht in haarscharfem Transit über den Sonnenort der Geburt hinweg und reizt damit die Tendenz zum Gewalteinsatz, zum Wagemut. Der umlaufende Mars nimmt damit das Mars-Sonne-Quadrat der Geburt auf.

Zugleich aber wandelt Uranus seinerseits seinen Ansturm auf den Sonnenort in einen wider den Aszendentenplatz um, den er nunmehr aus Widder 17 mit Quadrat verunglimpft, das heißt gleichsinnig schädigt.

Daß Uranus gleichzeitig über den Saturnort der Geburt transitiert. mag im Sinne der Lehre nebensächlich erscheinen. Immerhin bleibt noch zu erwähnen, daß am Unheilstage der Geburtstag erst seit zehn Tagen vorüber ist und damit ein Todesindiz sich anzeigt, das bei älteren Menschen des öfteren zu beobachten ist.

Konstellationen:

R a d i x : Mars Qu. Sonne/Uran. Oppos. Sonne/Sat. Qu. Asz.
T r a n s i t : Mars konj. Sonne/Uran. Qu. Asz./Uran. konj. Sat.

E r g ä n z e n d e r   Z u s a t z   v o n   E r i c h   v o n
B e c k e r a t h : Die in der Auflage von 1953 fehlende Radixzeichnung, durch die man dieses hochinteressante und beweiskräftige Horoskop und seine Todesdaten hätte studieren können, ist hier nunmehr beigegeben, sodaß man Gelegenheit hat, die in der früheren Deutung fehlenden ganz entscheidenden Transite zu erkennen: Hier liegt zunächst wiederum die den Fall eines Selbstmordes bestätigende durch Tradition überlieferte Konstellation vor: „Herr von acht in eins!". Man erkennt hieraus den Selbstmord, oder aber die Konstellation gibt an, daß der Native seinen Tod selbst verschuldet hat. Die Venus, als Herrin von VIII, steht in I, und erhält dazu ein scharfes Quadrat vom

Verwirrungsplaneten Neptun, wodurch angezeigt wird, daß die Todesursache mit den niederen Sphären des Neptun zusammenhängt, nämlich Schwindel und Betrug. Am Todestage spielt der Neptun abermals eine ganz entscheidende Rolle: Er steht gradgenau auf dem rad. Uranus, der seinerseits, schon im Radix, die Sonne durch Oppos. verletzt, und diese rad. Sonne wird am Todestage durch den gradgenauen Übergang des Mars verletzt: also vier wichtige Planeten prallen aufeinander, laufend und radikal! Kommt hinzu, daß die rad. Sonne bereits durch den rad. Mars durch Quadrat angegriffen war!

Über dieses für die astrol. Lehre so beweiskräftige Horoskop könnte man eine umfangreiche Studie schreiben. Hier seien in gedrängter Form nur die wesentlichsten Faktoren genannt, die das gewaltsame Ende herbeigeführt haben: Zunächst sei bemerkt, daß der in der früheren Darstellung notwendigerweise fehlende Pluto auch in diesem Horoskop ein ganz entscheidendes Element darstellt. Er steht im Radix bei 25 Stier, also noch in Konj. mit dem schlimmsten aller Fixsterne, dem Algol*) und verletzt durch seine Oppos. den radikalen Mond durch dessen weiten Orbis: Der langsamste Planet verletzt den schnellsten! Eines der schlimmsten Mißverhältnisse in der Astrologie! Das Trigon des Pluto aus dem Geldzeichen Stier zum Aszendenten bringt zwar die ganz ungewöhnlichen Gelderfolge Kreugers, läßt aber auch die Denkweise (3. und 9. Feld) dieses Finanzmagnaten erkennen.

Ferner wird durch das Hinzutreten des Pluto in diesem Horoskop (in früheren Deutungen mußte er fehlen, weil er ja erst 1930 entdeckt wurde) die weltweite katastrophale Wirkung des Finanzskandals im Wirtschaftsleben und im Bankenwesen ersichtlich, die damit zusammenhängenden weiteren Freitode, usw.

Es muß hier auf die nicht zutreffenden Angaben der früheren Deutung hingewiesen werden: Der Aszendent liegt nicht bei 20

---

*) In dem Werk von Vivian E. Robson, B. Sc., „The fixed stars and constellations in Astrology", London, 1923, S. 124 heißt es: „It is the most evil star in the heavens".

Steinbock, sondern (nach mir vorliegenden englischen Quellen) bei 25 1/2 Steinbock. Andere Deutungen (Astrol. Rundschau, Leipzig, Juli 1932, S. 112) geben sogar 28.18 Steinbock an (die Geburtszeit war nicht genau zu erhalten).

Auf S. 216 gibt der Deuter an, der Transit des Uranus über den rad. Saturn sei „nebensächlich". Da Saturn (nach der klass. Lehre) der Herr des Aszendenten und somit Geburtsgebieter ist und im Finanzhaus im Widder „im Fall" steht, kann der Transit eines so ungeheuerlich wirkenden Planeten wie der Uranus auf keinen Fall „nebensächlich" erscheinen. Gerade der Uranus ist es, der die schwere Erschütterung und den Zusammenbruch der Kreugerschen Finanzen hervorruft, wobei zu beachten ist, daß Stürzen, Fallen, Zusammenbrechen nach der klass. Lehre typische Saturnphänomene sind.

Die erdrückende Wucht der Tansite am Todestage Kreugers liefert abermals einen weiteren Beleg dafür, daß Transite allein ausreichen (also ohne Zuhilfenahme von Direktionen, vgl. S. 210, 211), um das Eintreten eines starken Ereignisses, hier den Tod, zu begründen.

4. Der Fall des Präsidenten Faure

Der französische Staatspräsident Felix Faure war bei seinem Hinscheiden im Jahre 1899 eine weltbekannte Persönlichkeit. So hatte er das Bündnis mit Rußland gegen Deutschland zu verantworten, so auch die Rolle der Staatsführung im „Dreyfusskandal". Dort galt sein Mühen der Einkreisung des Reiches, hier brachte er sein Land an den Abgrund des Bürgerkrieges.

Faure war der Mann der gepanzerten Faust, und das durch das Verhängnis seines Geburtshimmels. Mars stand im Augenblick der Geburt am 30. Januar 1841 im Vordergrund des kosmischen Geschehens: Er befand sich im ersten Feld und in weiter Konjunktion zum Aszendenten.

Doch gibt es andere Faktoren, die mehr noch dies sonderbare Leben und diese seltsame Art zu sterben astrologisch kennzeichnen.

Damit kommen wir zu den Begleitumständen jenes Spätnachmittags am 16. Februar 1899, welcher der letzte in Faures Dasein war. Zu-

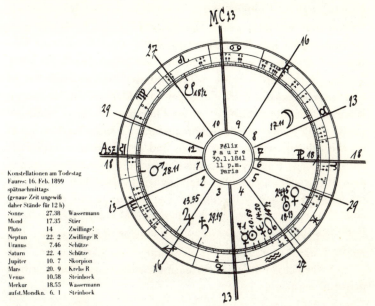

Konstellationen am Todestag
Faures: 16. Feb. 1899
spätnachmittags
(genaue Zeit ungewiß
daher Stände für 12 h)

Sonne	27.38	Wassermann
Mond	17.35	Stier
Pluto	14	Zwillinge!
Neptun	22. 2	Zwillinge R
Uranus	7.46	Schütze
Saturn	22. 4	Schütze
Jupiter	10. 7	Skorpion
Mars	20. 9	Krebs R
Venus	10.58	Steinbock
Merkur	18.55	Wassermann
aufst.Mondkn.	6. 1	Steinbock

nächst noch gewährte er eine dienstliche Audienz, und zwar dem Fürsten von Monaco. Dieser kam geradewegs aus Berlin und von einer Rücksprache mit Wilhelm II. Was er nun dem Präsidenten auszurichten hatte, paßte so wenig zu dessen militärischen Konzeptionen, daß der sich vergaß und die Regeln der Etikette völlig außer acht ließ. Der Fürst zog sich kurzerhand zurück.

Im Spiegel dieses Horoskops kann man den Niederschlag solcher präsidentiellen Launen in dem Sonne-Mond-Quadrat erblicken, das regelmäßig Verstimmungen Raum gibt. Mond aber stand, das wird sich verhängnisvoll auswirken, im „Todeshaus" im achten Felde. Auch der andere weibliche Planet, Venus, stand schlecht, exponiert im Felde der Krankheit und obendrein von Saturn belagert.

Als der Schicksalstag gekommen ist, besänftigt sich der eben noch so ungebärdige Präsident der Republik zunächst bei dem vertrauten Klirren des Schlüsselbundes seiner Geliebten (seine „Venus" war damals die üppig schöne Madame Steinheil, Ehefrau eines Pariser Kunstmalers). Eine Stunde später aber findet ihn der

Kammerdiener veröchelnd in ihren Armen. Die Polizei sucht aus Gründen der „Staatsraison" den Schleier der Diskretion um die letzten Vorgänge zu hüllen.

Doch die Wahrheit sickert durch, da die politische Rechte nicht ruht und auf den Boulevards ausrufen läßt, sie, die Steinheil, habe ihn im Auftrage mit einer vergifteten Zigarre umgebracht. Die Vergiftung freilich wird von den Ärzten bestätigt, doch er selber hat das Gift eingenommen, in der Form gewisser Liebespillen, welche die Wonnen über die natürliche Grenze hinweg zu steigern vermögen. Er hatte sie nötig: das angeborene Saturn-Venus-Quadrat lastete unerbittlich auf seinen Keimdrüsen und gerade jetzt – zwar nicht auf den Tag genau – erneuerte Saturn die angeborene Venusschwäche, eben zum zweiten Male seinen Umlauf vollendend. Zu dieser Konstellation tritt, auf den Tag genau, ja auf die Stunde, eine Bedrohung aus dem Todesfelde: der Mond wiederholt seine Geburtsposition in Stier 17° und damit sein Quadrat auf den anderen Hyleg Sonne.

So vollendete sich der Mann nach dem Gesetz, nach dem er angetreten.

Konstellationen:

R a d i x : Mond (Feld 8) Qu. Sonne/Saturn Qu. Venus (Feld 6).
T r a n s i t : Mond Qu. Sonne/Saturn Qu. Venus/Mars Qu. Mars.

5. Ein Fall von Massenwahnsinn

So mancher wird sich noch jener „Hirnseuche" erinnern, welche im Jahre 1936 ganz Frankreich befiel. Ihren Höhepunkt kann man auf den 13. Juni datieren. Ein Wahlsieg der Linken hatte das Schwergewicht der sozialen Kräfte jäh verlagert. Damit hub die Periode der „Occupation sur le tas" an, das heißt, die Arbeitnehmer besetzten Warenhäuser und Fabriken und sie hielten dort mit Musik, Tanz und Picknick geraume Wochen aus. Das war der politische Teil, dessen Gegenstück die Ärzteschaft beunruhigen sollte.

Gleichzeitig füllten sich nämlich, ja überfüllten sich die Irrenhäuser in ganz Frankreich. Die Erscheinung war so sonderbar, daß die medizinischen Fachblätter nach einer Erklärung suchten. Ihre erste Deutung hatte etwas Bestechendes: da die offenbare massenhafte Geistesverwirrung und die politische Störung zeitlich zusammen fielen, hingen sie wohl miteinander zusammen. Das schien logisch.

Doch eine sachliche Untersuchung ergab die Unrichtigkeit dieser Vermutung. Die medizinisch Geisteskranken hatten sich in der Regel um die Politik des Tages nicht gekümmert, ja nicht einmal Zeitungen

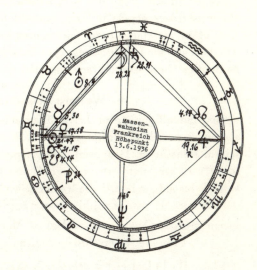

Konstellationen
für 0 Uhr angenommen

Sonne	21.47	Zwillinge
Mond	28.21	Fische
Pluto	26	Krebs
Neptun	14. 5	Jungfrau
Uranus	8. 4	Stier
Saturn	22.11	Fische
Jupiter	19.16	Schütze R
Mars	21.15	Zwillinge
Venus	17.18	Zwillinge
Merkur	5.30	Zwillinge
aufst. Mondkn.	4.14	Steinbock

gelesen. Schließlich gab die offizielle Wissenschaft die Fahndung nach der Ursache auf, denn auch keine andere Hypothese hielt stand. Die Tatsachen freilich blieben.

Die astrologische Transitlehre wirft ein Licht darauf. Wie das Schaubild deutlich zeigt, bildete sich am Stichtag das seit je berüchtigte Himmelskreuz. Ein Dutzend Unheilsaspekte lähmten oder verspannten fast alle kosmischen Kräfte unseres Systems. Diese kosmische Verkrampfung hielt zudem längere Zeit an. Die Verstörung Jupiters, als des Hüters der Ordnung und des gesunden Menschenverstandes, erklärt beide Erscheinungen, die politische wie die private. Die merkurischen Zeichen Zwillinge und Jungfrau als mitbelastet erklären die Belastung des Nervensystems.

Scheint diese Deutung befriedigend, so erheben sich jedoch zwei neue Fragen. Einmal leuchtet es nicht ohne weiteres ein, daß es sich hier um Transitfolgen handelt, denn von einem Planetübergange über bestimmte Orte eines individuellen Geburtshoroskopes ist noch nicht die Rede. Es ist jedoch selbstverständlich, daß so massiven Zeitaspekten auch massive Wiederholungen aus Geburtsbildern entsprechen. Insofern besteht in der Transitlehre eine Verbindung zwischen dem allgemeinen und dem persönlichen Zeitgeschehen.

Schließlich aber fragt man sich, warum sich der „Bazillus" jenes Himmelskreuzes gerade in Frankreich fühlbar gemacht hat. Die Anfälligkeit einzelner Länder oder ganzer Kontinente für planetare Attacken, also die Lokalisierung, hat seit Ptolemäus viele Astrologen beschäftigt. Noch ist die Frage ungeklärt.

6. Weitere Beispiele

Zum Schluß mag dem Leser die Mitteilung weiterer Untersuchungsmaterials erwünscht sein. H. v. Klöckler bietet solches in seinem statistischen Hauptwerk „Astrologie als Erfahrungswissenschaft". Er vereinigt dort rund zwei Dutzend historischer Fälle, die sich alle bis auf zwei durch die traditionellen Todestransite erklären.

Eine Auswahl daraus sei hier wiedergegeben:

(Son = Sonne/Mon = Mond/Mar = Mars/Sat = Saturn/
 Uran = Uranus/lfd = laufend/rad = radix)

a)   H e l f f e r i c h , geb. 22. 7. 1872, 5.51 Uhr, Unfalltod 22./23. 4. 1924: Radix: Uran konj Son in F. 12/Sat Spitze F. 6/Mar Spitze F. 12 Transit: Son Qu Son/Sat Qu Son/Uran F. 8/Mars F. 6.

b)   A. B e b e l , geb. am 22. 2. 1840 in Köln, gest. 13. 8. 1913: Mar lfd konj Son rad/Uran lfd Qu Mon rad.

c)   K a i s e r   F r i e d r i c h , geb. am 18. 10. 1831 in Potsdam, gest. 15. 6. 1888: Mar lfd konj Son rad/Uran lfd konj Mar rad.

d)   W a l t h e r   R a t h e n a u , geb. am 29. 9. 1867 in Berlin, ermordet 24. 6. 1922: Sat lfd konj Asz rad/Sat lfd konj Son rad.

e)   F r a n z F e r d i n a n d v. Österreich, geb. 18.12.1863 Graz, Asz. 25 Schütze, MC 24 Wage, ermordet 28.6.1914; Sat lfd Oppos Asz rad/Sat lfd Oppos Son rad.

Ein notwendiges Nachwort

von Dr. phil. Kuno Voß

Verlag und Mitarbeiterstab sind der Meinung, daß sie dieses Buch nicht der Öffentlichkeit übergeben können, ohne noch einmal ganz stark das zu unterstreichen, was Klöckler über die Grenzen charakterologischer und schicksalsprognostischer ("tychologischer") Möglichkeiten gesagt hat, – übrigens ja nicht nur in bezug auf die Astrologie. Gemeint sind jene Gedankengänge, die Klöckler am Ende seines Forscher- und Denkerlebens im „Nachwort" (Band II, S. 211 bis 263) niedergelegt hat, Gedankengänge, mit denen sich alle Astrologiebeflissenen wieder und wieder auseinandersetzen müssen, um sich dadurch der unendlichen Möglichkeiten wie auch der Grenzen aller charakterologischen und tychologischen Bemühungen genau bewußt zu werden.

Wir müssen das um so mehr, als wir von außen her als Studierende wie auch als Gutachter ständig im gegenteiligen Sinne beeinflußt werden. Die Klienten fordern ein fertiges, abgeschlossenes, für immer abstempelndes Charakterbild von dem Astrologen, wie sie es auch von jedem Graphologen und von jedem sonstigen Psychologen fordern würden, da sie – übrigens mit dem größeren Teil der praktizierenden Psychologen – der Meinung sind, der Charakter eines Menschen sei etwas Feststehendes, ein im Idealfalle ganz genau umreißbares, für alle Zukunft gültiges, durch keine Zukunft mehr veränderbares Bild. Demgegenüber stellt Klöckler fest, daß der Charakter nicht ein Seiendes, sondern ein ständig Werdendes, ein dialektischer Prozeß ist, hierin in seinen Anschauungen und Einsichten ganz parallel gehend den Erkenntnissen anderer modernen Psychologen (z. B. denen von David Katz), denen sich gleichfalls die Anlagen des Menschen nicht als etwas für immer Fertiges, sondern als eine große, praktisch fast unendliche (und fast immer längst nicht genug ausgeschöpfte!) Zahl von Möglichkeiten darstellen.

Genau so liegen die Verhältnisse in dem tychologischen Bereich der Astrologie: Die Klienten verlangen von dem Astrologen wieder und wieder eine Prognose, die ein datengenaues Abbild kommender Ereignisse wiedergibt, möglichst bis in alle Einzelheiten detailliert, aus der falschen Meinung heraus, daß die Zukunft eines Menschen unausweichlich von den Sternen bestimmt sei und daß es die Kunst und die Aufgabe eines Astrologen sei, diese Ereignisse im voraus zu berechnen und in einem „Horoskop" zu schildern, eine Forderung, entsprungen einer fatalistischen Weltschau, die, wie Klöckler im „Nachwort" sehr überzeugend nachweist, der Erfahrung widerspricht und die auch als im höchsten Grade lebenswidrig radikal von uns abgelehnt werden muß.

Nun kann zwar der Klient darauf hinweisen, daß einige Astrologen tatsächlich der fatalistischen Anschauung von dem unausweichlichen Zwang der Sternenkräfte angehangen haben, z. B. Kühr, und daß in den Arbeiten der Fachschriftsteller, die in der breiteren Öffentlichkeit bekannt werden, wie ja auch in wissenschaftlichen Arbeiten wie der vorliegenden, wieder und wieder der Nachweis gebracht wird, daß die Sternenkräfte tatsächlich in einem ganz bestimmten, vorher zu erwartenden Sinne gewirkt haben. Daß jene wenigen Forscher mit ihrer Meinung von dem unausweichlichen Zwang der Sterne eine wissenschaftlich nicht haltbare Meinung vertreten, hat, wie gesagt, Klöckler bereits betont: Aus der Erfahrung wissen wir ja, daß wir Naturkräften unsere geistigen Kräfte, z. B. unsere Erkenntnisse und wissenschaftlichen Einsichten, entgegensetzen können. Wir brauchen nur an die Errungenschaften unserer modernen Medizin zu erinnern, die etwa den krankmachenden Tendenzen des Saturn oft genug ein machtvolles Halt zu gebieten vermögen! Nun scheinen zwar die Arbeiten der Astrologen, wie auch der untersuchende und der praktische Teil des vorliegenden Kursus, darauf hinzuweisen, daß der Zwang der Gestirne für Charakter und Schicksal des Menschen unausweichlich sei. Das ist aber ein Irrtum, ein verzeihlicher, weil die Art der astrologischen Veröffentlichungen einen derartigen Anschein leicht erwecken kann: Die Astrologen, ständig noch im Kampf um ihre Anerkennung, müssen natürlich nachzuweisen suchen, daß die kosmischen Mächte tatsächlich in der von ihnen behaupteten Art und Richtung wirksam sind. Infolgedessen findet man in der astrologischen Literatur verständlicherweise Aufsätze über Aufsätze, die zunächst einmal diese Grundtatsache darlegen und zu beweisen suchen, daß die Wirkung der Konstellationen auf das irdische Naturgeschehen wie auch auf das menschliche Schicksal unumstößliche Tatsache ist. Es wäre aber ein Trugschluß, unter dem Druck dieser sprechenden Zeugnisse nunmehr annehmen zu wollen, daß jene kosmischen Kräfte die zu erwartenden Folgen nun unbedingt in jedem Falle haben m ü s s e n ! Selbstredend nämlich dann nicht, wenn Gegenmaßnahmen ergriffen werden! Es ist da genau so wie im Falle der Medizin: Ein Forscher weist nach, daß unter den und den Voraussetzungen normalerweise immer die und die Krankheit mit dem und dem Verlaufscharakter und mit dem Endergebnis, sagen wir des Todes, entsteht. Damit ist selbstverständlich, wie wir alle wissen, nie gesagt, daß diese Krankheit in jedem Fall eintreten und den normalen, das heißt den typischen Verlauf nehmen m u ß ! So dann nicht, wenn die Verhältnisse während des Wirkens der Krankheit geändert werden, z. B. durch eine andere Ernährung, durch Wechsel des Aufenthaltsortes oder dann, wenn mit regelrechten, auf diese Krankheit abgestimmten Heilmitteln diese auf eine eng umrissene Wirkung, nämlich den Tod, hinzielenden Tendenzen abgeschwächt oder vernichtet werden.

Es verhält sich mit den astrologischen wie mit allen übrigen Naturkräften: Es sind alles durchaus nur Tendenzen! Sie wollen in eine bestimmte Richtung hin sich auswirken und sie werden es auch immer dann, wenn nicht andere Kräfte ihnen entgegentreten bzw. wenn nicht von uns aus ihnen andere entgegengestellt werden! Die Astrologie kann also immer nur Tendenzen aufzeigen, Möglichkeiten, Wahrscheinlichkeiten, darüber muß sich jeder Astrologietreibende klar sein, und diese Tatsache muß auch jeder Gutachter seinen Klienten eindeutig vor Augen führen.

Diese Wahrscheinlichkeit kann nun allerdings in ihrem Gewißheitscharakter um so größer werden, je mehr man auch die übrigen Kräfte, aus denen Charakter und Schicksal eines Menschen sich aufbauen, in Betracht zu ziehen vermag. Es gilt also neben dem Horoskop auch diese außerhoroskopischen Kräfte zu beachten, und da kein Studierender oder gar Gutachter es unternehmen kann, aus dem Horoskop Urteile von einigem Wahrheitsgehalt zu fällen, ohne auch das Wirken dieser außerhoroskopischen Schicksalsmächte zu erkennen und einzukalkulieren, muß in diesem Studienwerk etwas eingehender hingewiesen werden auf jene anderen Kräfte, die neben den kosmischen auf Charakter und Schicksal eines Menschen als Tendenzen einzuwirken suchen.

1. Wir brauchen eine K e n n t n i s   d e r   S i t u a t i o n   d e s H o r o s k o p e i g n e r s , der allgemeinen sowohl wie auch der persönlichen.

a) Die A l l g e m e i n l a g e , das Gesamtmilieu, die eigentliche Außensituation des Horoskopeigners, muß man natürlich in Betracht ziehen, die wirtschaftlichen, politischen, kulturellen, insbesondere sittlich-religiösen Verhältnisse, unter denen der Horoskopeigner herangewachsen ist und unter denen er gerade jetzt lebt. Denn selbst dann, wenn zwei Horoskope praktisch völlig gleich wären und wenn somit die Struktur der Grundlagen zunächst theoretisch ganz gleich anzusetzen wäre, so ist es doch einleuchtend, daß es ein gewaltiger Unterschied sein muß, ob jemand mit den gleichen Grundtendenzen seine Lebensweise antritt in der Steinzeit oder in der Moderne, als Deutscher der Hansezeit oder des Jahres 1880, als Franzose des Jahres 1780 oder als Italiener zur Zeit der „Wiedergeburt der Antike"!

b) Diese Außensituation, hier eben mehr unter dem epochengeschichtlichen oder völkerpsychologischen Gesichtswinkel angedeutet, kann aber auch während eines Menschenlebens s i c h   m e h r - f a c h   ä n d e r n , ein Gesichtspunkt, auf den vielleicht hier, im Zusammenhang mit den Klöcklerschen Erkenntnissen, zum erstenmal hingewiesen wird: Der Gutachter muß notwendigerweise das Charaktergefüge wie auch die derzeitigen Schicksalstendenzen eines relativ labilen Typs sehr viel anders beurteilen und andeutend beschreiben, je nachdem, ob dieser gleiche Mensch, sagen wir, es handele sich um einen Deutschen, ein Gutachten von ihm anfordert im Jahre 1912 oder 1919, im Jahre 1933 oder 1945/46! Besonders im letzteren Falle wird er infolge der allgemeinen Massenunmoral schon bei ganz geringfügigen „Verletzungen" der Horo-

228

skopfaktoren durch die laufenden Planeten usw. den derzeitigen charakterlichen Zustand wie auch die moralischen und sozialen Gefährdungen daraus ganz anders einschätzen müssen als in einer Zeit der Stabilisation der wirtschaftlichen und moralischen Verhältnisse.

Derartige Überlegungen wird also der Gutachter bei seiner Arbeit anzustellen haben, aber auch dem Horoskopeigner wird er stets einige diesbezügliche Hinweise geben müssen, ihm also, wenn jener, wie im eben angeführten Fall, zu den labileren Typen gehört, sagen müssen, daß er sich in Krisenzeiten sehr in acht zu nehmen habe, und jener wird, bei dem lebhaften Anschauungsunterricht, den wir ja soeben im weltgeschichtlichen Ausmaß erleben mußten, es gewiß nicht als einen Mangel an der Urteilsfähigkeit des Gutachters ansehen, wenn der ihn darauf hinweist, daß in Zeiten, wo auch „Hochgestellte" „Kohlen klauen gehen", der Anfragende immer sehr gefährdet sein und sein Charakterbild demnach in dieser oder jener Richtung dann anders tendieren würde, denn ein Charakter sei eben nicht ein feststehendes Bild sondern – ein Prozeß.

c) Ebenso muß der Gutachter bzw. der Studierende bei der Beurteilung eines Horoskopes versuchen, die jeweiligen Konjunkturschwankungen zu berücksichtigen und, falls ein Klient beraten wird, darauf hinweisen, daß gewisse Aussagen eventuell nur unter gewissen K o n j u n k t u r e n Gültigkeit haben. So kann z. B. einem Menschen mit starker schauspielerischer Begabung, dem aber glückhafte Sonne-Jupiter- und Sonne-Mond-Aspekte u. ä. fehlen, in Zeiten, in denen die Konjunktur für den Schauspielernachwuchs sehr schlecht ist, kaum geraten werden, den Schauspielerberuf zu ergreifen, zum mindesten muß darauf hingewiesen werden, daß die an sich recht große Begabung auf Grund der übrigen Horoskopfaktoren nur in einer Zeit günstiger Schauspielerkonjunktur beruflich ausgewertet werden darf bzw. sollte. Diese Überlegungen zeigen, welch eine Verantwortung dazu gehört, und welch ein Maß von Lebenserfahrung, ein Horoskop zu „deuten", und daß es mit der Feststellung einiger, aus dem Zusammenhang gerissener Anlagen nicht getan ist, im Gegenteil, daß es oft genug Pflicht ist, vor dem Verfolgen und Ausbilden gewisser, an sich positiver Anlagen zu warnen!

2. a) Des weiteren ist es zum Studium und besonders zur beratenden Ausdeutung eines Horoskops wichtig, d i e p e r s ö n -

liche Situation des Horoskopeigners möglichst genau zu kennen und dem Klienten klar zu machen, daß eine wirkliche und wesentliche Beratung andernfalls unmöglich ist. Wir müssen also nicht nur das ganz besondere, persönliche Milieu kennen, aus dem der Horoskopeigner erwachsen, unter dessen Einflüssen er geformt ist, die Herkunft, den Bildungsgang, die Ausbildungsstufe der Anlagen, Fähigkeiten und Fertigkeiten, wir müssen uns auch über die erlernten und ausgeübten Berufe, über die soziale Lage, über die Wohnverhältnisse und möglicherweise auch über die zur Verfügung stehenden Geldmittel ein Bild machen können. Dies alles mag für denjenigen, dem es klar ist, daß die aus dem Horoskop erkennbaren Schicksalskräfte nur Tendenzen neben anderen sind, eine selbstverständliche Voraussetzung für jede Untersuchung sein. Man wird sich also, um die persönliche Situation genauer zu erfassen, ein möglichst getreues Bild von den derzeitigen Interessen, Wünschen, Hoffnungen, Befürchtungen und Absichten des Horoskopeigners geben lassen, um von da aus wichtige Folgerungen ziehen zu können. Wie wichtig es ist, diese Situation genau zu kennen, ja, wie unmöglich, ohnedem die mutmaßliche Entwickelung der Tendenzen zu beschreiben, mag daraus hervorgehen, daß man natürlich vor Erstellung eines Gutachtens wissen muß, ob der Horoskopeigner gegenwärtig überhaupt noch lebt (Anm.: So unglaublich es klingt, aber es haben sich in der Tat Gegner der Astrologie in ihrer „psychopathisch beeinflußten" (Klöckler) Ablehnung dazu hinreißen lassen, die Daten von längst Verstorbenen vorzulegen und nach den gegenwärtigen „Schicksalen" dieser Menschen zu fragen, um damit Scheinbeweise gegen den Wahrheitsgehalt der Astrologie erbringen zu können: „So und so sagt für das Jahr Y der Astrologe über Herrn X aus, dabei lebte Herr X im Jahre Y überhaupt nicht mehr!" ... Mit derartigen „Kampf"-„Methoden" muß der Astrologiestudierende leider von seiten fanatischer Gegner ständig rechnen) oder ob sich der Mensch nicht etwa in einer ganz besonderen Situation befindet, in der sich die Tendenzen unmöglich im Sinne des normalen, typischen Ablaufs entwickeln können: Ein Jupiter-Übergang z. B. über die Sonne kann sich natürlich bei einigen gleichzeitigen schlechten Konstellationen nicht im typischen Sinne auswirken, wenn ein Mensch wegen einer langdauernden

Krankheit im Krankenhaus liegt oder im Zuchthaus auf die Voll-
streckung des über ihn gefällten Todesurteils wartet.

b) Mag dies alles für den Erfahrenen eine Selbstverständlichkeit
und auch für den Studierenden sehr einleuchtend sein, so ist etwas
anderes noch weit wichtiger: Klöcklers Hinweis darauf, daß „im
Laufe der . . . Entwickelung des Menschenwesens die jeweils erreichte Persönlichkeitsstufe, sei es im ganzen, sei es in den einzelnen
Elementen . . . wieder zum Stoff einer Umwandlung" wird, zeigt,
daß es mit der bloßen Kenntnis des Milieus und der übrigen Ver-
gangenheitselemente eben genannter Art noch nicht getan ist: Wir
müssen, wie der Arzt, darüber hinaus eine möglichst genaue
„A n a m n e s e" (Vorgeschichte) erstellen, d. h., wir müssen, wenn
wir z. B. über die gegenwärtigen charakterologischen und tychologischen Möglichkeiten einer Venus-Saturn-Konjunktion eine an die
Wirklichkeit weit herankommende Vermutung aussprechen wollen,
eine möglichst genaue Vorgeschichte dieses Komplexes vor uns
haben, müssen wissen, ob bereits weiter wirkende „Engramme" vorhanden sind und welche positiven und negativen Auswirkungs-
möglichkeiten dieser Komplex bislang gehabt hat, d. h. welche
Realisierungen vorliegen und welche Kräfte, die nunmehr von diesen Realisierungen weiterwirkend ausgehen, wir in unsere Deutung
einzubeziehen haben. Wir müssen, um die Aufgabe durch ein Beispiel aus der ärztlichen Praxis noch weiter zu verdeutlichen, möglichst genau wissen, wie weit Tendenzen, die auf eine tuberkulöse
Erkrankung ausgingen, bereits bei früheren Angriffen feststehende
Tatsachen geschaffen haben, z. B. bereits irreparable Zerstörungen
des Gewebes, wie oft schon vor dem Untersuchungstage schwächende
Angriffe auf den Organismus stattgefunden haben, wie weit also
Realitäten aus der Vergangenheit den heutigen Zustand mitbeein-
flussen. Auch hier wiederum sieht man, wie schwierig diese Untersuchungen sind, und wie wichtig z. B. eine gründliche psychologische Schulung und eine lange Erfahrung für den Astrologen und
vor allem für den Gutachter sind (es muß allerdings hinzugefügt
werden, daß diese Vorbedingungen nicht nur für ein astrologisches
Gutachten vorhanden sein müssen, sondern, daß ein jedes Gutachten
diese Vorarbeit voraussetzt, das sich beschäftigt mit dem gegen-

wärtigen Entwicklungszustand eines Charakters und mit seinen für die weitere Zukunft vermutbaren Entwickelungsmöglichkeiten!).

c) Dies bringt uns auf ein weiteres: Wir müssen auch den gegenwärtigen E n t w i c k e l u n g s - u n d R e i f e z u s t a n d des Horoskopeigners kennen, wir müssen uns ferner

d) ein Bild machen können von dem N i v e a u des Horoskopeigners, denn erst von hieraus können wir, wie uns Klöckler gelehrt hat, Vermutungen gültiger Art aussprechen darüber, ob gewisse Anlagenkombinationen sich wohl charakterlich und schicksalsmäßig mehr positiv oder mehr negativ auswirken werden. Daß dieses Niveau unter dem Einfluß der Zeitbedingungen, des Großmilieus, jeweils höher oder niedriger angesetzt werden muß, wurde bereits an anderer Stelle betont!

Aus diesem allen geht hervor, wie schwierig es ist, ein treffendes Bild über den gegenwärtigen Charakterzustand eines Menschen zu geben, wieviel schwieriger gar jene andere Forderung ist, die von Laien immer wieder gestellt wird, nämlich die, ganz bestimmte Ereignisse datengenau im voraus zu wissen. Damit wir uns nicht mißverstehen, es ist in der Astrologie genau so wie bei allen Prognosen erstrebenden Wissenschaften, z. B. in der Meteorologie oder, das beste Beispiel, in der Medizin: In der Metagnose, hinterher, stimmt immer „alles", wie bei der aufgeschnittenen Leiche ist nach stattgehabtem Ereignis alles klar, und es ist in der Regel ziemlich einleuchtend, warum „es" so und so kommen mußte. In der Prognose aber, vorher, kann man zwar oft genug zu sehr erstaunlichen Voraussagen kommen, aber in Wirklichkeit ist es nach den vorangegangenen Überlegungen genau so wie am Krankenbette unmöglich, einen Verlauf und einen Ausgang bis in die letzten Einzelheiten hinein völlig genau vorauszusagen! In allen solchen Fällen sind, das hebt auch Klöckler hervor, und es ist sein Verdienst, hier eindeutige Formulierungen geschaffen zu haben, nur Wahrscheinlichkeitsaussagen möglich! Das Horoskop setzt uns also, für sich genommen, lediglich in die Lage, Aussagen gleich der folgenden zu machen: Unter den und den typischen Voraussetzungen wird der typische Ablauf vermutlich (bzw. sogar höchstwahrscheinlich) so und so sein. Mehr kann man nicht sagen, aber — das ist schon sehr viel, denn — ohne die Astrologie könnte man nicht einmal das!

Der Astrologiestudierende muß sich also, entgegen der landläufigen Meinung, darüber klar sein und der Gutachter muß es seinem Klienten ganz eindeutig sagen, daß Weissagungen und Wahrsagungen, absolute Aussagen über Charakter und Schicksal eines Menschen nicht möglich sind, ja, daß die von den Klienten immer wieder geforderten datengenauen und Einzelheiten erfassenden Ereignisvoraussagen praktisch sinnlos sind und darüber hinaus im höchsten Grade gefährlich wären, gesetzt den Fall, sie wären hundertprozentig möglich. Wenn in den vielen Tausenden von Anfragen und Zuschriften, die ein Gutachter im Laufe der Jahrzehnte seiner Praxis bekommt, immer wieder gefragt wird, wann denn in der Lotterie ein Gewinn möglich sei (in heutiger Zeit im Toto), mit der ja allerdings sehr einleuchtenden Begründung, „ich wollte doch so gerne in meinem Alter noch ein kleines Häuschen haben!", so kann der Gutachter immer nur wieder hinweisen darauf, daß selbstverständlich nur das charakter- oder schicksalbildend werden kann, was schon im Grundhoroskop vorgezeichnet ist, daß es demnach nicht etwa so ist, wie die Laien es sich vorstellen, daß es für jeden Menschen einmal einen Zeitpunkt gäbe, wo er „sein" kleines Häuschen gewinnen könne und daß es lediglich darum ginge, durch den Astrologen den richtigen Augenblick errechnen zu lassen. Ebenso muß der Gutachter wieder und wieder betonen, daß Weissagungen und die Prognostizierung unentrinnbarer Ereignisse nicht nur unmöglich, sondern auch praktisch völlig sinnlos wären: Was nützte es, einem Menschen wahrzusagen, er werde am 13. März 1960 morgens 9.15 Uhr feststellen, man habe ihn seit zwei Monaten ständig hintergangen und unter anderem um 2576 DM betrogen?

Für einen Menschen der Praxis hat stattdessen gerade das eminente Bedeutung und einen positiven Sinn, was die Astrologie anstatt dieser öden Wahrsagerei unzweideutig und sicher voraussagen kann: Das Heraufkommen gewisser T e n d e n z e n ! So wertlos es z. B. für einen Geschäftsmann in den meisten Fällen sein muß, detaillierte Ereignisse stundengenau vorauszuwissen, weil er gegen dieses Fatum ja nichts unternehmen könnte, so wichtig müssen für seine Dispositionen und Kalkulationen Aussagen sein wie die folgende: „In dem und dem Zeitraum besteht für Sie eine verhängnisvolle Neigung zur Leichtgläubigkeit und zum Betrogenwerden!" Oder „In dem und dem Zeitabschnitt wird der Anfragende eine gute und glückliche Hand haben, einen „feinen Riecher" für Konjunkturen!" Ebenso wird es für einen Mann der Praxis wichtig sein, zu wissen, in welcher Zeit er auf keinen Fall einen Teilhaber aufnehmen sollte (weil nämlich dann seine Urteilsfähigkeit als zu schwach oder als illusionistisch anzusehen ist), oder auf jene Zeit hingewiesen werden, in der es richtig wäre, seine Unternehmungen voranzutreiben, oder gar ein Zweigunternehmen zu starten. Das sind Ratschläge, wie der Mann der Praxis sie für seine Kalkulationen braucht. Alle weiteren Aussagen sind aber nicht nur unverwertbar, sie machen uns auch in gefährlichster Form abhängig von einem als ein unausweichliches Fatum gedachten, vorher bis in alle Einzelheiten bestimmt erscheinenden Schicksal. Während aber derartige Wahrsagereien, gesetzt, es gäbe stets hundertprozentig zutreffende, die Initiative lähmen würden, wirkt das Aufdecken von Tendenzen, von Möglichkeiten schöpferisch, anspornend auf Phantasie und Willen, zum Nachdenken zwingend und selbst dann noch positiv, wenn dem Klienten gesagt werden muß, daß eine Sorgenzeit kommt: Er wird dann Vorsorge treffen und sich in jeder Weise zu sichern und zu versichern suchen.

Es sollte also das Bemühen des Gutachtenden sein, dem Klienten den Wunsch nach dem Vorauswissen stundengenauer, detaillierter und unumstößlicher Ereignisse auszureden und ihn hinzubringen stattdessen zu etwas viel Wichtigerem: Zu einer um so tieferen Beschäftigung mit den Möglichkeiten seines Grundhoroskops und demnach mit den schier unendlichen Reichtümern seiner Grundanlagen! Immer wieder verlangen die Anfragenden aus ihrer falschen Ansicht über den Sinn der Astrologie eine Voraussage über ihre demnächstige, als feststehend, als unumstößlich, als fertiges Bild gedachte „Zukunft", eine völlig unlebendige, stupide und lähmende Weissagerei von unentrinnbaren Gegebenheiten, anstatt daß sie sich mit ihren Anlagen, Fähigkeiten und Schwächen auseinandersetzen. Sie erleben, da sie ihre Schwächen nicht im geringsten überblicken und von da aus abbiegen oder einkalkulieren können, infolgedessen mechanisch unter den gleichen Voraussetzungen immer wieder die gleichen Ereignisse, sie verlangen danach, zu wissen, wann sie nach ihrer dritten Scheidung endlich wieder eine neue Frau bekommen können und verlangen eine Auskunft über den Hochzeitstermin, obwohl sie infolge der so und so gearteten Konstellationen ihres Grundhoroskopes so lange immer wieder den gleichen Typ der Frau heiraten und immer wieder unter ganz ähnlichen Umständen in eine neue Scheidung getrieben werden, solange sie nicht von der Übersicht über ihre Grundveranlagung und vom Geistigen her, mittels der psychagogischen Hilfe des erfahrenen Gutachters, zu einem Umbau, zu einem grundlegenden Wandel gebracht werden. Und da, wo aus einem Gutachten erwachsen könnten Anlässe zu Kalkulationen, zu Planungen und zu wahrhafter Lebensübersicht und Lebensführung, werden wieder und wieder ganz naiv Anfragen wie die folgende an die Astrologie gestellt und darüber Fatums-Prognosen gefordert: „Ich möchte mich jetzt selbständig machen mit einem Schrotthandel! Wann ist die beste Zeit dafür?" Diese Anfrage ist typisch und verdeutlicht zweierlei: Ein Gedanke wird lediglich von außen her angeregt und ohne Verbindung mit dem Grundgefüge der Persönlichkeit zu verwirklichen gesucht, eine Konjunktur und eine bestehende Arbeitslosigkeit sowie der Erfolg der anderen werden zum Vater eines Berufswunsches! Zum zweiten zeigt das Beispiel deutlich, daß man allgemein annimmt, man brauche nur bei den Sternen um Rat zu fragen, um feststellen zu können, wann das Selbständigwerden im Schrotthandel begünstigt wird, und wenn man in diesem Augenblick anfängt mit einem derartigen Beginnen, dann sei man plötzlich mit einem Versicherungsschein auf eine ebenso dauernde wie glänzende Zukunft versehen und sei fürderhin statt eines armseligen Hilfsarbeiters der Inhaber eines florierenden Schrotthandelsunternehmens. Auch in solchen Fällen darf natürlich ein Gutachter nicht mit der gleichen Naivität seinen Auftrag auf eine bloße Zukunfts-„Deutung" erfüllen, sondern muß erst einmal untersuchen, ob dem Grundhoroskop wie übrigens auch dem bisherigen Lebensgang nach, überhaupt die Voraussetzungen für selbständiges Arbeiten gegeben sind, ob im Charaktergefüge ein geschäftlicher Unternehmungsgeist positiver Auswirkungstendenz angenommen werden darf, möglicherweise auch, ob denn überhaupt eine wirkliche innere Verbundenheit zum „Alten" besteht, und erst dann hätte es Sinn, nachzuforschen, ob und wann diese Grundtendenzen in absehbarer Zeit stark und glücklich aktiviert werden. . . . . .

Der Verfasser hat gemeint, in diesem Aufsatz vor allem von den praktischen Auswertungsmöglichkeiten der Astrologie im „äußeren" Leben sprechen zu müssen. Auch dafür, für die Praxis, sind Klöcklers Erkenntnisse, wie sich gezeigt hat, von großer Bedeutung. Die äußersten Folgerungen aber von dem, was Klöckler uns mit seinem Nachwort im Band II dieser Kursusreihe geschenkt hat, werden wir wohl erst allmählich begreifen. Er hat den letzten, den entscheidenden Stoß geführt gegen jede Art von fatalistischer Einengung: Das lähmende Entsetzen, das uns immer dann befällt, wenn wir zunächst nur die Begrenzung sehen, sei es durch Aufdeckung der Milieukräfte oder der Vererbungskräfte oder jener, die aus unserem Horoskop heraus uns charakterologisch und tychologisch gesehen feste Formen aufzuprägen scheinen, diesen Schock hat Klöckler uns genommen und uns die Freiheit und die Fülle innerhalb der Begrenzung gezeigt.

So bedeuten jene Worte aus dem Nachlaß eine unendliche Befreiung für uns in jedem Bezuge, als Forscher, als Gutachter wie auch hinsichtlich des eigenen Horoskops: So wie die moderne Versehrtenpsychologie auch nach dem „Herausschießen" ganzer Anlagengruppen staunend immer noch eine unendliche Fülle von Möglichkeiten in dem verbleibenden Rahmen feststellen konnte, so sind auch die Möglichkeiten dessen, was wir unserem Horoskop nach sein müßten, bisher bei weitem nicht angerissen, geschweige denn ausgeschöpft! Damit wird die astrologische Beratung eine ganz großartige Charakter- und Schicksalsführung. Dem eigenen Horoskop gegenüber aber werden wir allmählich immer mehr davon abkommen können, ichverhaftet-unreif in ihm vor allem die Grenzen zu sehen, sondern innerhalb dieses gegebenen Spielraums die dann doch wieder schier unbegrenzten Möglichkeiten des Werdens! Das Horoskop wird dann nicht mehr lähmen, wie es das eigene Horoskop zunächst immer wieder und noch Jahre lang tut, sondern es wird uns anspornen und uns schöpferisch in Bewegung setzen und wird Forderungen an uns stellen. Und die eine wird zweifellos lauten:

Du mußt Dein Leben ändern!

Ergänzende Gedanken zu Klöcklers Prognosesystem
von Dr. Kuno Voss

1. Zum Transitproblem

Für alles das, was in der Astrologie hinsichtlich des Zusammenhanges zwischen Konstellationen und irdischen Geschehen dargelegt wurde, gibt es in der Zoologie ein sehr aufschlußreiches Beispiel: Das sogenannte Palolophänomen.

Einmal im Jahr (und nur dann!), wenn der Mond sich im Oktober oder November anschickt, das letzte Viertel zu bilden, stößt der zwischen den Korallenriffen der Südsee lebende Palolowurm seine mit männlichen oder weiblichen Geschlechtsprodukten prall gefüllten Leibesenden ab und entläßt sie zu Fortpflanzungszwecken an die Meeresoberfläche, wo sie von den mit der Regelmäßigkeit dieses Rhythmus vertrauten Eingeborenen in riesigen Mengen gefangen werden. Dieses Ereignis findet stets nur am frühesten Morgen statt: Wenn die Sonne aufgegangen ist, sind die inzwischen befruchteten und völlig zerfallenen Massen wieder von der Meeresoberfläche verschwunden. Eine ähnliche „lunare" Abhängigkeit des Fortpflanzungsrhythmus hat man auch bei anderen Meeresbewohnern festgestellt.

Für uns ist das „Palolophänomen" deshalb so bedeutsam, weil es unter denkbar einfachsten Konstellationsverhältnissen (Sonne im Skorpion in exaktem Quadrat zum Mond im Löwen) die Wirksamkeit astrologischer Gesetze zeigt: Eine bestimmte Art von Handlungen und Ereignissen finden beim Palolowurm immer und nur unter ganz bestimmten Konstellationen statt. Da sie nur unter diesen Konstellationen stattfinden, muß man annehmen, daß die betreffenden Konstellationen diese Handlungen und Ereignisse auslösen. Diese Handlungen und Ereignisse sind solche, die innerhalb des Lebens und für das Leben der Gattung die allerwichtigsten sind, nämlich solche, die gerichtet sind auf die Fortpflanzung und auf die Erhaltung der Art. Die Koppelung von Konstellationen und Fortpflanzung ist teleologisch gesehen sehr sinnvoll: Die Fortpflanzung wird gebunden an einen ganz bestimmten, für alle geltenden Rhythmus, alle männlichen und weiblichen geschlechtsreifen Tiere beteiligen sich gleichzeitig an den Fortpflanzungsakten, der beabsichtigte Zweck wird umso sicherer erreicht. Ja, man darf auch sagen, daß durch diese Koppelung die für die Fortpflanzung nötigen Handlungen und Ereignisse erzwungen werden: Das Beabsichtigte findet hierdurch auf jeden Fall statt. Die Konstellationen erscheinen hier als das Anstoß gebende Moment, als der dynamisierende und rhythmisierende Faktor. Das für das Leben Entscheidende, die Veränderung, das Hintersichlassen eines alten Zustandes zugunsten eines Neuen, das eigentlich bewegende Element, wird mindestens hinsichtlich des Fortpflanzungstriebes erst durch die Konstellationen und deren Wandel und Wiederkehr ermöglicht und gegeben. Dabei erhebt sich schließlich die Frage, ob nicht immer und grundsätzlich die Konstellationen das Anstoß gebende Moment des irdischen Geschehens sind.

Über dieses Grundsätzliche und ja auch Fragen des vorliegenden Werkes stark Berührende hinaus hat das Beispiel des Palolophänomens uns aber für die besonderen Probleme dieses Buches noch Weiteres sehr Wichtiges zu sagen; Es vermag uns andeutungsweise eine Vorstellung zu geben, wie wir uns den Zusammenhang von Konstellationen und irdischen Fakten zu denken haben:

1. Wenn die Palolowürmer hinsichtlich ihrer Fortpflanzung und ihrer darauf hinzielenden Taten und Ereignisse also auf eine ganz besondere Konstellation abgestimmt sind, so kann man statt dessen auch, für unser gewohntes Denken verständlicher, andeutungsweise so sagen: Es liegt in dieser Zeit für die Würmer ein gewisses „Etwas" in „der Luft", das sie zu diesem ganz bestimmten Tun anregt, auf das sie offenbar ansprechen, für das sie empfänglich und empfindlich sind, auf das sie abgestimmt sind, so wie etwa gewisse Menschen auf bestimmte Gerüche, Geräusche, Wetterlagen, Menschentypen so oder so reagieren.

2. Hinsichtlich ihrer Fortpflanzung macht sich bei diesen Tieren in der Folge bei jeder Wiederkehr der gleichen Konstellation, wenn also die gleiche „Kosmische Wetterlage" besteht, wenn wiederum das gleiche „Etwas" in „der Luft" liegt, die gleiche Empfänglichkeit und Empfindlichkeit in immer der gleichen Weise bemerkbar und löst immer die gleichen Taten und Ereignisse aus.

238

3. Diese gleiche Empfänglichkeit und Empfindlichkeit wird aber auch auf die in diesen Augenblicken neu entstehenden Würmer übertragen, auch sie werden auf diese bestimmte Konstellation, auf diese ganz besondere „Kosmische Wetterlage" und auf die gleiche Auslösung abgestimmt, auch an sie wird diese schon von der Vorgeneration her bestehende Ansprechbarkeit vererbt.

4. Das bedeutet also, daß infolge dieser Abgestimmtheit auch die neu entstandenen Würmer immer dann im Sinne der während ihrer Entstehung herrschenden Ausgangskonstellation und des dann bei der Gattung Palolowurm herrschenden Fortpflanzungstriebes handeln, wenn die fortpflanzungsbezügliche Konstellation wiederkehrt und also ein diesbezüglicher Zwang zum Handeln und eine Tendenz zu derartigen Ereignissen der „Kosmischen Wetterlage" gemäß „in der Luft liegt".

Geht man nun dazu über, der Gepflogenheit der Astrologen gemäß das Palolophänomen auf einem Blatt Papier aufzuzeichnen, dann erlebt man etwas Überraschendes: Das Horoskop – alle Palolowürmer haben seit undenklichen Zeiten hinsichtlich der Hauptkonstellationen das gleiche Horoskop und sind insofern ein schönes Beispiel für die „astronomische Heredität" — zeigt die Sonne im Skorpion, ein wenig unter dem Ostpunkt, also im wichtigen ersten Felde, im exakten Quadrat zum Mond, der im Löwen steht. Wollten wir nun feststellen, wann das durch diese Ausgangskonstellation Gegebene zur Auslösung kommen könnte, so würden wir in den Gestirnstandstabellen des in Frage stehenden Jahres nachsehen, wann die laufende Sonne „über" die Skorpionposition der Sonne im Radixhoroskop „hinüberliefe", einen „Transit" bilde, und in welchem Zeitpunkt daraufhin der laufende Mond im Löwen im Quadrat stände zur Sonne des Grundhoroskops. Das Überraschende ist, daß wir nun auf einmal statt des oben angedeuteten Denkens in Kräften, Abstimmungen, „Wetterlagen" und Empfindlichkeiten, die durch Wiederkehr der gleichen Kräftekonstellationen aufs neue angesprochen und zu gleichen Auslösungen aktiviert werden, es hier auf dem Papier plötzlich zu tun haben mit „Transiten", mit „Übergängen der laufenden Planeten über die als feststehend gedachten Positionen der Planeten usw. im Grundhoroskop".

Während wir uns aber bis zu diesem Augenblick lauter Tatsachen gegenüberbefanden, nämlich der von zoologischen Wissenschaftlern einwandfrei gemachten Feststellungen, daß nur genau umrissene Gestirnkonstellationen des Palolowurms angesehen werden können, und während dieser Befund durchaus mit unserem naturwissenschaftlichem Denken vereinbar ist, so ist es doch völlig unmöglich für uns, an die Wirkung von Transiten zu glauben, also an die Einflußnahme der jetzt bestehenden Konstellationen auf Planetenpositionen, die vor Monaten, Jahren oder Jahrzehnten bestanden haben.

Da nun aber im vorliegenden Fall ein unbezweifelbarer Tatbestand erst im Schema der Horoskopzeichnung zu etwas Denkunmöglichem wird, da ferner, wenn auf dem Papier bestimmte Transite sich abzeichnen, erwiesenermaßen in der Außenwirklichkeit auch etwas im Sinne des Erwarteten zu geschehen pflegt, so erhebt sich die Frage, ob es nicht einen Transit nur innerhalb der Wirklichkeit des Papiers gibt und ob es sich hierbei nicht um einen Ausdruck handelt für einen tatsächlichen Vorgang, der etwas völlig anderes ist als jener denkunmögliche „Übergang über die als feststehend gedachten Positionen des Geburtshoroskops".

Ein Phänomen wie das der Auslösung eines Fortpflanzungsvorganges kann ja nicht hervorgerufen werden durch das bloße „Verweilen" der Sonne in der Region des Skorpions und des Mondes in der des Löwen, also durch eine bloße Position. Vielmehr müssen W i r k u n g e n ausgehen von der Sonne wie auch vom Mond und zwar solche, die anders sind als gewöhnlich, die vielmehr durch jenes „Verweilen" der Sonne im Skorpion und durch die am fraglichen Tage bestehenden Spannungsverhältnisse zu den lunaren Kräften hervorgerufen und gefärbt werden, und zwar durch Spannungsverhältnisse zu einem Mond, der auch seinerseits im Augenbilck durch sein „Verweilen" im Löwen in einer ganz besonderen Art in seiner Wirkung determiniert ist.

Wir haben diese komplizierten Kräftekombinationen, von denen wir ja bisher nur die Wirkungen kennen, von deren Wesen wir aber sonst nichts wissen, andeutungsweise und aushilfsweise statt mit der Formel Sonne-Skorpion-Quadrat-Mond-Löwe mit dem Worte „Wetterlage" bezeichnet, als die dieser besonderen, und im Laufe des Jahres nur einmal vorkommenden Kräftekombination entsprechende „Wetterlage", was zwar zunächst weniger bestimmt, dafür aber konkreter und dem Eigentlichen näherkommend erscheint. Nicht also durch ein bloßes Postiertsein in einem beliebigen Irgendwo des Zodiaks, sondern durch ganz bestimmte, mit dieser ganz besonderen Konstellation zusammenhängende Kräftespannungen und „Wetterlagen" kann es zu Einwirkungen, Abstimmungen Aktivierungen bei dem Palolowurm gekommen sein. Somit ist ein jedes Radix nur ein in einer übersichtlichen Werkszeichnung festgehaltenes Schema, in dem das Eigentliche nicht die astronomischen Positionen als solche sind sondern das, was diesem hier im Schema Aufgezeichneten in der Wirklichkeit an Kräften entspricht, ein in einem Diagramm festgehaltenes Spiel von Kräften, von Kräftekombinationen und Kräfteverhältnissen.

Nun ist es für unsere Praxis selbstredend unerläßlich, daß wir uns die jeweilig bestehenden Kräfteverhältnisse in einer Zeichnung übersichtlich machen. Auf dieser Zeichnung erscheinen die laufenden Konstellationen dann zwar als Transite. Wir müssen uns aber bewußt bleiben, daß wir bei Transituntersuchungen in Wirklichkeit Konstellationsverhältnisse einer späteren Zeit vergleichen mit denen einer Ausgangskonstellation, daß wir also in Wirklichkeit entweder nachsehen, ob an einem bestimmten Tage die gleichen Konstellationen bestehen wie am Tage der Ausgangskonstellation (Wiederkehrende Konstellationen) oder prüfen, ob an diesem Tage infolge anderer Konstellationen in dieser oder jener Weise „etwas in der Luft liegt", das positiv oder negativ aktivierend einwirken könnte auf die Abstimmungsverhältnisse der Geburtskonstellation (oder ob sie sich auch etwa neutral dazu verhalten werden).

Ein praktisches Beispiel: Wenn im Gefüge einer Geburtskonstellation die Venus auf 13 Grad Krebs gestanden hat, so bedeutet es im Sinne unseres durch das Beispiel des Palolowurmes angeregten Denkens in Kräften, Abstimmungen, „Wetterlagen" usw., daß der damals Geborene nicht nur dann im Sinne des durch die Konstellation „Venus im 13. Grad Krebs" in ihm Determinierten angesprochen wird, wenn wiederum das mit dem „Krebs-Prinzip" verbundene die „kosmische Wetterlage" bestimmt oder doch mitbestimmt, (wiederkehrende Konstellation), sondern daß auch dann das im Sinne „Venus-13-Grad-Krebs" in ihm Abgestimmte positiv oder negativ in der Art des damit zusammenhängenden Anlagen-

und Tendenzenkomplexes aktiviert wird, wenn zu dieser so und so gearteten Abstimmung eine harmonische oder feindliche „Wetterlage" besteht, sagen wir also aus dem Skorpion oder andererseits aus dem Widder.

Das also, was uns auf dem Papier im Horoskopschema als Transit erscheint, ist in Wirklichkeit stets eine feindliche oder freundliche Einflußnahme auf bestehende Empfindlichkeiten und Abstimmungen, eine positive oder negative Aktivierung des Latenten durch die jeweils neu sich bildenden Konstellationsverhältnisse und durch die durch sie hervorgerufenen „Wetterlagen". Damit aber hat uns das Beispiel des Palolowurmes einen wichtigen Dienst geleistet: Es hat uns zu einem Denken in Kräfteverhältnissen und Kräfteabstimmungen, in Tendenzen, Latenzen und Aktivierungen geführt, womit wir eine Position erreicht haben, die nicht nur für unsere weitere Diskussion nach außen hin wichtig ist sondern auch für die theoretische Grundlegung unserer Arbeit und für unsere Praxis.

2. Akzentverschiebungen im Radixhoroskop

Es ist immer wieder betont, daß der Ausgangspunkt aller unserer Untersuchungen das Radixhoroskop zu sein habe, daß nichts an entscheidenden Taten oder Ereignissen zu erwarten sei, was nicht bereits infolge der individuellen Konstellationsverhältnisse des Geburtsmomentes als Tendenz vorhanden sei.

Diese besondere und persönliche Art der Abstimmung durch den Geburtsaugenblick wird nun zweifellos zuzeiten um einiges geändert es treten Akzentverschiebungen ein. Besonders auf zweierlei Art Einmal, indem die langanhaltenden laufenden Konstellationen ein Zeitlang, oft über Jahre hinaus (z. B. dadurch, daß sie die Abstimmungsverhältnisse des fünften Radixfeldes tangieren und dessen Bedeutung möglicherweise auch einige Zeit durch das Gewicht ihrer Mitwirkung im Kräftespiel vergrößern) ein Gebiet mehr hervor heben als gewöhnlich und nun hier einen länger bestehenden Z u s t a n d schaffen (z. B. ein längere Zeit bestehendes Gehemmt sein im sexuellen und erotischen Empfinden und Verhalten mit alle daraus möglichen Folgen). Infolge dieser wichtigen und länger Zeit währenden Akzentverschiebungen müssen wir die langanha tenden Konstellationen wohl in Klöcklers System einfügen als ei

242

notwendiges Zwischenglied zwischen Radixhoroskop und Solarhoroskop.

Eine weitere Akzentverschiebung tritt während eines neuen Lebensjahres ein durch das Solarhoroskop, das wir wohl als eine
Sonderform des Radixhoroskops, als eine relative Neuabstimmung
desselben anzusehen haben.

3. Die Beziehungen zwischen Radixfeldern und Solarfeldern.

Am schwierigsten ist es bisher gewesen, über das Verhältnis der
Radixfelder zu den Solarfeldern und umgekehrt etwas Befriedi-
gendes auszumachen. Es wurde lediglich festgestellt, daß es zwischen
den beiden Feldersystemen zu einer gegenseitigen für dies eine Jahr
gültigen Beziehung käme, daß also etwa dadurch, daß das zweite
Solarfeld einmal über dem fünften Radixfelde stehe, die sagen wir
erotischen Angelegenheiten und die geldlichen für dies eine Jahr in
Beziehung zueinander träten, und es sind auch schon Vermutungen
darüber ausgesprochen, daß das einemal aus diesem Zusammenspiel
mehr das aktive Tun, das anderemal mehr das Wirken äußerer
Kräfte zu entnehmen sei.

Bei der Untersuchung, wie wir uns die Beziehungen zwischen den
Feldern des Radix- und denen des Solarhoroskops zu denken haben,
gehen wir aus von einer ganz einfachen Überlieferung: Aus dem
Solarhoroskop entnehmen wir bekanntlich das im Radixhoroskop
Determinierte in der besonderen Akzentuierung, Färbung, Abstimmung usw. dieses einen Jahres. Dann aber müssen auch die einzelnen Felder des Solarhoroskops uns anzeigen die Bestrebungen,
Wünsche, Gedanken, Taten, Unternehmungen, Erlebnisse, Ereignisse usw. hinsichtlich der diesem Felde entsprechenden Lebensgebiete und zwar für die Zeit dieses einen Lebensjahres. So würde
z. B. das zweite Solarfeld das geldliche Wollen und das geldliche
(usw.) Schicksal dieses Jahres, das vierte das familiäre, heimbezüg-
liche usw. Tun, Erleben und Erleiden dieses Jahres, das zehnte das
berufliche, soziale usw. Unternehmen und Geschehen dieses Jahres
anzeigen.

Natürlich bleiben daneben trotz allem weiter bestehen die Deter-
minationen des Ausgangs, wie sie im Radixhoroskop festgelegt
sind und wie sie inzwischen vielleicht auch durch das „Zwischen-

glied" der langsam laufenden Konstellationen anders gefärbt, jedenfalls aber etwas verschoben sind. Aber diese Strebungen, Zustände,
Ereignisse usw. werden nun durch die (relativ) neuen Abstimmungsverhältnisse des Solarhoroskops dazu veranlaßt, sich vornehmlich
(nicht nur!) in Richtung eines anderen, besonderen Lebensfeldes
und eines dementsprechenden Wollens durchzusetzen, so z. B. die
dem fünften Radixfelde entsprechenden Anlagen und evtl. schon
seit einiger Zeit bestehenden Zustände jetzt ein Jahr lang vordring-
lich im Erwerbsleben, Erwerbsdenken usw. Wir können diesen
Tatbestand aber auch umgekehrt ausdrücken: Alles, was in diesem
vorliegenden Lebensjahr hinsichtlich des Geldes und des Erwerbes
usw. gewünscht, gedacht, geplant, getan und erlebt wird (zweites
Solarfeld), wird unter anderem sehr stark durch die seit je oder
seit längerem bestehenden Verhältnisse (Anlagen, Zustände, Erlebnisse usw.) des fünften Radixfeldes bestimmt. (Natürlich gilt hier
im übrigen alles von Klöckler Erarbeitete weiter: Wenn beide Felder
leer stehen ist auch nichts Besonderes in dieser Hinsicht zu erwarten!)

Auch die Aszendenten erfahren auf diese Weise eine Deutung:
Der Solaraszendent zeigt an, um welche durch das Radixhoroskop
bzw. durch das bisherige Leben gegebene Fakten sich das Eigentliche
des Individuums in diesem Jahre drehen wird, und was den Nativen
infolgedessen veranlassen wird, gerade in dieser Richtung sein Glück
zu suchen, seine ganze Aktionskraft zu entfalten und zu Taten und
Ereignissen zu gelangen. Die Stellung des Radixaszendenten in
den Solarfeldern ist demgegenüber anders zu werten: Stände z. B.
der Aszendent unter dem zweiten Solarfelde, dann darf man erwarten, daß die Angelegenheiten des zweiten Feldes, das erwerb-
liche Denken, Wollen und Erleben z. B., in diesem einen Jahre sehr
stark beeinflußt werden durch rein persönliche Angelegenheiten
bzw. durch das ganz Besondere dieses Grundtemperaments (und
seiner Stellung zur Umwelt).

Pluto-Tabelle
Neuauflage 1974 von
Dr. med. Freiherr von Klöckler
Kursus der Astrologie
zusammengestellt
von
Erich von Beckerath

Band I

Seite		Datum	Position
Seite 13	Abbildung 1 a	Mai 1930	17 1/2 Krebs
	Abbildung 1 b	Mai 1930	17 1/2 Krebs
Seite 36	Abbildung 26	1. Febr. 1930	17 Krebs
Seite 80/84		September 1872	20 1/2 Stier
Seite 85/86		4. Sept. 1896	13 1/2 Zwillinge
Seite 87		5. Sept. 1916	4 Krebs
Seite 87/88		5. Sept. 1912	30 Zwillinge
Seite 89 ff.		5. Sept. 1896	13 1/2 Zwillinge
Seite 94 ff.		5. Sept. 1872	20 1/2 Stier
Seite 109		6. Sept. 1925	14 1/2 Krebs
Seite 114		22. Sept. 1930	20.40 Krebs
Seite 119		2. März 1930	17 1/2 Krebs
Seite 121		12. Mai 1930	18 Krebs
Seite 134		24. Sept. 1879	27 Stier
		14. Nov. 1830	27 1/2 Stier
		31. Jan. 1883	28 Stier
		29. Nov. 1891	8 Zwillinge
		16. April 1902	17 Zwillinge
		5. Aug. 1893	10 1/2 Zwillinge
		15. Sept. 1914	2 Krebs
		9. Nov. 1918	6 Krebs
		25. April 1925	11 1/2 Krebs
Seite 172		10. April 1886	1 1/2 Zwillinge
Seite 175	Wallenstein	14. Sept. 1583	7 Widder
	Wilh. Busch	15. April 1832	11 Widder
Seite 176	Hindemith	16. Nov. 1895	12 Zwillinge
	Mozart	27. Jan. 1756	18 Schütze

Band II

Seite		Datum	Position
Seite 86	Marconi	25. April 1874	20.46 Stier
	Nietzsche	15. Okt. 1844	22 Widder

Seite 87	Hindenburg	2. Okt. 1847	26 Widder
	v. Bodelschwingh	6. März 1831	10 Widder
Seite 90	Zola	2. April 1840	18 Widder
Seite 90	E. T. A. Hoffmann	24. Jan. 1776	26 Steinbock
Seite 91	Goethe	28. Aug. 1749	1 Schütze
	Klages	10. Dez. 1872	19 Stier
Seite 92	Friedr. d. Große	24. Jan. 1712	2 Jungfrau
	Mussolini	29. Juli 1883	10 Zwillinge
Seite 94	Ludendorff	9. April 1865	12 Stier
	Driesch	28. Okt. 1867	15 Stier
Seite 95	Haarmann	25. Okt. 1879	27 Stier
Seite 208	1. D'Albert	10. April 1864	11 Stier
	2. Bismarck	1. April 1815	22 Fische
	3. Choisnard	13. Febr. 1867	13 Stier
	4. Daumer	22. März 1857	4 Stier
	5. Ebert	4. Febr. 1871	17 Stier
	6. Einstein	14. März 1879	25 Stier
	7. E. Fischer	6. Okt. 1886	4 Zwillinge
	8. Flechsig	29. Juni 1847	27 Widder
	9. Ford	30. Juli 1863	12 Stier
	10. Gladstone	29. Dez. 1809	16 Fische
	11. Görres	25. Juni 1776	27 Steinbock
	12. Hitler	20. April 1889	5 Zwillinge
	13. Junkers	3. Febr. 1859	5 1/2 Stier
	14. Keyserling	20. Juli 1880	28 Stier
	15. Kleist	18. Okt. 1777	1 Wassermann
	16. H. Luther	10. März 1879	25 Stier
	17. v. Liebig	12. Mai 1803	7 Fische
	18. Marx	5. Mai 1818	26 Fische
	19. M. de Ville-		
	franche	23. Febr. 1583	12 Widder
	20. Robespierre	6. Mai 1758	22 Schütze
	21. Spengler	29. Mai 1880	27 Stier
	22. Stinnes	12. Febr. 1870	16 Stier
	23. Stresemann	10. Mai 1878	25 Stier
	24. Vaihinger	25. Sept. 1852	1 Stier
	25. Verweyen	11. Mai 1883	29 1/2 Stier
	26. Wassermann	10. März 1873	19 Stier
	27. Wundt	16. Aug. 1832	11 1/2 Widder

Band III			
Seite 25	Bismarck	1. April 1815	22 Fische
Seite 30	Bismarck	30. Juli 1898	15 Zwillinge
Seite 34	N.N.	15. Sept. 1886	4 Zwillinge
Seite 35	Ebert	4. Febr. 1871	17 Stier
Seite 35	Ebert	28. Febr. 1925	12 Krebs
Seite 35	N.N.	17. Mai 1904	19 Zwillinge
Seite 36	Ebert	28. Febr. 1925	12 Krebs
Seite 126	N.N.	9. Nov. 1870	18 Stier
Seite 128	N.N.	18. Nov. 1892	9 Zwillinge
Seite 129	N.N.	20. März 1874	20 Stier
Seite 130	N.N.	wie Seite 129	
Seite 131	N.N.	25. Aug. 1899	16 1/2 Zwillinge
Seite 132	N.N. Abb. 10	20. März 1904	19 Zwillinge
Seite 132	N.N. Abb. 11	20. März 1905	20 Zwillinge
Seite 133	N.N.	4. Mai 1905	20 Zwillinge
	N.N.	2. Juni 1890	6 Zwillinge
	N.N.	9. Jan. 1918	3 Krebs
Seite 136	N.N.	6. April 1883	29 Stier
	N.N.	18. Okt. 1918	7 Krebs
Seite 138	Eduard VII.	9. Nov. 1841	19 1/2 Widder
		6. Mai 1910	25 1/2 Zwillinge
Seite 141	Hildebrand	6. Okt. 1847	26 Widder
		18. Jan. 1921	7 Krebs
Seite 143	Steiner	27. Febr. 1861	7 1/2 Stier
		30. März 1925	11 1/2 Krebs
Seite 144	N.N.	19. Sept. 1899	16 1/2 Zwillinge
		3. Febr. 1925	11 1/2 Krebs
Seite 146	N.N.	9. Nov. 1870	18 Stier
		1. Febr. 1874	20 Stier
Seite 148	N.N.	14. Aug. 1890	8 Zwillinge
Seite 149	N.N.	26. März 1909	24 Zwillinge
		17. Mai 1915	1 Krebs
Seite 151	N.N.	13. Nov. 1919	7 Krebs
	N.N.	20. März 1874	20 Stier
	N.N.	14. Jan. 1929	17 Krebs
Seite 153	N.N.	4. Mai 1905	20 Zwillinge
Seite 155	N.N.	28. Mai 1896	11 Zwillinge
	N.N.	15. Nov. 1912	29 1/2 Zwillinge
	K.P.	16. Juni 1908	24 Zwillinge
	K.P.	25. März 1929	16 Krebs

Seite 158	Hindenburg		
	vgl. Band II, S. 87	2. Okt. 1847	26 Widder
Seite 160	Hindenburg	29. Aug. 1914	2 Krebs
Seite 162	Hindenburg	28. Aug. 1916	4 Krebs
Seite 164	Hindenburg	2. Okt. 1917	5 Krebs
Seite 165	Hindenburg	26. Okt. 1918	6 1/2 Krebs
Seite 166	Hindenburg	1. Okt. 1924	13 Krebs
	Hindenburg	26. April 1925	11 1/2 Krebs
Seite 167	N.N.	25. Aug. 1899	16 Zwillinge
	N.N.	25. Aug. 1926	15 Krebs
Seite 190	N.N.	16. Febr. 1896	11 Zwillinge
	N.N.	16. Febr. 1929	16 Krebs
Seite 205	N.N.	4. Dez. 1944	10 Löwe
Seite 207	N.N.	a) 11. Febr. 1921	7 Krebs
		b) 11. Febr. 1949	16 Löwe
Seite 220	Helfferich	22. Juli 1872	20 1/2 Stier
	Bebel	22. Febr. 1840	17 Widder
	Kaiser Friedrich	18. Okt. 1831	11 Widder
	Rathenau	29. Sept. 1867	16 Stier
	Franz Ferdinand	18. Dez. 1863 Graz	
	von Österreich	Asz. 27 Schütze	
		MC 24 Wage	
		Mond 6 Widder	
		Neptun 3 Widder	

An Hand dieser Pluto-Tabelle wird jeder Benutzer in der Lage sein, die in den drei Bänden enthaltenen Beispielhoroskope zu ergänzen und sich von der sehr beachtlichen Plutowirkung zu überzeugen. Viele Charaktereigenschaften und Ereignisse in Horoskopen von Leuten mit prominenten Plutostellungen werden nunmehr klarer, und es lohnt sich, daraufhin einige dieser Horoskope näher zu untersuchen. Einige dieser Nativen mit markanten Plutostellungen seien hier genannt: Zola, E. T. A. Hoffmann, Goethe, Nietzsche (im Horoskop Nietzsches steht der Pluto im Widder im 5. Felde (!) in Oppos. zur rad. Sonne (!), Haarmann, Driesch, Gérard de Nerval, Mozart, das Horoskop der ‚Titanic' (Pluto im 10. Feld, Quadrat Mars, Mars Herr von VIII!)*).

*) Stapellauf: 31. Mai 1911, Belfast, Asz. 19 Jungfrau, MC 16 Zwillinge, Mond 25 Krebs.